U0153112

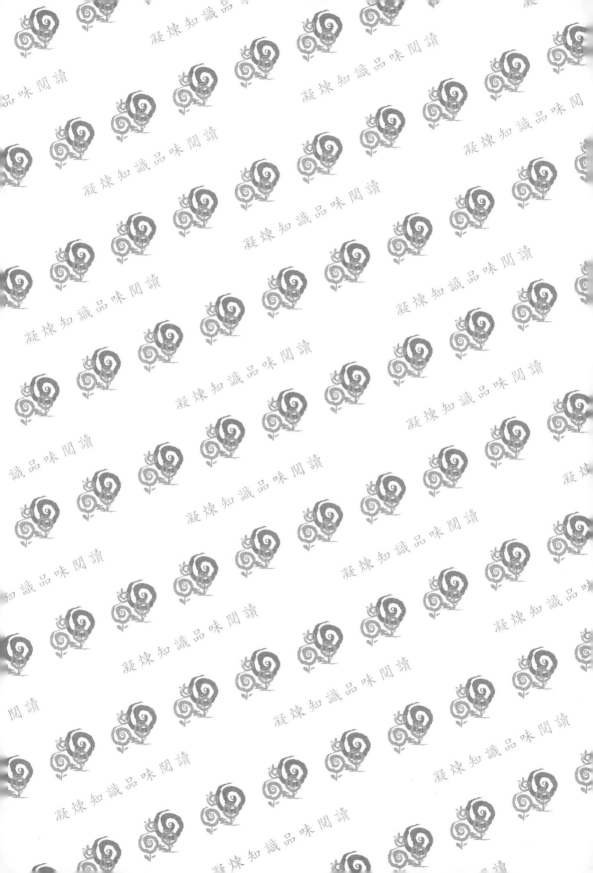

犯罪偵查實務

·增訂第三版·

黃鈞隆 著

五南圖書出版公司 印行

推薦序

　　臺灣地區自從解嚴後，在政治民主化、經濟自由化、社會多元化的過程中，犯罪之手段、犯罪之模式、犯罪之技巧等，與時精進，推陳出新，因此犯罪偵查面臨嚴峻的挑戰。偵查犯罪從程序面向而言，係本於刑事訴訟法及相關特別法規予以縝密查驗完備調查；從科學面向而言，更與刑事鑑識有如唇齒密切之關係，而成為釐清犯罪過程之重要關鍵。近年來，隨著人權意識日漸高漲，刑事訴訟法對證據能力及程序正義之要求愈趨嚴謹，因此專責犯罪偵查人員如何於蒐集與核實證據，以嫻熟之犯罪偵查技巧，查明案件之事實真相，為全體警察同仁及犯罪偵查人員必備之專業知識及核心智能。

　　黃鈞隆老師出身基層，歷任派出所主管、分駐所所長、偵察隊隊長等多年外勤主管及刑事偵察隊長之工作崗位，從事犯罪偵查工作三十餘載，又在警專科技偵查科擔任教職，畢生之經歷，盡萃於犯罪偵查實務，其所經歷案件不計其數。而今以其豐厚實務經歷輔以專業學養，將多年犯罪偵查之心血彙輯成冊，內容詳實，從理論與實務並重之面向，首先透過第一篇「基礎篇」之內容，為讀者扎實偵查基本理論，並將容易混淆的概念表格化以助觀念釐清。接著透過第二篇「進階篇」，說明如何將理論運用於實務運作，以啟發讀者之問題意識並激盪多元思考。最後透過第三篇「實務篇」，將法律規定與理論原則予以實例化，以實際案情描述、案況剖析及經驗分享等，鉅細靡遺將案件犯罪偵辦技巧躍然於著作中，讓讀者彷彿跟著偵查人員一起經歷整個辦案過程，並從中瞭解學習偵查犯罪實務之精髓。

本書對有志從事警察工作者而言，係一本不可或缺之入門書籍；對正在學習摸索偵查學門的莘莘學子們而言，是一本全方位之學習教材；對於參加警察特考之同學而言，是一本必備之參考指南；對實際從事刑事工作者而言，是一本實用之指導手冊；而對學術領域之貢獻而言，更是一本指導警界新進、傳承實務經驗，而有助提升偵查人員智識之好書，在此誠摯推薦每位警專警大同學、警察同仁、犯罪偵查人員及參與司法審判實務者，詳加研讀這本犯罪偵查實務的好書。

　　本律師敬佩黃鈞隆老師對犯罪偵查實務之用心及傳承實務經驗之努力，特於本鉅著即將付梓之際，略綴爲序，以示敬佩。

勳業聯合法律事務所所長
盧國勳 律師
106年8月1日

推薦序 —— 情治基本功 民衆護身符

　　犯罪偵查是嚴肅的名詞，卻是跟每一個人都息息相關的事務。認識它，瞭解它，是現代人的大功課！

　　犯罪偵查是冶常識、知識於一爐的專業。由於有人的地方，就有犯罪行為發生的可能。所以，犯罪偵查者，必須有知天、知地、知人的本事；加上對時機的掌握，各種犯罪動機的洞悉，可用犯罪工具的瞭解，並熟悉個中演變的過程暨衍生結果，才足以成就刑案之偵破。因此，優秀的犯罪偵查人員，堪稱是集生活藝術之大成者，投身其間，自有引人入勝之處。

　　中華民國是民主法治的國家，情治機關的所有工作人員，必須秉依法行政的原則，用合法的方法，尋求妥適的手段，保障人民權益的方式，發動偵查，遂行任務，打擊不法，完成國家與長官交付之責任。相對的，作為被偵查主體的民眾，對於自己法律上的權益是否確實明白？又執行公權力的官員，其手段與採行的方式是否合法？有無可議或違法的地方？依法是否一定要配合？又在法律上，有何救濟管道？在在攸關個人、家庭與事業體。

　　《犯罪偵查實務》的問世，是黃鈞隆教官以其畢生投入犯罪偵防，從刑事初學者逐步歷練到方面主管，再進入警察專科學校，從事研究與教學的結晶。犯罪偵查相關的理論書籍，坊間並未少見，或以心理學角度探討；或以病理學的說法切入；或以社會學加經濟學的理論實務做印證。但是，這些專家的意見，若要將之應用於實際的偵查行動，如此看似言之成理的說法，卻又難以照表操課的去鋪陳利用。這就彰顯出本書的價值所在；見證實務是最好的老師。

論自古以來的兵學家，漢朝的韓信是公認的「兵仙」。韓先生本人並未念過軍方的官校，也不見師承名家；但是，他的戰略思想之明確，戰術作爲之靈活，與兵隨將轉的具體貫徹，讓他戰無不勝，攻無不克，以幾乎不可能的方式，贏得每一次大勝。我們逐一檢視他一生打過的戰役，眞的佩服他的「知人」——敵軍的將領、敵軍可能的戰術作爲、敵軍的實況、我軍的優缺點；「知天」——天候可能的變化、天候對敵我之消長、戰術上須配合調整的作爲、最有利我方之時機；「知地」——處於當下的地勢、戰術作爲應採行的上策、敵將可能的考量、對於士氣的有效激勵、可利用的天然資源等等。凡此諸般綜合因素，俱爲其行軍作戰之關鍵參數；只因韓先生可以見他人之所未見，加上官兵一體用命，遂有千古兵仙之佳譽。犯罪偵查與領兵作戰，異曲而同工。皆是在不可全知的狀況下，依個人或團隊的專業去擘劃與不懈的奮鬥，打敗一個又一個的同行專家。從事犯罪偵防實務者，亦當興起有爲者亦若是之心！

　　以一位讀者的角度來看，這本《犯罪偵查實務》，不但是從事犯罪偵防同仁的隨身書，也是我們一般民眾的床頭書。因爲從這些官方犯罪偵防的理論、實務與法令依據，民眾可以清楚掌握相關的程序、證據保存的方式與具體作爲、自我權利的保護、面對週遭事物應注意之人與事、犯罪手法與可疑事物、法令規範之要點等等；這些事例，一看再看，自然可以強化我們的邏輯力道，裨助於我們的人際關係，甚至保護我們家人及親友的安全。所以，這是一本值得推廣的修養書。

　　躬逢黃教官新書付梓，謹贅數語，用表恭賀，敬祈指教。

監察院院長辦公室主任

劉省作 謹識

推薦序 —— 偵查技巧正當程序

　　戶外夏日正炎，畏縮在家避暑，手中捧讀清華大學法學院張建偉教授從北京託人捎來贈送新著《阿Q之死的標本意義》之際，臺灣警察專科學校科技偵查科黃鈞隆教官親自攜來《犯罪偵查實務》（下稱本書）文稿囑我寫序。几上攤開的兩本著作，言談間，原來不相干的兩件事竟然激起諸多連結，不禁驚嘆：「巧合的絕配」。

　　彼岸張教授博古通今，《阿Q之死》一書主要以魯迅小說《阿Q正傳》、元朝民間故事《竇娥冤》、北宋施耐庵《水滸傳》等的刑案當體裁，用現代司法眼光加以剖析、批判中國古代官僚體制與司法審判，可謂「古事今判」；而黃教官的著作係以簡御繁地闡述現行臺灣刑事訴訟制度中的偵查作為。當今臺灣施行的刑事訴訟制度業已走出古代傳統，從職權進行變遷為當事人進行，在真實發現之外，還重視正當法律程序並講究犯罪嫌疑人或被告的訴訟上人權，因此，從中國司法演進史的大角度言，前後兩著作的「巧合」相遇不就成了「絕配」嗎？

　　本書作者黃教官早年投身警界，從基層做起，歷經派出所主管、分駐所所長、刑事組長（現改稱偵查隊長）等職，外勤工作凡三十年，累積的實務歷練豐富，嗣後轉任教職，在臺灣警察專科學校講授「犯罪偵查學」，致力培育基層警察多年，學驗兼具，警界素有美名。

　　在本書，作者黃教官將臺灣現行犯罪偵查程序依序分為「基礎篇」與「進階篇」，由淺入深，娓娓道來；首先在「基礎篇」要求建立基層工作者對犯罪偵查應具備的認識與態度，其次敘述

刑案的受理及受理後的作為，敘述清晰，有條有理；然後在「進階篇」進一步敘述鑑識科學在科學辦案的運用並述及搜索扣押、查捕逃犯等執行要領，不但展露偵查技巧而且彰顯正當程序，更屬可貴；此外，又彙整自己實際經辦的九件實際案例作為「實務篇」，尤足以作為讀者借鏡。

　　總而言之，本書既有法律闡釋又有案例解說，清清楚楚將臺灣現行犯罪偵查程序梳理一番，既述及偵查技巧又兼顧正當程序，誠屬不可多得的專著，值得推薦，是故，本人樂為之序。

前臺灣高等法院法官兼行政庭長
曾任世新大學專任客座教授
曾任臺灣大學共同授課教授
曾任北京清華大學專題講座及外聘教師
臺灣警察專科學校兼任教授

陳祐治

三版序

感謝讀者的厚愛與支持,讓本書三版順利問世。

由於警察偵查犯罪手冊於108年10月有大幅的修改,本書三版也隨著法規修訂之腳步,進行更改,使內容保持常新。

邇來,有關警察勤務之執行,及刑案偵查工作,常見社會輿情關注和討論;故筆者乘此次增訂,特別提醒辦案或執勤員警,應熟稔偵查與勤務法規,除了可以保護自己,亦能公正、公平執法,而受民眾愛戴,提升人民對政府之信賴;另在通訊監察的部分也酌增篇幅著墨,說明執行之作業程序與規定,讓偵查人員有所遵循,俾免逾越監察分際或違法洩露民眾之隱私。此外本次增訂,也新增一些足以借鏡或作為殷鑑的實務案例解說,期讓讀者能更了解書中內容與意涵。

本書再版,雖法規為最新,內容更趨完整,但容或有不足之處,尚祈各界不吝指教。因修訂內容繁複,但在內人鼓勵、五南圖書公司的支持、勳業律師事務所盧國勳大律師、中央警察大學林培仁警監教官的法律諮詢、臺北市刑警大隊施富山小隊長協助資料蒐集及臺北市消防局陳家寬、國道第六大隊徐翼飛幫忙繕打、校對……方克順利如期付梓,藉此向渠等分別致上最崇高的敬意與謝忱!

黃鈞隆 謹誌
109年1月1日

再版序

　　《犯罪偵查實務》一書自104年8月出版以來，迄今已歷兩年，本書之所以再版，基於以下緣由：

　　一、時代巨輪不斷向前推進，社會萬象也不停在變化，作為民眾準繩、科範的法律，為了與時俱進，不免常有翻修；同樣的，刑案偵辦之法令、辦法、規定、注意事項……也得配合修正。趁此書再版之際，針對相關法規全面檢視更新，俾讓偵查法令能保持常新。

　　二、兩年前本書初版時，為因應著作送審時程，趕稿之際，內容疏漏難免，利用本次再版，新增一些案例與實務資料，使書中內容更為完整實用。

　　三、本書除了能給警校學生在校學習及基層員警偵查犯罪標準作業程序參考；另各大學法律系學生，未來擬進入法務工作人員，亦可提供認識刑案偵辦的種種……，是想從事「犯罪偵查」、「審判實務」者，一本很好之基本入門書籍。

　　四、此外，因本書含括有犯罪偵查「實務篇」，介紹社會較常發生之六類刑案、九則案例，將警察機智英勇、辦案過程之危險艱辛、偵查可能遭遇的挑戰……，精簡扼要描述呈現，具有偵探小說之屬性，讀者亦可享受邏輯推理的樂趣。

　　再則，本書能順利再版，由衷感謝五南圖書出版公司賞識，願意合作出版；也感謝主編劉靜芬小姐協助簽約時，奔波往返之辛勞，而責任編輯吳肇恩小姐細心校對，使本書內容更易讀，在此感謝。更感謝名律師盧國勳先生、監察院院長辦公室主任劉省作先生、前高等法院庭長陳祐治先生，三位老師在百忙之中賜

「推薦序」，讓本書增添不少光彩。另也感謝家人精神之支持與鼓勵，尤以內人無怨無悔的協助繕打、校稿，甚或於本人思索陷入迷障、困頓時，給我一些啓思與靈感……，方克讓本書完成增修，順利付梓再版！

　　最後，因犯罪偵查法規經常翻修，刑案偵辦工作包羅萬象、涉獵範圍頗廣……，故著作過程稍有失察或思慮欠周，書中內容即可能疏漏或錯誤，尚祈各界先進，不吝指正賜教！

黃鈞隆 謹書

於臺灣警察專科學校

106年8月8日

自 序

之所以會撰寫《犯罪偵查實務》這本書，起於多種因緣：

其一：鄙人從事外勤警察實務工作近三十年，其間經歷過基層員警、派出所主管、分駐所所長及偵查隊長（原刑事組組長）等職務，深切體會外勤及偵查工作之不易與艱辛，尤其是犯罪類型複雜不一，每當刑案發生，埋首抽絲剝繭、尋求解套之際，常因無跡可循，而費神絞盡腦汁、用盡心思。故而早年即興起為文，撰寫偵查實務方面專書，以提供員警犯罪偵查時，經驗分享。

其二：警校學生不管正期組或特考班，在學期間，受到警察養成教育相關課程的薰陶及孕育，對警察工作雖有某種程度瞭解；但對偵查實務工作的認知仍然有限，而渠等離校後，又必須立即面臨執法及刑案偵辦等工作，因此，一本能與實務接軌、符合學習需要之偵查書籍，誠屬必要。

其三：目前坊間有關「犯罪偵查理論」的著述不少，足以提供學生建立良好偵查學理基礎，但是「犯罪偵查實務」的書籍，則略為匱乏。警校學生畢業以後，一經分發，即進入各個基層警察單位，須及時接受偵查實務的挑戰，因此，能提供一本真正貼切實務、淺顯易懂且印象深刻的學習版本，對有志從事犯罪偵查者，應是踏實且具有實質之意義與效用。

基於以上原因，乃著手撰寫《犯罪偵查實務》乙書，本書採以實務為導向，藉實例驗證理論的方式為主軸，用循序漸進、深入淺出、平易近人的筆調呈現。書中特色講究精簡扼要、淺顯易懂，以引發犯罪偵查初學者興趣，進而培養日後深厚紮實的偵查

能力爲目標。内容結構則分爲三大篇，第一篇「基礎篇」介紹有關偵查態度及常識，第二篇「進階篇」討論偵查的技巧和方法，第三篇「實務篇」融合一、二篇，鉅細靡遺的呈現偵查工作之唯妙、艱難、神聖。

　　本書在每一實務篇後，均提供「法令解析」部分對照參考，且安排有「偵查實作」章節提供思考練習，亦爲本書特色之一。

　　爲文其間，經由亦具有豐富實務經驗的警察專科學校前刑事警察科曾英哲主任、林佳瑋主任建議、初稿審閱，現任教育長戴天岳先生、另《犯罪偵查學》原作者莊忠進博士亦不斷支持鼓勵；又蒙前教育長洪春木先生、教授王孟平博士、盧國勳老師、陳祐治老師……等長官、前輩、先學，惠予指導、諮詢，致本書内容能更臻完美實用，藉此一一表達謝忱！

　　最後，期望本書能提供讀者參考學習，俾裨益未來犯罪偵查工作能力之提升。本書若有疏誤或不盡周延之處，更盼各界不吝指教！

黃鈞隆 謹誌
104年8月28日

目　錄

第二篇　進階篇

第一篇

基礎篇

第一章　概說

　　隨著經濟日益發展，科技不斷精進，人們生活層面所受的影響愈深愈廣，人與人之間互動和影響更密切而無法分割，因此社會群聚的結構和關係，就變得多元而複雜。尤其是近年來，金融風暴引起的經濟問題，造成社會貧富不均、失業人口劇增、政治的對立、青年人對未來的失望及無力感，使得整個社會陷入焦慮緊張，隨之而來的是貧窮不安、情緒失控、行徑暴戾而乖張，衍生出許多令人無法想像的社會問題；繼之而來的是，犯罪案件層出不窮，而犯罪手法及型態不但凶殘且光怪陸離，藉著通訊軟體日新月異，犯嫌不再是一般販夫走卒，高知識分子及高社會地位犯下滔天大罪者亦有之。

　　身為一位犯罪偵查基層工作者，在從事偵查工作時，面對這樣的社會變遷，嚴峻之治安挑戰，除了本書後續將討論偵查過程中，要注意法律層面的程序問題及具備偵查犯罪應有之技術與方法外，首要的就是須先建立犯罪偵查基層工作者最基本的認識與態度。

壹　料敵從寬、安全第一

　　社會犯罪問題層出不窮，警察工作當然非常繁忙，得不眠不休、日夜以赴始得因應。尤以偵查工作24小時隨時要面對奸狡邪惡歹徒挑戰，如果少了膽大心細料敵能力，缺乏敵情觀念，則有朝不慮夕之虞，哪怕是一般性執勤均可能引來血光之災，乃至因公殉職之憾。

　　97年12月10日彰化市深夜發生一起奪槍殺警案，員警陳國欽在前往一處餐飲店處理酒醉糾紛時，遭到三名滋事的民眾圍困，在混亂中，有竊盜與毒品前科、綽號「阿勇」的男子奪下警槍，連開四槍，其中一槍貫穿

圖1-1-1　維持秩序是我們的責任[1]

陳國欽胸膛，陳員警不幸殉職，主嫌則是攜槍逃逸[2]。

　　在這個不幸的事件中，只不過是一樁喝酒糾紛，警察處理這種吵鬧事件，一天之內不知會有多少起，想不到處理這麼稀鬆平常的案件，也會失去性命！因此，在據報混沌不明的情況下，對案件的判斷切勿過於大意輕敵，出勤要攜帶應有的武器和配備，膽要大，心要細，只有靠著冷靜頭腦、機靈的反應，把握「料敵從寬」、「禦敵從嚴」原則，才能順利達成任務。

　　南部某刑警隊一位李小隊長，獲得通緝犯將出現於某KTV毒品交易之情資後，率員埋伏於KTV門口。當毒販出現時，這位小隊長見機不可失，一個箭步抓住對方的手腕，嫌犯一時驚嚇，慌亂的極力掙脫，返身跳上原搭乘之計程車，小隊長也隨即追上，抓住歹徒那一刻，嫌犯指使司機踩足油門加速離去，這名幹部因來不及抽身，被強拖行數十公尺，幸而，隨行夥伴即刻開槍射擊車胎，才迫使車子停下來，此時嫌犯雖已就逮，但受傷的小隊長已遍體鱗傷，險些賠掉性命。

　　所以從警人員在達成偵查艱辛使命的首要之務，需以「任務為先」、「安全第一」為著眼。上述案例告訴我們：埋伏員警完成了任務為先使命，卻忽略安全第一的觀念；更未把握料敵從寬、禦敵從嚴的原則，

1　圖片來源：維持秩序是我們的責任，NOWnews圖文集網址：http://www.nownews.com/photo/photo.php?phid=1653&no=2#tphot（上網日期：2009/3/1）。

2　醉漢奪槍殺警逃逸 彰警陳國欽殉職（中國時報，2008/12/10，社會版）。

因敵暗我明，歹徒隨時可能給你致命一擊。因此，必須洞燭機先，綿密布署，事前有萬全的準備後伺機出擊，才能打出安全有把握的勝仗。

　　105年6月14日警政署長陳國恩抵苗栗縣警察局造橋分駐所，慰訪昔日因公殉職員警家屬時，語重心長的提醒基層員警：執勤時「安全最重要」[3]。105年11月2日桃園市警察局龜山分局大埔派出所員警執行攔查酒駕勤務，因民眾劉○○拒絕臨檢加速逃逸，乃隨後追逐，致警車打滑自撞路樹，女警陳○慧嚴重顱內出血，而因公殉職[4]，又是一件令家屬悲慟、警界哀戚的事件；之後警光雜誌社為喚起員警執勤安全，於「新聞雲」po文呼籲大家「活著回去，比什麼都重要」[5]，雖然短短十字，令人鼻酸，加上陳署長深重的叮嚀，員警同袍執勤時必得把「安全」放在第一。

圖1-1-2　警政署長陳國恩到苗栗造橋分駐所慰訪昔日殉職警員陳智琳家屬[6]

3　警政署長陳國恩：擬增警員殉職撫卹（聯合報，2016/6/14）。
4　快訊：追酒駕警車自撞　女警陳明慧下午3點33分拔管不治！ETtoday社會新聞，http://www.ettoday.net/news/20161104/805460.htm（上網日期：2017/4/1）。
5　「活著比什麼重要」一語道盡員警辛酸，三立新聞網，http://www.setn.com/News.aspx?NewsID=196117（上網日期：2016/11/7）。
6　警政署長陳國恩：擬增警員殉職撫卹（聯合報，2016/6/14）。

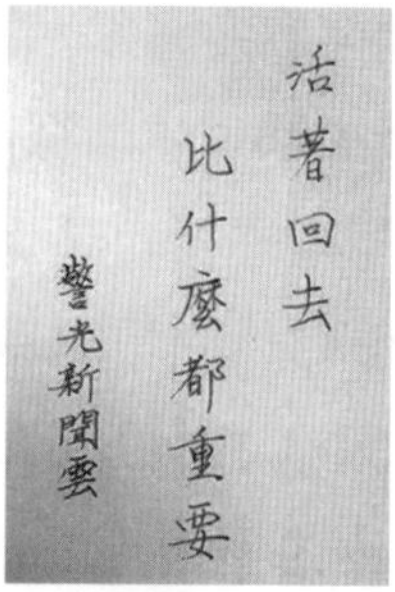

圖1-1-3　「活著回去比什麼都重要」（翻攝自警光新聞雲臉書）[7]

貳　偵破也是最好的預防

　　消滅犯罪的方法分「預防」與「偵查」兩個層面，一個是「治本」，一項是「治標」；前者在研究原因，制定對策，以防杜犯罪。後者在研究科學鑑識與偵查技能，俾迅速破案，鎮壓犯罪，兩者殊途卻同歸。在實務上有句俗語：「預防是偵查前奏」，「偵查即預防延伸」，而偵破其實也是最好的預防。

　　近年來，臺灣社會詐騙事件層出不窮，手法花樣不斷翻新，打開社會新聞，屢屢聽聞又有民眾受騙，詐騙案件讓警方疲於奔命。因為詐騙案件已衝擊整個社會，造成人心惶恐不安，政府部門、檢警機關乃成立了「反詐騙聯防平臺」，傾全力查辦破獲各地詐騙案件，將歹徒繩之以法；嫌犯為逃避查緝，乃開始轉進大陸設置機房跨海行騙，國人受騙無數，有人因此自殺，警政署因而成立「165反詐騙諮詢專線」，啟動各項防制對策，詐騙集團見風轉舵，改與大陸嫌犯合騙當地人……，兩岸在共同打擊犯罪機制下，合力打擊詐騙集團，逼得渠等只好再將機房轉進東南亞。之後，中國又與東南亞國家合作，嚴防詐騙，他們乃又將機房轉移到非洲、中東、中南美洲等國家。

7　「活著比什麼重要」一語道盡員警辛酸，三立新聞網，http://www.setn.com/News.aspx?NewsID=196117（上網日期：2016/11/7）。

　　據警方非正式統計，從兩岸共同打擊犯罪機制運作至今，臺灣警方已從海外帶回六千多名詐欺犯受審；故詐騙犯罪也因有效的偵查作為達成預防功能，致使該犯罪「境外移轉」到海外，這種犯罪地點之轉移，正是「偵查即預防延伸」，而「偵破也是最好預防」的最佳說明。

圖1-1-4　2014年8月臺灣及印尼警方聯手破獲跨國詐騙集團[8]

圖1-1-5　刑事局與印尼警方聯手破獲該集團，逮捕18名臺人及36名大陸人[9]

參　一般勤務也能破案

　　一般性例行勤務，平淡乏味，缺乏挑戰刺激，久而久之形成大家應付查勤，抑或報領超勤津貼依據，最後流於形式喪失功能。但各位不要忽視，其實「執勤」若能落實，仍可「破大案」「抓要犯」。過去不少實務案例告訴我們，由於勤務踏實而偵破各類大小刑案者，仍不乏其數。就算無法每班勤務均有績效，但因勤務之認真，警力之展現，亦有產生犯罪預防功能，而它應該也是成果之一。故除了應妥適規劃勤務，更需落實各種勤務。

　　92年10月，全國同步發生提款機遭盜領案，偵破得力於豐原派出所

8　臺灣集團詐騙全世界　近年從海外帶回6000嫌（自由時報，2017/4/7）。
9　臺印聯手破詐騙集團　逮18臺人36大陸人（中央通訊社，2017/4/12）。

二位凌晨落實執勤的巡邏員警[10]；90年4月間文山二分局景美所，二位肅竊專案員警，因發現二位共騎一部機車男子，行跡可疑且後座者未戴安全帽，拍照告發，事後查知該兩男子是幾分鐘前行竊機車之嫌犯，案經擴大偵破一個龐大竊盜集團，此乃歸功於這二位員警執行肅竊勤務之落實；91年8月屏東麟洛一位12歲小孩，因腳踏車被偷而學習偵探柯南辦案精神，到處自己去找尋，最後不但將腳踏車找回，還幫警方破獲一個偷車集團；可見警察執勤，若有小孩找車之認真，也可偵破許多的案件。

肆　現場就是證據的寶庫

要能「目見輿薪」，也需「明察秋毫」，刑案勘查不可粗心大意，顧此失彼，現場蒐證切勿掛一漏萬，甚或破壞跡證，任何刑案現場，包括執行搜索，均需鉅細靡遺，滴水不漏。近幾年來警方根據檳榔渣、啤酒罐上的唾液、一根毛髮、一滴血、或一張不起眼名片……，破獲不少案件，因此，刑案發生時，最怕被害人自行破壞現場，尤其是竊案，許多被害人常因急著要瞭解損失哪些財物，在竊賊翻箱倒櫃的地方再翻找一遍，就可能破壞掉跡證[11]。

故員警須利用各項勤務、集會之際，多加教育民眾這方面常識，一旦有案件發生，什麼都不要動，等警方採證完畢後再整理。因刑事人員只要取得完整證物，查扣相關罪證，必能順利破案，使嫌犯俯首認罪，且永遠無法翻案脫罪。既然現場如此重要，那大前提乃需保持「完整現場」，而這就有賴「被害民眾」，勿任意移動破壞跡證。

就像李昌鈺博士提出的「桌腳理論」：偵辦刑事案件就像一張桌子，四個桌腳都非常重要，不管桌面怎麼漂亮，如果桌腳不穩，再好的材料也無法造就一張有用的桌子。「桌腳破案」理論的四個桌腳就是：「現

場」、「物證」、「人證」和「運氣」[12]。因為凡走過必留痕跡，現場是嫌犯行為活紀錄，所以，警察的重要任務就是要嚴密做好封鎖警戒，確保現場跡證完全。四十多年前轟動社會之嘉義地區名醫劉○昆強姦女護士謝○命案，就靠謝女陰部發現一根劉嫌陰毛而偵破；80年間橫行中南部的阮○中強盜集團案，破案關鍵就在地上一張不起眼之名片；98年3月高雄市獨居婦女郭○英陳屍租屋處命案，警方人員在死者手掌上發現毛髮，疑為抵抗凶嫌過程中抓到對方的毛髮，這也將提供警方偵查方向，是非常有利的破案線索[13]。由這些案例更突顯做好「現場保全」及仔細「勘查採證」的重要性。

伍　無畏、無移、無休、無難

一、無畏

　　偵查人員應有大無畏精神，有了無畏才能產生動能，而勇往直前；一個膽小怕事，畏首畏尾的人，難以成大器。因為法治國家，主張法律之前人人平等，何況犯罪也經常發生於達官貴人身上，若缺乏膽識，既畏「○大哥」、也怕「○大媽」，那將如何嚴正執法？怎樣保障善良百姓呢？93年間花蓮縣長補選，花蓮地檢署李○春檢察官偵辦頭目津貼的例子[14]；93年9月戶政司司長謝○○，於文山第一戶政所辦理戶口遷移，因證件、資料不全，承辦人張○○予以婉拒受理[15]；95年間高檢署陳○仁、侯○仁檢察官辦理國務機要費、首長特支費案，沒有因為對象身分、地位特殊，而畏怯退縮……[16]，這些均係嚴正執法、依法行事、不畏權勢的典範，可作

---

12 李昌鈺、劉永毅，讓證據說話：神探李昌鈺破案實錄2（臺北：時報文化，2004/4/23），61頁。

13 死者掌中採獲疑凶毛髮（中國時報，2009/3/19，社會版）。

14 李子春：阿扁早該收押 耍非法律手段無利（中國時報，2008/11/12，政治版）。

15 戶政司長謝愛齡女士與文山第一戶同仁遭戶風波，馬市長強調一切依法處理將真相還原讓爭議早日落幕（臺北市政府發布單位：臺北市政府新聞處，2004/9/26）。

16 06年度人物／親手辦總統夫人　陳瑞仁只想辦案不願升官（NOWnews，2006/12/30，重點新聞，上網日期：2009/3/1）。

為警察辦案「無畏」之參考借鏡。

二、無移

　　一個辦案人員，要有堅定不移之毅力，委曲求全之耐力，始終如一之定力，不可受到外界絲毫影響就搖擺不定；因為處理任何刑案，絕對少不了長官指責、民代壓力、媒體干擾，甚或當事人詆毀與謾罵……若稍遭拂逆就把持不定、駐足停頓，案情將陷入膠著。何況刑事偵查，本是曠日費時工作，有些特殊刑案，因為情節曲折離奇，往往必須經年累月，甚或多年長期明查暗訪，方克理出頭緒，再經由不斷抽絲剝繭，最後始得水落石出，真相大白。故而一位優秀的刑事工作者，若缺乏堅定不移之毅力，沒有鍥而不捨之追偵精神，必難有所斬獲。

　　85年1月間，桃園一位80歲老阿嬤林陳○猜，被金光黨騙走一生積蓄（125萬現金、5兩銀子），她於傷心且不服輸之心境下，走遍全省指認落網歹徒，連續六年不間斷。91年間再度到士林地檢署指認二位落網金光黨……皇天不負苦心人，名叫何○備的嫌犯，竟然被認出就是當年行騙者；此外老太太還自己打民事官司，桃園地院判何嫌應賠償131萬。林陳○猜老阿嬤積極堅持之精神，堪為警察人員辦案「鍥而不捨」之楷模。

三、無休

　　世上無不勞而獲的事，你想得到什麼，要看你怎麼栽。刑案之發生經常是接二連三，逼得人無法喘息，如果心想「休息」是在保留實力，等待舊案了結，再辦新案，抑或案件只辦一半，累了暫時擱置先休息，這種「時間點」之無法連結，勢必讓線索中斷、共犯串供、物證湮滅、人證消失、歹徒逃匿……。故刑案偵辦，必須銜接不斷，不可中途休止，否則將前功盡棄；故刑事人員要學習「超商無休」之精神，由不眠不休、犧牲享受中，換取破案喜悅，來享受犧牲。而「無休」精神也與有名工作狂——神探李昌鈺，所提倡之「三二八五」時間哲學吻合。神探李昌鈺能夠舉世聞名，享譽全球，「當然有許多超乎常人之能力才智，譬如邏輯推理和觀

察力之類，但良好時間管理確實是踏上成功階梯的第一步」[17]。故李博士之成功來自不眠不休，他的「時間哲學」可為辦案人員「無休」之最佳寫照。

四、無難

「登天難」偵辦刑案「更加難」，但只要一勤天下無難事。美國一位總統說：「怕熱，就勿進廚房」。明知警察難為，但既然選擇了「它」，就不應怕難。刑案發生從受理報案，到案件偵結，需經過無數環節，每個過程均舉步維艱，若未寒而慄，抵達刑案現場，「難」之念頭油然而生，勢必未戰已敗；因「難」是「懶」的手足，只要心想「困難」，「懶意」已萌生，複雜之案情將一無進展，故偵查人員要有拿破崙字典裡無「難」字的精神，才可突破逆境，挑戰任何困難。

88年間五股往林口的登林路，發生一起貨車翻覆壓死司機車禍案件，案發現場除了灑滿地的蛋殼和蛋汁，以及一名目擊全案但未記下車號的民眾外，別無留下任何跡證或線索。板橋地檢署曾○○檢察官在無具體直接線索下，帶著蘆洲分局偵查員林○○，以土法煉鋼方法，由地緣跑遍五股、林口、桃園、龜山等地雞蛋中、大盤商及貨運行，調閱出貨單，找尋曾行駛「登林路」的車輛和司機，而逐一查訪，然案情一直未露曙光。歷經千辛萬苦，遭遇無數波折障阻，二人並未因重重之困難而退縮裹足，持續了二年多，最後還是查知了涉嫌對象，乃策動肇禍司機黃○陽投案說明，於認罪後依業務過失致死移辦；這更是一件「不怕困難」成功的典型範例。

---

17 李碧如，神探的三二八五（基督教週報2324期，2008/12/7，人間如話）。

陸 查小案仍可大發現

諺云：「勿以善小而不為」，運用到刑事工作，則可說：「勿以小案而忽略」。雖然犯罪學習過程，常由小案漸進大案，但犯大案之嫌疑人，仍會做些小案，做小案者也可能突然冒出驚天動地的大案件；因為犯罪問題實在是太複雜了，正所謂是「你能想到的會發生」、「大家想不到的也會發生」。故再小之刑案，若能細心、專心、耐心偵辦，從一件違反社會秩序維護法賭博案，可能發現一宗駭人聽聞的殺人棄屍事件；由一起微不足道之小竊盜，因用心追查，或許破獲令人聞火色變之連續縱火案……故偵查原則：絕對不可「重大案」而「輕小案」。惟一般刑事人員，常有「看大不看小」的共同通病，亟需調適心態，避免「因小失大」，而坐失立大功契機。

北部某分局91年12月底偵辦周○勇行使假鈔案，有一名涉嫌人突然提供線索謂：曾聽綽號「阿諾」說，曾涉及一件殺人焚屍案；警方乃找到「阿諾」（韋○君），再找到共犯「阿正」（王○政）。兩人除坦承犯案，並直指係因章○萍，二年前向死者蔡○燕買到假安非他命，乃唆使渠等七人綁綑蔡某，並將其打死後載至桃園大溪潑汽油焚屍。南部某分局85年間偵辦少年張○龍機車竊盜案，經多次借提深入追查後，張姓少年卻突然供稱：犯下某市多起令人聞火色變之連續縱火案，造成多人死亡及燒毀鉅額財物的慘劇；故由一件不起眼不為人關注的小案，也可能發展出或擴大偵破駭人聽聞之重大案件，值得辦案人員省思。

柒 應具備熟稔的法令知識

身為一位執法員警，不論從事犯罪偵查，抑或執行例行性勤務，均應具備熟稔的法令知識，方克順遂達成任務，才不致貽笑大方，茲舉例說明之：

臺北黃太太某日南下探親，搭乘一輛計程車，於對話中司機聊起：某

次載客途中聽聞一位乘客抱怨：駕自小客遭員警路檢攔查，出示大貨車駕照受檢，執勤人員見司機未帶小客車駕照，要以「無照駕駛」開立告發三聯單，氣得這位駕駛逢人便揶揄「這樣也能執法？」。按道路交通安全規則第61條三、已領有大貨車駕駛執照者，得駕駛小型車、輕型機車；然這名員警就因法規不熟，故鬧了笑話……。

　　民國106年春節期間，1輛計程車在省道台74線轉國道三號北上快官匝道時，被員警攔下，謂之：「乘客未滿3人，不能上國道」。司機質疑「計程車哪有高乘載？」員警卻以不確定的語氣說：「有吧？」兩人爭論許久，司機最終被請下國道。但根據高公局國道交通疏導措施手冊，計程車的確不受高乘載管制……這段計程車司機與員警互動過程影片，被上傳到臉書社團「爆料公社」，網友諷稱：「一個警察連專業都不夠，要如何當執法者？」[18]

　　北部一家私立幼稚園，因有老師涉及虐童案，警方為了釐清案情，查明涉嫌對象，轄區偵查隊發一張「通知書」，請園長到案協助說明，因園長是「證人身分」，但接到的是「嫌疑人通知書」，惹得園長不悅去請教律師，後經洽詢承辦人員竟回以：「本單位長年以來，不分證人或嫌犯人，都使用同一種通知書，無個別身分不同之通知書……」，惹得該名園長及委任律師頗有微詞！

---

18 計程車被趕下國道　司機對員警怒辯高乘載……，自由時報（上網時間：2017/2/1）。

第二章　偵查的意義與開端

壹　偵查的意義

一、犯罪偵查的意義

顧名思義，偵乃「偵辦」，查即「查緝」；其意義乃偵查機關和輔助機關，透過偵辦的各種方法，去查明犯罪事實經過，並確定嫌犯對象，進而將其查緝到案，讓犯罪人接受法律追訴與審判的一種作為。

二、犯罪偵查學的定義

它係以各種科學知識為基礎，而將研究所得之原理、法則、經驗應用於犯罪偵查實務中的專門學問。

三、犯罪偵查學的內涵

犯罪偵查學包羅萬象，諸如自然科學、社會科學、刑事科學等均屬之。

（一）自然科學：如物理學、生物學、化學、醫學……。

（二）社會科學：如心理學、理則學（邏輯學）、社會學、法律學、情報學……。

（三）刑事科學：文書鑑定學、精神醫學、攝影學、指紋學、法醫學、驗槍學、血清學、毒物學……。

貳　偵查開端之法令依據與種類

一、刑事訴訟法第228條第1項

檢察官因告訴、告發、自首或其他情事知有犯罪嫌疑者，應即開始偵查。

二、刑事訴訟法第230條第2項

前項司法警察官知有犯罪嫌疑者，應即開始調查，並將調查之情形報告該管檢察官及前條之司法警察官。

三、刑事訴訟法第231條第2項

司法警察知有犯罪嫌疑者，應即開始調查，並將調查之情形報告該管檢察官及司法警察官。

四、警察偵查犯罪手冊第212點

司法警察官或司法警察知有犯罪嫌疑者，應即開始調查，並將調查之情形報告直屬長官，或報請檢察官主持偵辦。

五、構成偵查發端種類

（一）告訴

1.指犯罪被害人或法律規定其他有告訴權之人，向偵查機關申述犯罪事實，並請求訴追之意思表示。

2.告訴的主體為：被害人、法定代理人或配偶、被害人之親屬。

（二）告發

1.指犯罪者以外之人，不論是否具有告訴權，向偵查機關申述犯罪者。

2.非公務員知有犯罪嫌疑而為告發，稱為「權利告發」；公務員因執行職務知有犯罪嫌疑應為告發，乃係「職務告發」。

（三）請求

1.對友邦元首或派至我國代表犯妨害名譽罪、侮辱外國國旗、國章之損壞、污辱罪，此屬外國政府請求乃論罪。

2.一般外勤基層警察鮮少受理偵辦此類犯罪之案件。

（四）自首

1.指犯罪人於犯罪未被發覺或發覺後，但尚未知悉嫌犯是誰前，而主動向公務員申述犯罪事實，並表示願意接受訴追之意。

2.倘公務員已知悉犯罪者，而該嫌犯才至偵查機關坦承犯罪事實，稱之為「投案」。

（五）共犯之供述

刑案偵破後，因共犯之供述，指稱尚有其他在逃嫌犯共同參與，亦為偵查追緝之開端。

（六）相驗

1.刑事訴訟法第218條：遇有非病死或可疑為非病死，該管檢察官應速相驗；又稱為「司法相驗」。

2.相驗完畢，相關卷證陳報檢察官後，如發現有犯罪嫌疑或死因不明者，應續為必要勘驗及調查，故「相驗」亦為偵查開端。

3.明顯為病死、自然死亡，可由地方衛生所或曾就診醫院、診所開具死亡證明，而不必檢察官率同法醫驗屍，乃屬於「行政相驗」[1]。

（七）媒體報導

檢察官或司法警察人員，因報章雜誌、電視、廣播、網路報導或廣告，知有犯罪情形者，亦應啟動偵查犯罪。

（八）執勤發現

基於本身專業判斷或發覺，如巡邏、家戶查訪、治安顧慮人口查訪等勤務，發現有犯罪跡證或情況時，也是犯罪偵查之開始。

---

[1]　臺灣地區檢警勘驗屍傷應行注意事項，警察法令彙編（臺北內政部警政署，2002/4/30），1972頁。

（九）機關函辦

監察院、軍事機關、或其他行政機關，發覺有犯罪情事，主動移請偵辦，仍屬偵查開端之一。

（十）上級交辦

例如分局或警察局上級長官交辦的犯罪情資或個案等。

（十一）相牽連案件

本案外，尚涉及牽連其他的刑事案件。

（十二）檢舉密告

民眾的檢舉密告，雖然常有報復誣陷情形，但分析過濾具有價值性者，也應啟動偵查作為。

（十三）情報諮詢

警察人員所布建咨詢的義工或線民，反應極具參考性的情報線索，亦不能疏漏。

（十四）風聞傳說

刑案的偵辦，有時巷議街談或風聞傳說，仍為破案重要線索，不可忽略。

（十五）現行犯之發現

刑事訴訟法第88條：現行犯，不問何人得逕行逮捕之。犯罪在實施中或實施後即時發覺者，為現行犯。被追呼為犯罪人或因持有凶器、贓物或其他物件、或於身體、衣服等處露有犯罪痕跡，顯可疑為犯罪人者，以現行犯論；發現現行犯或準現行犯依法逮捕而帶回偵辦，當然就是偵查之開端。

（十六）按鈴申告

刑事訴訟法第242條：告訴、告發，應以書狀或言詞向檢察官或司法警察官為之；其以言詞為之者，應制作筆錄。為便利言詞告訴、告發，得設置申告鈴。

法務部頒布「檢察機關申告鈴使用須知」，規定各級法院檢察署，應各裝設電鈴一具，定名申告鈴，以備人民隨時按鈴申告。凡欲以言詞告訴、告發或自首者，一經按鈴，應由值勤法警導引入庭靜候訊問。值日檢察官於知悉按鈴申告後，應立即率同書記官開庭訊問，並依法製作筆錄。故按鈴申告也是偵查之開端。

（十七）其他

凡我警察人員遇有上述種類狀況，均應依刑事訴訟法或犯罪偵查手冊相關規定，啟動犯罪偵查工作，是乃所謂偵查之發端也。

第三章　司法警察與偵查作為

壹　檢警之關係

一、司法警察人員之分類

偵查輔助機關之司法警察人員，依現行刑事訴訟法規定，計分三類：

（一）刑事訴訟法第229條：「協助」檢察官偵查犯罪之「一級」司法警察官。如警政署長、警察局長、警察總隊總隊長、憲兵隊長官、調查局長官、海巡署長官。

（二）刑事訴訟法第230條：「應受」檢察官「指揮」偵查犯罪之「二級」司法警察官。指警察官長（如分局長、刑警大隊長、專業警察大隊長）、憲兵官長、特定事項得行司法警察官職權者。

（三）刑事訴訟法第231條：「應受」檢察官「命令」偵查犯罪之司法警察。指警察、憲兵、特定事項得行司法警察職權者。

二、行政警察、司法警察與軍法警察

（一）行政警察

犯罪「尚未發生前」，採取犯罪預防措施者，屬於行政警察。如分駐（派出）所、分局警備隊、警察局保安隊等；其又稱「制服警察」。

（二）司法與軍法警察

1.對「已發生」之犯罪，調查犯罪情形及蒐集證據，即屬之。如分局偵查隊、警察局刑警大隊；其又稱「便衣警察」。

2.上述便衣警察，偵辦一般「刑案」時，具有「司法警察」身分，處理「軍人犯罪」時又具「軍法警察」身分。

（三）依刑事訴訟法及軍事審判法規定，警察人員除了原來行政系統指揮體系外，兼受檢察官及軍事檢察官指揮命令。

三、檢警關係

（一）行政體系互不隸屬

檢察官與司法警察（官），在行政體系上彼此不相隸屬（檢察官不可干涉或指揮警察人事、經費、其他行政業務），但在偵查犯罪工作上，依據刑事訴訟法、調度司法警察條例、檢察官與司法警察執行職務聯繫辦法……等相關法令規範下，因檢察官係犯罪偵查主體，警察為偵查輔助機關，故在偵查犯罪方面，必須接受檢察官指揮、命令。

（二）警察扮演不可輕忽功能

1. 檢警之主輔關係

檢警之主輔關係，僅是「法律監督」層面之問題，在犯罪偵查「具體實施」層面，並無主要與次要角色區分；相對的警察反而比檢察官扮演更重要角色，因為許多案件在警察蒐證、偵辦過程，大致已決定嫌犯是否足以起訴？抑或受到有罪判決？故司法警察在整個刑事司法體系，有其不可輕忽之功能與定位[1]。

2. 誰能決定被告生死

蘇律師曾發表一篇「誰能決定被告生死」之文章，他的前言引述日本一位公正的檢察官對「辦案刑警」提及：

(1) 警察手中握有大權，就如一輪烈日一樣，如果不謹慎節制，就會傷害到秋霜般脆弱的平民百姓。

(2) 他說能決定被告生死的是誰？答案既不是上帝，也非閻羅王，更不是檢察官或法官；而是站在辦案第一線的司法警察人員[2]。

1　曹昌棋，犯罪偵查學（臺北：臺灣警察專科學校，2009/1），33頁。
2　蘇友辰，誰能決定被告生死（日新月刊第2期，2004/1），18頁。

3. 學者對偵查機關的見解

我國現制雖以檢察官有實施偵查犯罪職權，而司法警察官或司法警察居輔助地位，協助偵查犯罪，但實際上司法警察官仍任第一線偵查責任；多數刑事案件，係經司法警察官之檢舉偵查後，移送該管檢察官，故有稱司法警察官為「實質」的偵查機關，而檢察官則為「形式」的偵查機關[3]。

貳　強制處分作為

一、強制處分的意義

舉凡有干預人民基本權利的偵查行為，曰之為「強制處分」。

二、強制處分的種類

諸如逮捕、拘提、羈押、搜索、扣押、監聽、DNA採樣等偵查行為，均屬學理上所謂的「強制處分」。

三、令狀原則及其演變

（一）偵查強制手段，必須取得法律授權，也就是事先取得有權核准機關同意，司法警察人員依據令票據以執行，此即所謂「令狀原則」。

（二）有關羈押、搜索之決定權，原採偵查中由檢察官，審判中由法官決定的二分模式，然於86年12月刑事訴訟法修正時，首先將羈押權收歸法官獨有；後復於90年1月修正刑事訴訟法，將搜索票之核發改為法官為之。但符合第130、131、131-1條情況者，得例外無令狀搜索。

（三）92年2月刑事訴訟法復修正，因鑑定被告心神或身體必要，得預定七日以下期間，將被告送入醫院或其他適當處所；而鑑定留置，應用「鑑定留置票」，亦應經過法官核准。

3　陳樸生，刑事證據法（三民書局，1992/10），22頁。

　　（四）通訊保障及監察法，也於96年7月11日修正公布，並定於修正公布後五個月施行，有關通訊監察書由原向檢察官申請核發之，改為偵查中向檢察官申請後轉請法院核發。後因發生特偵組偵辦「特他字61號」案外案爭議，遭質疑濫權監聽，經朝野立委幾度協商下，立法院於103年1月14日三讀通過「通訊保障及監察法部分條文修正案」，其中增訂第3-1、11-1、16-1、18-1及32-1條條文；並修正第1、5～7、12、13、15、16、18、27、32條條文；旋復於105年4月13日修正公布第5、34條條文。未來警方聲請通訊監察限一票一人，偶然另案的監察資料不具證據能力，且原則須法院核准，才能調取通聯紀錄……。

　　此對人權保障又邁出一大步，然犯罪偵查權限則大幅限縮，對往後警察執法之挑戰勢必更為嚴峻。

四、強制處分比例原則

　　指採取各項偵查作為時，必須考慮其目的性與必要性，其所採取偵查手段所造成之不利益，不能超過其所欲維護之利益。

五、盤查（臨檢）與搜索

　　（一）警察盤查權之法律依據，早先係認為「警察勤務條例」第11條第2、3款及第14條之規定，查上述條文固有「盤查」、「盤詰」、「臨檢」等用語，然就實質內容、實施程序與要件均未規定；為了基於干預人民權益之公權力行為，皆需有法律授權和依據之理念，多數學者認為警察執行盤查係「依法無據」，「甚且有違憲」之嫌。

　　（二）為了明定警察任務與職權，政府自86年起，開始研擬制定「警察職務執行法」，民國88年6月正式提出了草案。接著90年間大法官作成「535號釋憲案」，指現行警察「執行臨檢」法規有欠完備，應於「兩年內」通盤檢討。

　　（三）由於上述釋憲案之故，政府因而加快立法腳步，在92年6月25日完成「警察職權行使法」三讀，共五章三十二條，於同年12月1日施

行。

（四）警察職權行使法訂定實施後，警方的盤查勤務正式有了法源依據，例如第6～8條，基於防止危害目的，可以查證身分、蒐集資料、行使盤查權（包括攔停、詢問、令出示證件）、檢查身體及所攜帶之物、要求酒精濃度測試、檢查交通工具，甚至可帶往警察派出所。

（五）不可假盤查之名遂行實質搜索：盤查係行政警察基於危害預防所發動之行政作用，而搜索則為典型強制處分之一種，兩者是截然不同的。然不少外勤員警執行盤查常有近似刑事訴訟程序之搜索、逮捕、或羈押，諸如所持物檢查、要求同行、暫時留置，稍有不慎恐有觸法之虞。

六、刑案偵查應遵守法定要件

（一）依據警察勤務條例第11條，警察勤務方式計有：勤區查察、巡邏、臨檢等6項，而不論執行哪項勤務，均不可逾越法律範疇；在實務上有少部分員警因疏於法律認知，或迫於績效壓力，在執行勤務時，會有假臨檢、路檢之名，而行搜索之實，以致違反法定程序，故所查獲不法之物，遭法庭不採為證據，不但徒勞無功，甚或有觸犯法網之虞。

（二）員警從事犯罪偵查工作，有關得逕行搜索被告或犯罪嫌疑人之身體、隨身攜帶之物件、所使用之交通工具及立即可觸及之處所，係刑事訴訟法第130條規定。員警於執行一般性臨檢、路檢等勤務，依法不可對受檢人車進行搜索；換言之，警方例行之酒駕路檢勤務，只能針對受盤查對象之身體或交通工具進行目視搜尋，倘欲進一步開啟駕駛者後車廂，不論以「目視搜尋」或「動手翻找」，其檢查行為均已屬「搜索」性質。

（三）按「臨檢」係屬非強制性之「行政處分」，其目的在於犯罪預防，以維護社會安全，並非對犯罪行為搜查，故無須令狀即得為之；惟「搜索」則為強制性「司法處分」，其目的在於犯罪偵查，藉以發現被告、犯罪證據及可得沒收之物，原則上須有令狀始能為之。因而，臨檢之實施手段、範圍自不適用，且應小於刑事訴訟法關於搜索之相關規定，故其僅能對人民之身體、交通工具或公共場所所為「目視搜尋」，亦即只限

於觀察人、物或場所之外表,若要進一步檢查,如開啟密封物或後車箱,自應得受檢者之同意,否則不得擅自為之。[4]

（四）案例說明:

1.民國108年2月間中部某分局派出所,於轄區執行取締酒駕勤務時,攔下黃姓男子,經查其係毒品管制人口,警方查驗完身分後,要求打開後車廂受檢,黃某表示:自己並無酒後駕駛行為,亦非通緝犯,不願開啟;而員警一再要求打開後車廂,黃男反要求警方拿出搜索票。員警則以:「我們是依警察職權實施路檢,這不用搜索票,路檢哪需要搜索票……」等語回應,雙方一時僵持不下。

2.之後黃某主觀上認員警並無搜索票,依法不得要求其打開車廂,而卻一再要求配合,於氣憤之餘,始脫口說出:「要配合什麼?不然我褲子脫下來給你含啦,幹!我現在馬上把你們po上網」等語。值勤員警認為:黃男對渠等有侮辱行為,乃依侮辱公務員、公然侮辱等罪將其移送法辦。

3.本妨礙公務案,經臺中地檢署檢察官提起公訴,但審理之臺中地方法院指出:刑法妨礙公務罪章,所保護之法益,係貫徹國家合法意志之國家法益,其所護者僅限於公務員之「合法職務」行為;對於「非法職務」行為,自無保護之必要。因此,人民若對於公務員之非法職務行為加以反抗,則不具可罰性,故無該罪章之適用。

4.案件審理後,承審法官認為:黃某主觀上已認為員警為非法執行職務,故拒絕打開後車廂,但警方卻一再以錯誤法律知識要求配合,因執勤有嚴重瑕疵,致黃某認遭警察刻意刁難,才脫口說出侮辱言語。綜上,故難認員警係「依法」執行職務,從而,自難遽令被告擔負對公務員依法執行職務時,當場侮辱及公然侮辱之罪責,故諭知黃某無罪之判決[5]。

（五）基此,警察人員不論執行一般性勤務,抑或從事犯罪偵查工作,均應確實遵守法定要件,在無搜索票情形下,則須符合刑事訴訟第

4　最高法院101年臺上字第763號判決要旨參照。
5　臺灣臺中地方法院108年度易字第982號刑事判決。

130條附帶搜索、第131條逕行搜索、第131條之1同意搜索之要件始得為之。然本案執勤人員卻認取締酒駕路檢勤務，可要求受檢人打開後車廂，讓其「目視檢查」，顯然對執行職務時應遵守之法定程序要件，尚有不諳，須亟待強化法律之專業知識。

七、強制處分聲請須詳實依法

（一）按刑事訴訟法第205條之2規定，司法警察官或司法警察因調查犯罪情形及蒐集證據之必要，對於經拘提或逮捕到案之犯罪嫌疑人或被告，得違反犯罪嫌疑人或被告之意思，採取其指紋、掌紋、腳印，予以照相、測量身高或類似之行為；有相當理由認為採取毛髮、唾液、尿液、聲調或吐氣得作為犯罪之證據時，並得採取之。

（二）上述法條，乃法律賦予司法警察官、司法警察對於犯罪嫌疑人或被告身體之採證權，法條前段可稱為「身體外部非侵入性之干預」；而後段則得稱係「身體內部侵入性之干預」，並基於干預程度之強弱而異，其發動之要件各為「必要時」、「相當理由」。

（三）依立法旨意，員警從事犯罪偵查工作，只要符合刑事訴訟法第205條之2，其不論是前段或後段規定，均可違反犯罪嫌疑人意願「強制採證」，但前提必須是被逮捕或拘提之被告；惟實務上常有部分嫌犯拒絕採取證物情形，例如：經逮捕之犯罪嫌疑人或通緝犯，有毒品戒斷症狀，眼神空洞、精神恍惚……等異狀，且手臂上發現針孔注射痕跡，相當理由認有施打毒品跡象，依法固得採集尿液送驗；惟其若以「不配合」或「尿不出」為由拒絕採尿，雖法律賦予警察可強制採取，但事涉「強制導尿」並非警察專業，值此情境，缺少檢察官發給之「強制到場許可書」，恐難克竟其功，此際員警則得依法向地檢署提出「鑑定聲請書」因應。

（四）有關鑑定聲請書之內容，應依制式表格詳實填寫，法條依據必須正確，方不致引發強制執行之後，法律適法質疑及證據能力之爭議。茲舉例說明之：

1.民國106年5月間北部某分局派出所，查獲毒品通緝犯楊○○，移送

分局偵查隊後，值日偵查員發覺楊某出現毒品戒斷症狀，眼神無精打采，精神恍惚倦怠；且手臂上有針孔注射痕跡，依刑事訴訟法第205條之2後段：「有相當理由，疑似有施打毒品……」，欲採集其尿液送驗。

2.惟楊姓通緝犯並不願意接受採尿，值日刑警認為必須採取「強制導尿」，而警察無此醫學專業，乃依法向管轄地檢署提出「鑑定聲請書」，但是，聲請書欄位：「預定執行處所」卻填寫「○○分局偵查隊」，核與實際執行處所不符，正確執行處所應為「衛生福利部所轄當地醫療院所」（如附件3-1）。

3.地檢署接獲分局偵查隊聲請，經審查後發給「強制採驗尿液許可書」，而依據法條為：毒品危害防制條例第25條第1項或第2項（如附件3-2）。楊某尿液採集送驗後，呈嗎啡陽性反應，經檢察官依毒品危害防制條例案件提起公訴；案移法院審理後，楊某辯稱「整個採尿程序有爭執，認為開立強制採尿單也違法，故主張蒐證違法，所以驗尿結果沒有證據能力」。

4.承案法官深入調查後，雖認定該案採證並無違反法定程序，亦無顯有不可信與不得作為證據等情；然審理過程頗有微詞指出：警方在取得檢方誤發之鑑定許可書後，「見獵心喜」或「習焉不察」，亦持之向被告出示以為執行之依據，於此固有瑕疵……。[6]

5.故而：

(1) 警察人員在刑案偵辦中，聲請「強制鑑定許可」時，聲請書之填寫必須「詳實依法」，如上例地點應正確無誤……。

(2) 於取得執行令狀或許可書時，宜「詳閱內容」，若發覺記載與事實、法條不符或有疏誤，亦應即時反應處理，俾執行程序能更適法、周延。

6　臺灣臺中地方法院108年度易字第982號刑事判決。

附件3-1　鑑定聲請書

桃園市政府警察局○○分局鑑定聲請書（稿）

發文日期：中華民國 106年5月4日
發文字號：中壢分刑字第

承辦人：
聯絡電話：03-4228888
傳真電話：03-4257796

附件：

案　由	毒品危害防制條例	預定執行期間	106年5月4日12時00分起 106年5月4日24時00分止
聲請選任鑑定人（機關）	桃園市政府警察局○○分局	預定執行處所	○○分局偵查隊
鑑定對象之身分：	■犯罪嫌疑人或被告　□被害人		□被告以外之人

鑑定對象姓名	性別	出生年月日	身分證統一編號	住居所	備考
楊	男			桃園市○○區	

鑑定事項：尿液

鑑定之處分：
　□檢查身體（部位及方式）：
　□解剖屍體：
　□毀壞物體：
　□欲進入之住宅或處所：
　採取：□分泌物　■排泄物　□血液　□毛髮　□其他出自或附著身體之物：尿液
　採取：□指紋　□腳印　□聲調　□筆跡　□照相　□其他相類之行為：

聲請理由、事實及依據：筆錄、偵查報告及照片。

上列鑑定對象因　毒品危害防制條例　案件，認有（相當理由）實施鑑定之必要，爰依刑事訴訟法第二百零四條、第二百零五條、第二百零五條之一第一項之規定，聲請選任鑑定人並發給許可書以便執行。

　　此　致
臺灣桃園地方法院檢察署

　　　　　　　　　　　　　　分局長　廖○○

檢察官審查結果：
　選任鑑定人（機關）
　□發給許可書（發給時間：　年　月　日　時　分）
　□不發給許可書之要旨：

附件3-2　強制採驗尿液許可書

臺灣○○地方		
檢察官強制到場（強制採驗尿液許可書		
受強制到場人姓名	楊	
出 生 年 月 日	59 年 8	
國民身分證統一編號	H2	
戶　　　籍　　地	桃園市(縣)○○區(市)	
住　　居　　地	桃園市(縣)○○區(市)	
強制到場日期	強制到場採驗尿液處所	
106 年 5 月 4 日13:00起　106 年 5 月 4 日14:00止	桃園縣政府 ○○ 分局 或囑託之警察機關採尿室	警察局 派出所
強制採驗日期	強制到場採驗尿液處所	
106 年 5 月 4 日12:00起　106 年 5 月 4 日14:00止	桃園縣政府 ○○ 分局 或囑託之警察機關採尿室	警察局 派出所
依據法條：毒品危害防制條例第25條第1項或第2項		
檢察官　檢察官		

八、新修正之提審法

（一）提審法重點條文

有關提審法修正條文已於103年7月8日生效施行，警察人員實施逮捕、拘提等強制處分，必須確實依「執行提審法告知及解交作業程序」辦理，茲重點摘錄部分相關條文以供參考：

1. 第1條

人民被法院以外之任何機關逮捕、拘禁時，其本人或他人得向逮捕、拘禁地之地方法院聲請提審。但其他法律規定得聲請即時由法院審查者，依其規定。

前項聲請及第10條之抗告，免徵費用。

2. 第2條

人民被逮捕、拘禁時，逮捕、拘禁之機關應即將逮捕、拘禁之原因、時間、地點及得依本法聲請提審之意旨，以書面告知本人及其指定之親友，至遲不得逾24小時。

本人或其親友亦得請求為前項之告知。

本人或其親友不通曉國語者，第1項之書面應附記其所理解之語文；有不能附記之情形者，應另以其所理解之語文告知之。

3. 第7條

逮捕、拘禁之機關，應於收受提審票後，24小時內將被逮捕、拘禁人解交；如在收受提審票前已將該人移送他機關者，應即回復發提審票之法院，並即將該提審票轉送受移送之機關，由該機關於24小時內逕行解交；如法院自行迎提者，應立即交出。

前項情形，因特殊情況致解交或迎提困難，被逮捕、拘禁人所在與法院間有聲音及影像相互傳送之設備而得直接訊問，經法院認為適當者，得以該設備訊問，逮捕、拘禁之機關免予解交。

逮捕、拘禁之機關，在收受提審票前，被逮捕、拘禁人已回復自由或死亡者，應將其事由速即回復發提審票之法院。

第2項之視訊過程，應全程錄音錄影。

4. 第11條

逮捕、拘禁機關之人員，違反第2條第1項之規定者，科新臺幣10萬元以下罰金。

逮捕、拘禁機關之人員，違反第7條第1項之規定者，處三年以下有期徒刑、拘役或科或併科新臺幣10萬元以下罰金。

（二）確實遵守告知規定

為落實提審法最新修正規定，符合人權保障精神，執行逮捕、拘禁時，除須遵守警政署頒訂「執行提審法告知及解交作業程序」外；另就不通曉國語之外籍人士等，亦訂有「警察機關執行逮捕、拘禁告知本人通知書」及「警察機關執行逮捕、拘禁告知親友通知書」常用外國語文版，於警政署警政知識聯網業務公告項下，均可參考運用；前揭規定無論係本國人或外國人，刑事或行政程序，如有違反當事人意願而使用強制力致人身自由受限制者，均有適用，如違反此項告知規定，應負刑責。

（三）違反提審法案例

104年6月韓國工人李○彥等人至臺灣抗議，經警方依違反社會秩序維護法強制到場。惟警方於強制到場時，未踐行提審法第2條書面告知及不符拘捕之要件，經法院裁定當庭釋放，顯見仍有部分員警對提審法最新規定尚不熟稔，另本案李○彥委任律師還表示：他們已當庭要求法官，依據職責告發當時中山分局或移民署的相關人員，違法逮捕、拘禁李尚彥的刑事責任。故而是則案例殊堪為犯罪偵查強制處分重要的借鏡警惕。

圖1-3-1 李尚彥聲請法院提審獲釋[7]

參　犯罪嫌疑人及證人（關係人）通知書

一、刑事訴訟法第71條之1，司法警察官或司法警察為調查犯罪情形及蒐集證據得使用通知書，通知犯罪嫌疑人到場接受詢問，惟案件未經調查且非有必要，不得任意通知犯罪嫌疑人到場。

二、警察偵查犯罪手冊第103點，為調查犯罪情形及蒐集證據之必要，警察機關得使用通知書通知被害人、被害人之親屬、告訴人、告發人、證人或關係人到場說明。

三、犯罪嫌疑人通知書與證人或關係人通知書，兩者格式、內容、送達方式不同：

（一）格式內容

依刑事訴訟法76條規定：嫌疑人經合法通知無正當理由不到場者，得依法申請檢察官發給拘票，其通知書「注意欄」記載下列事項：

1.經合法通知，無正當理由不到場者，得依法報請檢察官核發拘票。

2.應帶本通知書及國民身分證準時報到。

7　警逮Hydis工人李尚彥聲請法院提審獲釋，律師翁國彥說，從這個案件可以相信，在臺灣，提審案件的審理還是有可能獲得正義的結果，公視新聞網，http://pnn.pts.org.tw/main/2015/06/12/%E8%AD%A6%E9%80%AEhydis%E5%B7%A5%E4%BA%BA-%E6%9D%8E%E5%B0%9A%E5%BD%A5%E8%81%B2%E8%AB%8B%E6%B3%95%E9%99%A2%E6%8F%90%E5%AF%A9%E7%8D%B2%E9%87%8B/（上網日期：2015/6/24）。

3.得選任辯護人,偕同到場。但應提出委任書狀。

4.此通知書不收任何費用。

而證人(關係人)通知書「注意欄」記載事項為:

1.應帶本通知書及身分證明文件準時報到。

2.此通知書不收任何費用。

（二）送達方式

　　嫌疑人通知書送達,對於無急迫性或時效性之案件,以郵務送達方式為原則,若指派員警送達者,應於非例假日之日間行之。但應受送達人不拒絕收領或因案情需要經簽報主管長官核准者不在此限。

　　證人通知書,應於命到場前24小時送達之;但情形急迫或案情單純者,得以電話、傳真或口頭等方式通知之。

　　四、有關犯罪嫌疑人與證人(關係人),其身分、立場不同,故使用之通知書亦有所分,惟目前尚有少數偵查實務佐警,不諳通知書之區別,誤將通知到場「查證說明」之證人,寄發「犯罪嫌疑人」通知書,引起證人及其辯護人物議;為防發生類似疏誤,特將「嫌犯通知書」與「證人(關係人)」通知書」範例,提供辦案人員參考(附件3-3、3-4)。

　　五、勿為績效功獎而偽造文書

　　1.刑事訴訟法賦予司法警察為調查犯罪情形及蒐集證據得使用通知書,通知犯罪嫌疑人到場接受詢問,若經合法通知無正當理由不到場者,得依法報請檢察官核發拘票;另通知書須由當地警察分局長或其相當職務以上長官簽章後,以派員或郵寄方式送達犯罪嫌疑人。

　　2.這些年來國內興起電話詐騙犯罪,嚴重影響社會治安,為了查緝詐騙集團「車手」,以遏阻詐騙事件,警政署將其列為治安重點,展開「斬手專案」。不料,於2018年斬手專案期間,有部分員警為了達成「拘提車手」的績效,利用刑事訴訟法第71條之1第1項「經合法通知,無正當理由不到場者,得報請檢察官核發拘票」之規定,而偽造通知書。例如:北部地區有偵查隊及派出所佐警,未經分局長核發通知書,竟在「送達通知書及送達證書」上記載:沒遇到嫌犯、也無人可代收等情;另有派出所

警員於2018年3月15日到嫌犯住處張貼通知書，卻將送達日偽造成「3月1日與3月7日」，並記載：「未會晤本人亦無收領文書之同居人」等不實事項，以此向地檢署聲請拘票，致檢察官誤信已合法送達而核發拘票。上述二例事發後，6名涉案員警經新北地檢署偵查起訴，新北地院依「公務員假借職務上方法剝奪他人行動自由等罪」，判6人1年至2年不等徒刑。

3.判決書中合議庭訓勉員警：為達成績效與功獎而偽造文書，所為除影響司法警察公文書的公信力，動搖警察人員信譽外，更破壞檢警長久以來的信賴關係，陷司法偵查機關於不義，敗壞國家法紀。[8]

故而，所有從事犯罪偵查工作者，必須「依法」、「守法」、「不犯法」行使司法警察職權；經由本案判決，凡我執法人員應記取前車之鑑，切勿重蹈覆轍。

8　「斬首專案」，網址：https://news.ltn.com.tw/news/society/breakingnews/3058335（自由時報，2020/2/5，社會新聞）。

附件3-3　犯罪嫌疑人通知書

○○市政府警察局○○分局通知書	
發文日期字號	中華民國　　年　　月　　日 ○市警刑字第　　　　號
案　　　由	○○案
被通知人姓名	
性　　　別	
出生年月日	
身分證字號	
戶　籍　地	
備　　　註	
應到時日	年　　月　　日　　時　　分
應到處所	○○市○○區○○路○○號（○○分局偵查隊）
聯　絡　人	職稱姓名　偵查佐　○○○
	聯絡電話
注　　　意	一、經合法通知，無正當理由不到場者，得依法報請檢察官核發拘票。 二、應帶本通知書及國民身分證準時報到。 三、得選任辯護人，偕同到場。但應提出委任書狀。 四、此通知書不收任何費用。
	（機關主官印）

附件3-4　證人、關係人通知書

○○市政府警察局○○分局證人通知書		
發 文 日 期 字 號	中華民國　　年　　月　　日 ○市警刑字第　　　　　號	
事　　　　　由	○○案　查證	
被 通 知 人 姓 名	○○○　君	
性　　　　　別		
出 生 年 月 日		
聯 絡 地 址		
應 到 時 日	年　　月　　日　　時　　分	
應 到 處 所	○○市○○區○○路○○號（○○分局偵查隊）	
聯　　絡　　人	職 稱 姓 名	偵查佐　○○○
	聯 絡 電 話	
注　　　　　意	一、應帶本通知書及身分證明文件準時報到。 二、此通知書不收任何費用。	
	（機關主官印）	

肆　陷阱偵查與陷害教唆

「陷阱偵查」有異於「陷害教唆」，兩者不得混為一談，茲分別說明如下：

一、陷阱偵查（誘捕偵查）

（一）指偵查人員本身或運用線民與犯罪嫌疑人接觸，偽裝進行犯罪交易，然後將其「人贓俱獲」的一種偵查方法。實務上常見的有偵辦一般（網路）色情、槍枝、毒品等。

（二）它乃係警方對「原已具有」犯罪故意，並已實施犯罪行為之人，以俗稱「釣魚偵查」技巧，蒐集其犯罪證據，再而把他逮捕法辦之謂。

（三）實例介紹

1.某色情護膚坊僱請小姐為客人做全（半）套服務，來牟取不法利益，因出入警戒森嚴，門口不但裝有監視器，櫃檯還有專人看守且裝有通報按鈕；通往房間還得經過密道，其牆壁經巧思設計隱藏式暗門或以裝潢將門遮掩……，員警多次取締均望牆興嘆，無功而返。無奈乃派遣義警（或線民）先行探路，把內部關卡屏障摸清後，再度偽裝客人進入假意欲做色情按摩；同時派出所所長則率員前往取締，經事先算計約定時刻（或聞敲門聲），陷阱人員乃乘機配合打開門鎖，除了先控制在內進行色情交易之男女外，也查扣衣褲、胸罩、保險套等相關物證，終在裡應外合下順利將負責人、小姐帶案偵辦。

2.上述案例之取締行動，除非符合刑訴法第131條、第131條之1規定，否則，應聲請搜索票執行，以免日後嫌犯及律師質疑警方非法搜索，而在法庭上主張扣押之物不得作為證據的爭議。

二、陷害教唆

（一）係指行為人「原不具」犯罪故意，純因司法警察「設計教唆」始萌生犯意，進而實施犯罪構成要件之行為。

（二）因而陷害教唆，乃司法警察以「引誘」或「教唆」犯罪不正當手段，使原無犯罪故意之人，因而萌生犯意而實施犯罪，再蒐集其犯罪證據而加以逮捕偵辦。

（三）陷害教唆最終目的雖在查辦犯罪，但其手段已逾越偵查必要程度，對公共利益並無意義。其因違反法定程序去取得證據資料，故將「不得」採為證據。

（四）警察職權行使法第3條第3項規定：「警察行使職權，不得以引誘、教唆人民犯罪或其他違法手段為之。」明定禁止違法之陷阱偵查

（誘捕偵查）。

　　（五）實例介紹：北部某偵查隊因肅槍績效壓力，87年間在竹聯幫捍衛隊隊長臥室內，查獲一把改造手槍、海洛因、安非他命、吸食器、注射筒及捍衛隊大印等物，屋內有捍衛隊隊員四人。刑事人員竟於屋內現場，以「不追究」毒品及組織犯罪為條件，要求渠等設法交出「兩把」「制式手槍」；四名隊員在警方「引誘」、「教唆」下，聯絡其隊長孟○○出錢購買兩把手槍供警方充當績效，然後由其中一位李○○隊員出面頂罪，旋警方乃把其他三位隊員縱放。案經臺北地檢以栽槍誣陷等罪提起公訴，也經法院判處徒刑在案。

三、「陷阱」與「陷害」曾經引發的爭議

　　（一）93年9月間上尉情報官鄭○○，於九三軍人節上網援交，被某分局女警「誘捕」，該軍官事後想不開，於同年9月15日在臺北住處燒炭自殺。引起家屬、民間司改會、性別人權協會等團體抗議，認檢警僅憑有「性交易」暗示的「網路流言」，即「誘捕偵查」，有侵害人權之虞[9]。

　　（二）查上開案件該軍人「原已具有」援交犯罪故意，且自己上網要找援交女子，又非警方「引誘」「教唆」其去上網援交，故基於警方立場並無不法。只是女警以偵查人員身分去和要犯罪軍官接觸，佯裝性援交對象再將其逮捕，這是警方辦案的一種技巧方法，手段雖較具爭議，但應尚符合「陷阱偵查」之一種。

四、法令規定及解釋

　　警察網路取締援交常為人權組織或相關團體批判係警方衝業績主要途徑，因被查獲者均在無進行任何具體交易下，只是網路語言觸法而被捕；此外不少刑案的偵辦也常使用「釣魚方式」取締非法，遭質疑不合法律程序正義。有關這方面疑義，以下解釋、判例及裁判可作為辦案執法的參考：

9　被控援交　軍官疑想不開燒炭自殺（TVBS新聞臺北報導，2004/9/19），網址：http://www.tvbs.com.tw/news/news_list.asp?no=tzeng20040919225634（上網時間：2009/3/1）。

（一）警政署的解釋

1.依據警察職權行使法第3條第3項：「警察行使職權，不得以引誘、教唆人民犯罪或其他違法手段為之。」故警政署不斷重申：禁止員警以釣魚手法構陷他人犯罪，但禁止的是以「引誘」、「教唆」、「構陷」他人犯罪的釣魚偵查作為，而非不准員警化身辦案，或透過網路蒐證，補強涉案人的犯罪證據。

2.例如：當事人本來就沒有任何性交易念頭，連暱稱也無諧音暗示，員警卻喬裝嫖客，四處問有沒有人要援交？要性交易？甚至還開出價碼，就是屬於「陷害教唆」的違法偵查方法。

（二）高等法院判例

1.95年11月19日某楊姓同志醫師在網路留言板，刊登和人交換同志色情光碟訊息，警方喬裝而約楊姓醫師交貨，將其逮捕，查扣猥褻光碟一批，案經檢察官偵查起訴後，臺北地院認為警方以「釣魚方式」誘捕偵查，採證沒有證據能力，故「判決無罪」。檢察官不服提起上訴，高院推翻一審見解，認定：「釣魚方式」屬於偵查犯罪的技巧範疇，並未違反憲法對基本人權保障，且在公共利益維護上有其必要性；因此藉釣魚方式所蒐集證據資料，具有證據能力，本案撤銷原判決，改判處拘役五十五日，緩刑二年定讞。

2.高院強調：楊某在同志網站張貼交換訊息……，警方才與他接觸，楊散布猥褻物品的犯意早已形成，其犯意並非由警方誘發，因此，扣案光碟、照片，具有證據能力[10]。

（三）最高法院裁判

1.在行為人原已犯罪或具有犯罪之意思，偵查機關獲悉後，為取得證據，僅係提供機會，以設計引誘之方式，使其暴露犯罪事證，待其著手於

---

10 網路換A片誘捕偵查判無罪（中國時報，2008/6/8，社會新聞）。

犯罪行為之實行時，予以逮捕、偵辦者（即所稱「提供機會型之誘捕偵查」），因屬偵查犯罪技巧之範疇，並未違反憲法對於基本人權之保障，且於公共利益之維護有其必要性，故依該方式所蒐集之證據資料，原則上非無證據能力；惟若行為人原無犯罪之意思，純因偵查機關之設計誘陷，以唆使其萌生犯意，待其形式上符合著手於犯罪行為之實行時，再予逮捕者，乃違法之誘捕偵查（即所謂之「創造犯意型之誘捕偵查」），因該偵查行為所得之證據資料，係司法警察以引誘或教唆犯罪之不正當手段，使原無犯罪故意之人因而萌生犯意而實行犯罪行為，再進而蒐集其犯罪之證據而予以逮捕偵辦；縱其目的在於查緝犯罪，但其手段顯然違反憲法對於基本人權之保障，且已逾越偵查犯罪之必要程度，對於公共利益之維護並無意義，亦即造成基本人權之干預，且欠缺正當性，其因此等違反法定程序所取得之證據資料，應不具有證據能力[11]。

2.所謂司法警察之陷害教唆，係指行為人原不具犯罪之故意，純因司法警察之設計教唆，始萌生犯意，進而實行犯罪構成要件之行為者而言，因其手段顯然違反憲法對於基本人權之保障，且已逾越偵查犯罪之必要程度，對於公共利益之維護並無意義，故否定其因此取得之證據資料有證據能力。至警方對於原已具有犯罪故意並已實行犯罪行為之人，以俗稱「釣魚」之偵查方式蒐證，既無礙於行為人基本人權之保障，對於犯罪偵防及社會秩序之維護，復有正面之效果，倘其取得證據資料並未違背法定程序，自應認其有證據能力[12]。

3.被告係因員警及其線民設計、教唆、引誘之不正當手段，被告因而萌生犯意，進而實行犯罪行為，警員再循線偵辦，其手段顯然違反憲法對於基本人權之保障，且已逾越偵查犯罪之必要程度，因此取得之證據資料，對檢察官所訴被告販賣及持有槍、彈犯行，應不具有證據能力[13]。

---

11 最高法院104年度台上字第264號刑事判決。
12 最高法院102年度台上字第3041號刑事判決。
13 最高法院102年度台上字第326號刑事判決。

伍　曾經研議推動之臥底偵查法

一、立法理由

由於犯罪日趨「隱密化」、「組織化」、「國際化」，且手法不斷翻新，舊有的犯罪偵查方式已無法因應，故臥底偵查逐漸為各國於犯罪偵查時所採用，也成為防制犯罪的一項有效利器，臺灣也隨著治安的惡化與演變，開始著手臥底偵查法的研究；於兼顧「人權」及「治安」兩大平衡考量下，行政院責成法務部研擬「臥底偵查法」草案。

二、「臥底偵查法」之立案

法務部特別參考德國、美國等先進國家立法案例，並諮詢學界對於臥底偵查內涵和臥底偵查需要，在92年3月4日研擬完成「臥底偵查法」草案，並於92年7月9日經行政院院會核定通過該草案。

三、「臥底偵查法」草案的精髓要意

（一）為了避免對人權過度侵害，故參考通訊保障及監察法第5條規定：限需有事實足認其有危害國家安全或社會秩序情節重大，且不能或難以其他方法蒐集、調查證據者，才能使用本法。

（二）臥底偵查需有縝密計畫，應提計畫書；於臥底期間為取信犯罪組織或犯罪嫌疑人，若被迫參與犯罪活動，例如：持有、運送槍械、毒品或參與賭博等，係屬偵查必要手段，事後不必接受刑事追訴。

（三）臥底期間不宜太長，原則上以六個月為限，若有必要延長，須經檢察官同意才可。

四、「臥底偵查法」草案要點

（一）明定臥底偵查定義和得擔任臥底偵查員的身分，以為執法依據。

（二）明定臥底偵查的實施要件，應以報請最高法院檢察署檢察總長

核可始得實施，避免不當侵害人權。

（三）明定臥底偵查計畫書記載事項、計畫變更手續、臥底期間及免罰事由，嚴格限制臥底行為，不得有侵害個人生命、身體或社會、國家重大利益的情形。

（四）明定臥底偵查取得證據之效力，避免以不法手段蒐取證據。

（五）明定洩漏臥底偵查的處罰，並規定本法自公布後一年施行的緩衝期，以利各司法機關對臥底偵查法的瞭解，和臥底偵查員的培訓[14]。

五、延宕停擺之草案，一度重燃希望

法務部積極推動的「臥底偵查法」，民國92年雖經立院司法委員會初審通過草案，後因立委屆期不連續，及外界對部分條文有不同意見，全案因而停擺；然當年行政院長張俊雄回任閣揆後，認有必要再強化全國治安維護作為，因而於96年上半年之全國治安會報指示：法務部和警政署應積極推動「臥底偵查法」。法務部長施茂林隨即在部務會報指示檢察司積極和警政署等機關協商，儘速提出新草案，讓該法案能通過施行；因而延宕多年的「臥底偵查法」在當時似乎重啟了新的轉機。

六、「臥底偵查法」有利警察辦案

臥底偵查係指偵查人員隱藏其身分與目的，而接觸或滲入犯罪組織中，藉以蒐集資料，掌握其犯罪證據的一種偵查方法，而「臥底偵查法」迄今仍未制定通過，為了讓警察人員臥底辦案有法令依據和保障，以有效防制打擊犯罪，確實維護社會良好治安，亟待朝野各界共同努力，俾使這部專法能夠早日立法通過。

---

14 法務部研擬完成「臥底偵查法草案」（法務部全球資訊網新聞發布網址：http://www.pda.moj. gov.tw/mp250.html，上網時間：2009/3/1）。

陸　偵查中之辯護

一、辯護人以律師為限

辯護人是與刑事法院及檢察機關處於平行地位之訴訟關係人，用以輔佐犯罪嫌疑人或被告；目前偵查中選任辯護人以律師為限，每一犯罪嫌疑人選任律師不得逾三人。

二、辯護制度之修正

辯護制度初始僅限於「起訴後」才能適用，因司法史上著名的王迎先刑求案，促使刑訴法於71年8月修正：偵查中可以選任辯護人、緊急拘捕後應告知得選任辯護人到場、辯護人得於詢問時在場。

三、詢問時「應先告知」得選任辯護人

86年12月條文第95條修正，又增訂詢問時「應先告知」得選任辯護人。另無辯護人之被告表示已選任辯護人時，應即停止訊問，但被告同意續行詢問者，不在此限。

四、辯護人得於詢問時在場，「並得」陳述意見

89年7月再修正第245條：規定辯護人得於詢問時在場，「並得」陳述意見；惟應受同條但書規定之限制或禁止。茲說明如下：

（一）律師合法陳述的範圍

1. 主張調查犯罪嫌疑人有利證據。
2. 質疑偵查人員行使強制處分之合法性與必要性。
3. 提示被告權利，例如行使緘默權等。
4. 提供犯罪嫌疑人之法律見解等。

（二）對律師得限制或禁止之規定

1. 辯護人在場有妨害國家機密或湮滅、偽造、變造證據或勾串共犯、

證人，或有妨害他人名譽之虞、抑或其行為不當足以影響偵查秩序者……得限制或禁止之。

　　2.上述限制或禁止，必須有事實跡證始得為之，「而非只是」單純臆測或懷疑。

五、辯護人之接見、通信權

　　（一）民國99年6月23日修正公布刑事訴訟法第34條第2項規定：「辯護人與偵查中受拘提或逮捕之被告或犯罪嫌疑人接見或互通書信，不得限制之。但接見時間不得逾一小時，且以一次為限。接見經過之時間，同為第九十三條之一第一項所定不予計入二十四小時計算之事由。」同條第3項規定：「前項接見，檢察官遇有急迫情形且具正當理由時，得暫緩之，並指定即時得為接見之時間及場所。該指定不得妨害被告或犯罪嫌疑人之正當防禦及辯護人依第245條第2項前段規定之權利。」按此新修正之規定，辯護律師主張與逮捕中之嫌犯接見時，員警不得予以限制。如認有急迫情形且理由正當，有暫緩辯護人與嫌疑人接見之需要時，須報請檢察官指揮為暫緩及指定之必要處分，司法警察人員並無逕行暫緩及指定權。

　　（二）部分員警尚不諳修正之規定：

　　1.辯護人與偵查中受拘提或逮捕之被告或犯罪嫌疑人接見或互通書信不得限制之規定實施後，尚有少數員警或偵查人員不諳此新修正條文，故律師前往分局派出所、偵查隊要求接見嫌犯時予以限制或拒絕而引發爭議。

　　2.拒絕律師接見案例：民國100年1月29日凌晨，北部某派出所員警巡邏途中發現吳姓男子形跡可疑，經攔查於其身上查獲多包安非命及電子磅秤等證物，乃依毒品危害防制條例罪嫌逮捕而帶案偵辦。正當員警於整理卷宗、事證準備將吳嫌移送地檢署前，其委任辯護律師趕抵分局，向承辦偵查人員表示：「我是律師，要與當事人聊一下」。承辦佐警告訴律師隔著鐵欄即可與當事人談話，但律師要求：「希望警方提供獨立的密閉空間，與當事人能獨自談話」；因員警擔心有串供之虞而拒絕，委任律師不

甘被拒，乃開始大聲咆哮而與偵辦人員發生爭吵……案經媒體披露後，有關員警拒絕律師接見之適法性也遭受物議與質疑。[15]

（三）委任律師到場時，如何確認身分？

警察機關辦理刑事案件製作筆錄，遇有律師受任告訴、告發或自訴代理人、辯護人執行職務時，僅需出示具有律師資格證明之文件（如律師證），筆錄內容記載提供該律師之事務所或聯絡資料即可，毋庸提供律師個人資料證明文件。

六、偵查中辯護的改革方案

（一）檢警首次偵訊律師須在場

為了擴大保障被告人權，「法律扶助基金會」於96年6～8月間多次與檢、警機關協商，最後達成今後「檢、警首次偵訊，律師須在場」的初步結論，未來檢警第一次偵訊筆錄時，律師除了陪同在場外，也將能積極提出異議並審閱筆錄，方案有關內容摘述如下：

1.警政署已同意在全省法扶會15個分會所在地區警分局試辦此一專案，預計96年10月中旬上路，為期一年。

2.試辦警分局在偵訊開始前，須將法扶會有關「服務間」及「聯絡電話」以書面告知犯罪嫌疑人：「可以申請法律扶助」，並請被告簽名，告知書應予附卷。

3.律師陪訊範圍除了警察的第一次訊問，尚包括檢察官的複訊及聲押辯護，以後還將擴大到調查局所屬站處。

4.只要犯罪嫌疑人涉嫌最輕本刑三年以上重罪，且符合無資力標準（例如在臺北市，單身月入2萬8千以下者）都可申請；另智能障礙者不論案件類型、不分資力，均可申請免費律師。

5.法扶會律師陪同時間，將從上午9點至下午5點延伸至全年無休，每天24小時辦理。

---

15 陳運財，釋字第654號解釋與自由溝通權（月旦法學雜誌第192期）。

圖1-3-2　「檢警第一次偵訊律師陪同到場」專案[16]　　圖1-3-3　原住民法律扶助專案[17]

（二）刑事訴訟法第31條第5項修正案

　　被告或犯罪嫌疑人因精神障礙或其他心智缺陷無法為完全之陳述或具原住民身分者，於偵查中未經選任辯護人，檢察官、司法警察官或司法警察應通知依法設立之法律扶助機構指派律師到場為其辯護。但經被告或犯罪嫌疑人主動請求立即訊問或詢問，或等候律師逾4小時未到場者，得逕行訊問或詢問。警政署為落實是項法律，統一規定「警察機關通知法律扶助機構指派律師到場辯護作業程序」，於中華民國104年5月12日開始實施。其作業流程如下。

---

16 檢警第一次偵訊律師陪同到場專案（網址：http://www.laf.org.tw/tw/project/project_details.php?Project_ID=58&Project_Cata_ID=7，上網時間：2009/3/1）。
17 財團法人法律扶助基金會（網址：http://www.laf.org.tw/aboriginal/index.html，上網時間：2015/5/15）。

警察機關通知法律扶助機構指派律師到場辯護作業程序

(第一頁，共二頁)

一、依據：

　　(一) 刑事訴訟法第二十七條、第三十一條、第三十五條及第九十三條之一。

　　(二) 警察機關通知法律扶助機構指派律師到場辯護應行注意事項。

二、分駐（派出）所流程：

流程	權責人員	作業內容

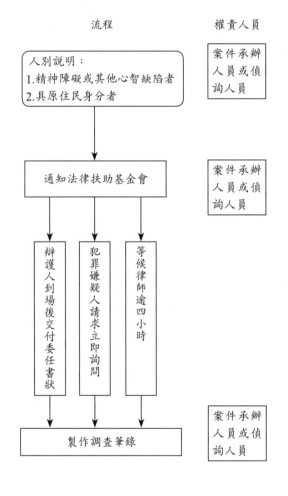

案件承辦人員或偵詢人員

一、查明犯罪嫌疑人身分

(一) 拘提、逮捕、通知、自首或自行到場之犯罪嫌疑人，遇有精神障礙或其他心智缺陷證明或自述為精神障礙或其他心智缺陷或觀其言語無法為完全之陳述可疑為精神障礙或其他心智缺陷者。

(二) 經由戶役政系統查詢確認具原住民身分。遇戶役政系統因故無法查詢，依其表示為原住民身分時，亦同。

二、告知犯罪嫌疑人方式

(一) 由法律扶助基金會指派律師到場後，應交付刑事委任狀。

(二) 等候律師到場者，其等候時間逾四小時未到場，得逕行詢問。

(三) 犯罪嫌疑人主動請求立即詢問，即應逕行詢問，並於筆錄中敘明。

流程方塊內容：

人別說明：
1.精神障礙或其他心智缺陷者
2.具原住民身分者

↓

通知法律扶助基金會

↓

辯護人到場後交付委任書狀 ／ 犯罪嫌疑人請求立即詢問 ／ 等候律師逾四小時

↓

製作調查筆錄

（續下頁）

（續）警察機關通知法律扶助機構指派律師到場辯護作業程序

（第二頁，共二頁）

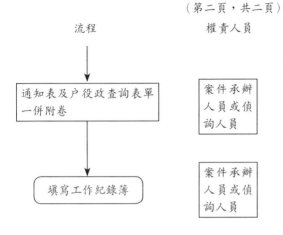

流程	權責人員	作業內容

通知表及戶役政查詢表單一併附卷

案件承辦人員或偵詢人員

填寫工作紀錄簿

案件承辦人員或偵詢人員

三、通知法律扶助基金會方式
（一）每日二十四小時均得撥打法律扶助基金會服務專線，並將指派律師通知表傳真該會全國單一服務窗口後，以電話再行確認。
（二）法律扶助基金會回傳通知表後，確認送達時間，起算等候時間；以電話通知者，自聯絡服務中心完成起算。
四、遇受偵詢對象為原住民時，偵詢完成後，移送書或報告表內容犯罪嫌疑人一欄之「戶籍地」最末加註「（原住民）」。
五、辦理移送作業時，通知表及戶役政查詢表單應一併附卷。
六、填寫工作紀錄簿。

三、分局流程：無。
四、使用表單：
（一）通知法律扶助基金會指派律師到場傳真通知表。
（二）戶役政查詢表單。
五、注意事項：
（一）本作業程序係屬強制辯護案件，由警察機關主動通知法律扶助機構指派律師。
（二）犯罪嫌疑人經識別為精神障礙或其他心智缺陷無法為完全之陳述，或經人別查詢，具原住民身分，應即傳真通知表至法律扶助基金會，並確認通知已送達。
（三）辯護人到場後，相關規定如下：
　1.依刑事訴訟法第二百四十五條第二項前段規定，辯護人得於詢問犯罪嫌疑人時在場，並得陳述意見，惟應受同條項但書規定之限制或禁止。
　2.對辯護人請求調查證據或陳述意見，應附記於該案犯罪嫌疑人之詢問筆錄，亦應由其於筆錄內簽名。

（三）新修正法律扶助法第65條

法律扶助法第1條：為保障人民權益，對於無資力或因其他原因，無法受到法律適當保護者，提供必要之法律扶助，特制定本法；另法律扶助法第65條：司法人員、司法警察（官）、軍法人員或律師處理法律事務，發現符合本法所定申請法律扶助之要件時，應告知當事人得依本法申請法律扶助。而依本法得請求法律扶助者，其對象如下：

1.法律扶助法第5條第1項：無資力者，係指符合社會救助法規定之低收入戶、中低收入戶、符合特殊境遇家庭扶助條例第4條第1項之特殊境遇家庭，或其每月可處分之資產及每月可處分之收入符合法律扶助基金會（以下稱法扶會）所訂之「受法律扶助者無資力認定標準」者。

2.法律扶助法第5條第4項：因其他原因無法受到法律適當保護者，係指下列情形之一：

(1) 涉犯最輕本刑為三年以上有期徒刑或高等法院管轄第一審案件，於偵查中初次詢（訊）問、審判中，未經選任辯護人。

(2) 被告或犯罪嫌疑人具原住民身分，於偵查、審判中未經選任辯護人。

(3) 因神經系統構造及精神、心智功能損傷或不全，無法為完全陳述，於偵查、審判中未經選任辯護人；或於審判中未經選任代理人，審判長認有選任之必要。

(4) 前三款情形，於少年事件調查、審理中，未經選任輔佐人。

(5) 其他審判、少年事件未經選任辯護人、代理人或輔佐人，審判長認有選任之必要。

(6) 重大公益、社會矚目、重大繁雜或其他相類事件，經基金會決議。

3.法律扶助法第14條：非中華民國國民符合本法第14條各款規定之情形，本法之扶助規定亦適用之。

（四）員警詢問筆錄可參考法律扶助一覽表

　　目前各警察機關偵辦刑案詢問犯罪嫌疑人時，均依刑事訴訟法第95條為權利告知，詢問筆錄於應告知事項欄內本即有「如為低收入戶、中低收入戶、原住民或其他依法令得請求法律扶助者，得請求之」，且犯罪嫌疑人因精神障礙或其他心智缺陷無法為完全之陳述或具原住民身分者，屬強制辯護案件（刑事訴訟法第31條第5項參照），故如偵辦涉嫌最輕本刑為三年以上有期徒刑或內亂罪、外患罪、妨害國交罪之案件，以及少年事件未經選任輔佐人時，負有告知當事人得申請法律扶助或通知法律扶助機構指派律師到場之義務（本法第5條第4項第1款及第4款參照）。爰此，本法第65條之告知義務並未完全包含於現行刑事訴訟法第95條告知規定內，為期周延，同時使警察同仁容易瞭解並落實刑事訴訟法及本法之告知義務規定，警政署已彙整相關法律規定及配合辦理法律扶助事宜一覽表以供參考（見表1-3-1）。

圖1-3-4　檢警第一次偵訊律師陪同到場專案[18]

18 財團法人法律扶助會（網址：http://www.laf.org.tw/index.php?action=service_product_detail&Sn=132&sid=3，上網時間：2017/4/16）。

表1-3-1　偵查中司法警察（官）配合辦理法律扶助事宜一覽表

被告或犯罪嫌疑人因精神障礙或其他心智缺陷無法為完全之陳述或具原住民身分者，於偵查中未經選任辯護人。（刑事訴訟法第31條第5項）	應通知依法設立之法律扶助機構指派律師到場為其辯護。
如為低收入戶、中低收入戶、原住民或其他依法令得請求法律扶助者。（刑事訴訟法第95條第1項第3款）	應告知得請求法律扶助。
一、無資力者，係指符合社會救助法規定之低收入戶、中低收入戶、符合特殊境遇家庭扶助條例第4條第1項之特殊境遇家庭，或其每月可處分之資產及每月可處分之收入符合法律扶助基金會（以下稱法扶會）所訂之「受法律扶助者無資力認定標準」者。（法律扶助法第5條第1項） 二、因其他原因無法受到法律適當保護者，係指下列情形之一：（法律扶助法第5條第4項） （一）涉犯最輕本刑為3年以上有期徒刑或高等法院管轄第1審案件，於偵查中初次詢（訊）問、審判中，未經選任辯護人。 （二）被告或犯罪嫌疑人具原住民身分，於偵查、審判中未經選任辯護人。 （三）因神經系統構造及精神、心智功能損傷或不全，無法為完全陳述，於偵查、審判中未經選任辯護人；或於審判中未經選任代理人，審判長認有選任之必要。 （四）前三款情形，於少年事件調查、審理中，未經選任輔佐人。 （五）其他審判、少年事件未經選任辯護人、代理人或輔佐人，審判長認有選任之必要。 （六）重大公益、社會矚目、重大繁雜或其他相類事件，經基金會決議。 （七）非中華民國國民符合法扶法第14條各款項規定之情形，本法之扶助規定亦適用之。	應告知當事人得依法律扶助法申請法律扶助。（法律扶助法第65條）

（五）法扶會啟動24小時服務專線

1.法律扶助基金會為建立單一服務窗口，於105年5月1日起，啟動全國統一服務專線，24小時不分平時、假日，全天候均由該會客服中心服務專線受理並派遣律師，原上班日白天時段，各分會將不再受理指派律師到場辯護業務；服務專線電話：02-2559-2119。

　　2.附「法律扶助基金會檢警律師陪同到場專案－指派律師通知表」，有關該表格式與內容不可自行刪改。

表1-3-2　法律扶助基金會檢警律師陪同到場專案—指派律師通知表

法律扶助基金會檢警律師陪同到場專案—指派律師通知表　　　107年03月版			
通報機關	＿＿＿＿＿＿＿＿＿地方法院　＿＿＿＿＿＿＿＿＿檢察署 ＿＿＿＿＿＿＿警察局＿＿＿＿分局＿＿＿＿隊＿＿＿＿分駐／派出所 法務部調查局＿＿＿＿調查處／站／組　其他：＿＿＿＿＿(請各單位自行填寫)		
犯罪嫌疑人姓名		身分別 （僅限符合右列情形使用）	□原住民族：＿＿＿＿＿＿族。
犯罪嫌疑人聯絡電話			□因神經系統構造及精神、心智功能損傷或不全，**無法為完全陳述**。
犯罪嫌疑人涉犯罪名			□第一次接受訊問，涉犯最輕本刑三年以上有期徒刑或高等法院管轄第一審之罪。
實際到場時間：＿＿＿＿年＿＿＿＿月＿＿＿＿日＿＿＿＿時＿＿＿＿分			
由犯罪嫌疑人自行填寫	□犯罪嫌疑人**需要**陪偵律師	犯罪嫌疑人因涉有上列罪嫌，現於上開通報機關等候詢問，請自本通知單傳真到達法扶起，協助指派律師到達通報機關所在地點。經法扶回傳本通知單起4小時後，若無律師到場，將逕行依法詢問。 通報機關地址：＿＿＿＿＿＿＿＿＿＿＿＿＿	
	□犯罪嫌疑人表示**不需要**陪偵律師	犯罪嫌疑人所述原因：(請勿自行另設選項) □不需要律師，可自行處理 □不願等候律師到場 □已自行委任律師	本人簽名 註：本會指派律師均不收費
通報機關聯絡人		電話	
		傳真	
傳真通知法扶時間	年　　　　月　　　　日　　　　時　　　　分		

請適時保護自己：1.你可以詢問自己罪名是什麼；2.可以請求律師到場；3.律師到場前，可以不回答問題；4.律師到場後，有充分時間與律師討論案情。

以下欄位由法扶客服中心填寫

是否指派律師	□是 □否，原因：□不符合身分別　□無律師可前往　□其他：_____		
律師預計到場時間	年　　　月　　　日　　　時　　　分（24小時制）		
陪訊律師姓名		陪訊律師電話	
客服中心承辦人		電話	02-2559-2119
		傳真	02-2322-5587
回傳通報機關時間	年　　　月　　　日　　　時　　　分（24小時制）		
注　意　事　項			
受理資訊	105年5月1日起，統一由法扶客服中心受理並派遣律師，請電洽服務專線02-2559-2119。 請勿將本單張傳真至法扶總會或各分會，以免無人接收傳真而遲誤作業時間。		
傳真事項	敬請於傳真後，應以電話確認客服中心是否收到傳真、傳真內容是否清楚可辨認，謝謝。		
表單下載	本會官網（http://www.laf.org.tw）可下載，路徑：法扶服務>>下載文件區>>檢警專案相關表單。		
備註			

柒　通訊監察、調取通訊紀錄、Line資料調閱

一、通訊監察

（一）司法警察偵查犯罪，有事實足認犯罪嫌疑人，符合通訊保障及監察法第5條所列：有犯最輕本刑為三年以上有期徒刑等18款之罪，並危害國家安全、經濟秩序或社會秩序情節重大，而有相當理由可信其通訊內容與本案有關，且不能或難以其他方法蒐集或調查證據者，得向檢察官聲請後核轉法官核發通訊監察書。

（二）執行通訊監察作業，應依通訊保障及監察法及其施行細則與警察機關執行通訊監察管制作業要點辦理，本諸公平、公正原則，並嚴守業務機密，不得違法監察或洩漏提供、使用監察所得之資料。

（三）辦理通訊監察聲請案件應由機關首長、刑警大隊大隊長或分局長從嚴審核決行，不得先由業務單位主管代為決行後再補陳核閱，或逕予二層決行。

（四）聲請通訊監察程序如下：

1.案件承辦人聲請通訊監察案件，應先於通訊監察管制系統辦理通訊監察聲請登錄作業，取得聲請表管制編號，經通訊監察管制編組人員或專責人員於管制系統審核合格後，下載該聲請表陳核。

2.案件承辦人檢附通訊監察聲請表、案情報告書、監察電話一覽表及監察對象前科表等資料，其監察對象非電信服務用戶，應予載明；並檢附相關文件及監察對象住居所之調查資料，釋明有相當理由可信其通訊內容與本案有關，且曾以其他方法調查仍無效果，或有事實足認以其他方法調查，不能達成目的或有重大危險之情形，備文報請檢察官向法院聲請核發通訊監察書。

（五）各警察機關應依下列規定管制通訊監察之執行：

1.法官核發通訊監察書後，案件承辦人應立即檢附通訊監察書影本，送通訊監察管制編組人員或專責人員登錄於通訊監察管制資料登記簿，並於通訊監察管制系統註登核發結果後，始得投單上線。

2.通訊監察案件投單時，應檢附通訊監察書正本及上線登記表，並依警察機關執行民營行動及固網電信通訊監察作業規定辦理。

3.檢察官依職權聲請法院核發或法官依職權核發通訊監察書交警察機關執行者，得僅登錄於通訊監察管制資料登記簿。

（六）通訊監察執行期間，案件承辦人應至少每三日派員取回監錄內容；每十五日至少作成一次以上之報告書陳報法院，副本並陳送檢察官，同時登錄於管制系統，陳報時應注意以法院收文日期為準。前項情形，遇法院於通訊監察書另有指示陳報期限者，從其規定。

（七）各警察機關依據通訊保障及監察法第5條或第6條繼續之監察期間，不得逾一年；有繼續監察之必要者，應重行聲請。

（八）執行通訊監察之警察機關，應依警察機關辦理陳報通知受監

察人注意事項之規定，於執行通訊監察結束後十五日內（以檢察署收文日期為準），以通訊監察結束陳報通知或不通知受監察人報告書，載明通訊保障及監察法第15條第1項之事項，報請檢察官陳報法院審查，並副知法院，同時登錄於通訊監察管制系統。

（九）警察機關聲請通訊監察案件承辦人員於執行通訊監察完畢後，應將執行結果依規定於通訊監察管制系統確實填報。

（十）各警察機關應依警察機關執行通訊監察所得資料保管銷燬規定，妥善保管監察所得資料。

二、調取通訊紀錄

（一）調取通信紀錄及使用者資料之審核及管制作業，應依據通訊保障及監察法及其施行細則與警察機關調取通信紀錄及使用者資料管制作業要點辦理，以確保民眾隱私權及秘密通訊自由。

（二）司法警察官偵辦最重本刑三年以上有期徒刑之罪，為調查犯罪嫌疑人犯罪情形及蒐集證據，認有調取通信紀錄之必要時，得依通訊保障及監察法第11條之1第2項規定報請檢察官許可後，向該管法院聲請核發調取票。

（三）司法警察官偵辦最輕本刑十年以上有期徒刑之罪、強盜、搶奪、詐欺、恐嚇、擄人勒贖，及違反人口販運防制法、槍砲彈藥刀械管制條例、懲治走私條例、毒品危害防制條例、組織犯罪防制條例等罪，而有需要時，得依通訊保障及監察法第11條之1第3項規定，向檢察官聲請同意後，調取通信紀錄。

（四）辦理調取通信紀錄及使用者資料之審核及管制作業，應依下列規定辦理：

1.案件承辦人有調取需求者，應填具聲請書，經主官或主管審查核准，取得發文文號後，以公文或經電子連線由通信紀錄調取管理系統報請檢察官向法院聲請核發調取票，或於報請檢察官同意後，逕向法院聲請核發調取票。

2.各警察機關主官或主管應確實從嚴審核、管制所屬調取通信紀錄或使用者資料，是否確屬調查犯罪情形及蒐集證據所需，不符法定聲請程序或要件者，應即退回案件承辦人補正資料。

3.案件承辦人應將調取票掃描圖檔後上傳通信紀錄調取管理系統，由主官或主管或授權審核人員於線上核准後，傳送電信業者辦理調取。線上審核人員務必確認案件承辦人檢附調取票圖檔並上傳通信紀錄調取管理系統後，始得予以核准。

4.夜間或假日遇案情特殊、情況急迫之案件，須緊急調取通信紀錄者，應報請檢察官許可後，先為調取，並儘速聲請檢察官向法院聲請補發調取票。

5.各警察機關於調取通信紀錄後，應將執行結果陳報許可或同意聲請之檢察官，經法院核發調取票調取通信紀錄者，應將調取票送繳法院。

6.調取通信紀錄或使用者資料費用之核銷，應檢附相關公文等資料。

7.為利掌握調取情形，各警察機關之通訊監察組應於每月五日前，將前一個月之調取統計數據，製作統計表並簽陳主官核閱，另各警察機關並應按月將調取通信紀錄及使用者資料之筆數及核銷經費等統計資料，函送警政署刑事警察局彙整。

8.案件承辦人等相關人員非因調查犯罪情形及蒐集證據，不得任意下載、複製或以其他方式取得、列印本系統之聲請書或調取聲請單明細等資料。

9.案件移送前，應由案件承辦人妥適保管相關資料，並整理成卷備檢，不得任意散置；運用時應慎防資料內容不當外洩。

10.案件移送後，未隨案移送者，案件承辦人應將所有相關資料併卷歸檔。確因偵辦刑案或調查證據需要，有暫時留存必要者，應簽請所屬單位主管核准後，由案件承辦人妥適保管備檢，俟暫時留存原因消滅後，立即併卷歸檔存查。

11.調取所得通信紀錄或使用者資料，不得提供予其他機關（構）、團體或個人。但其他法律另有規定者，不在此限。

12. 調取通信紀錄或使用者資料等除因案件偵辦目的有必要長期留存者外，保存五年，逾期予以銷毀。調取後發現全部資料與調取目的無關者，得經所屬單位主管核准後銷毀之。

三、Line資料調閱

（一）Line是臺灣民眾使用度最高的通訊軟體，因其隱密性高且追查不易，常為許多嫌疑人犯罪時使用的聯繫工具；而過去Line日本公司只願意配合「洗錢」與「販毒」兩種犯罪資料提供，其他罪名警方若想調閱資料，需另外敘明，因界線模糊不明確，執行機關很難預期能否調到嫌犯的資料，故造成警方刑案偵辦的瓶頸。

Line日本總公司，經司法單位多次溝通，後來終於同意配合部分重大案件的刑事犯罪調查，包括殺人、性侵、洗錢、販毒、擄人勒贖等11種重大犯罪。只要警方出示法官核發「搜索票」，願意提供警方調閱使用者資料，本項新制於108年10月9日上路後，將必有助於警方的犯罪偵查工作。[19]

（二）有關日商Line公司資料調閱案件申請單如下：

日商LINE公司資料調閱案件申請單

一、因偵辦下列案件（請勾選所偵辦案件之性質）：
　　□殺人罪（Homicide）□擄人勒贖罪（Kidnapping for Ransom）
　　□詐欺罪（Fraud）　　□違反洗錢防制法（Money-Laundering）
　　□違反槍砲彈藥刀械管制條例（Controlling Guns, Ammunition and Knives Act）
　　□違反毒品危害防制條例（Violation of Narcotics Hazard Prevention Act）
　　□違反組織犯罪防制條例（Violation of Organized Crime Prevention Act）
　　□違反證券交易法及銀行法（Violation of Securities Exchange Act and Banking Act）
　　□貪污治罪條例（Anti-Corruption Statute）
　　□違反兒童及少年性剝削防制條例及妨害性自主罪（Violation of Child and Youth Sexual Exploitation Prevention Act and Sexual Offenses）
　　□人口販運防制法（Human Trafficking Prevention Act）

19　殺人、綁架、性侵等重大案件LINE同意台灣檢警調廉調資料 https://news.ltn.com.tw/news/society/breakingnews/2946263（自由時報，2019/10/14）。

□其他具有重大情事需調閱使用者資料者（Other serious crimes which require users' data for investigation）：（請簡述，please describe briefly）

_____

二、案情簡述並略述調閱資料理由（請檢附中、英文）：

三、依據法條：
　　如：刑法第305條

四、請提供下列資訊（請註明帳號條件LINE ID或手機門號）
　　（LINE ID：（設定→個人檔案→ID: wxyye）或手機門號：+886910xxxxxx）
　　（手機數位鑑識出來的ID不是LINE ID，無法當查詢條件）
　　（1張搜索票最多只能調2個帳號，如要調8個帳號就要4張搜索票）
　　時間（80天內最多連續7天的時段）
　　始期＊（From）：_____（西元）年_____月_____日
　　終期＊（To）：_____（西元）年_____月_____日　＊日本標準時間（JST）

五、其他相關資料：
　　□筆錄　　□重大刑案通報單　　□指揮書　　□其他：_____

六、LINE公司是否可將此要求通知用戶：
　　□是 Agree　□否 Not Agree

七、聯絡資訊：（請注意，屆時由各單位持「搜索票」正本搜扣電磁紀錄）
　　機關：○○○政府警察局　　　　單位：○○分局偵查隊
　　職稱：偵查佐　　　　　　　　　姓名：○○○
　　警用電話：　　　　　　　　　　行動電話：
　　公務用電子郵件：xxx@xxx.gov.tw

第四章　刑事案件受理

壹　受理報案的規定與方式

一、受理報案規定

（一）司法警察官或司法警察受理報案，態度應誠懇和藹，不論本轄或他轄案件，應即受理並反應處置，且詳實記錄；非本轄案件，於受理及處置後，應依警察機關受理刑事案件報案單一窗口實施要點相關規定移轉管轄分局處理。

（二）司法警察官或司法警察不論以書面或言詞受理告訴、告發或自首等案件，均應詳予記錄後即報告直屬長官，並注意是否有誣告或謊報等情事。

（三）受理言詞告訴或告發時，應即時反應處置，並當場製作筆錄，詳載證據及線索，以利進行偵查。

（四）受理告訴乃論案件，除應詢問告訴人是否提出告訴，並記明筆錄……。

（五）自首案件應注意是否為他人頂替，或有無不正當之企圖，及其身心是否正常，以防疏誤[1]。

二、民眾報案方式

民眾報案方式約略可分為「言詞」、「書面」、「網路」等三種，茲分別說明之。

（一）言詞報案

又分為「電話」及「當面」兩種：

---

[1]　警察偵查犯罪手冊第7、8、10、11、17點。

1. 電話報案

指以一般室內電話、行動電話、免費報案專線電話等,向警察機關或單位報案;民眾以電話向警方報案的對象如下:

(1) 各分駐(派出)所。

(2) 警察局刑警大隊、分局偵查隊。

(3) 警察機關勤務中心。

(4) 其他(如空中派出所、專業警察單位等)。

2. 當面報案

乃本人或相關人,親自到警察機關或單位直接報案,當面報案的對象種類如下:

(1) 各分駐(派出)所。

(2) 警察局刑警大隊、分局偵查隊。

(3) 刑事局各外勤隊。

(4) 其他(如專業警察單位等)。

(二)書面報案

書面報案的方式,大致有「書函」、「傳真」、「專用信箱」等。

(三)網路報案

1.警政署89年9月5日起啟用之「民眾網路報案查詢系統」,它並非讓民眾直接於網路報案,報案人仍應到派出所臨櫃報案,只是員警受理後之「處置情形」會轉到網站,民眾在完成報案「兩日後」,可上網查詢所報案件「處理情況」。若網站上並無報案資料,可逕以「書信」或刑事局網站「民眾留言信箱」檢舉。

2.96年4月起全國警察單位正式啟用之「受理報案e化平臺作業系統」,仍非讓民眾直接上網報案,依舊要親赴派出所臨櫃報案;而過去民眾到派出所報案手續,一切都要手寫,諸如:填寫民眾報案登記表、製作報案筆錄、製發報案三聯單等,現在全部將其e化,直接在電腦作業。然本項創新做法原有表單不變,不同的只是將「以前手寫」改成「電腦作業」。

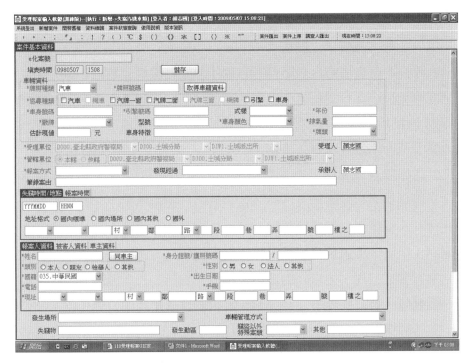

圖1-4-1 受理e化系統路表單

（1）上記受理民眾報案，經由e化平臺作業後，所有表單均可列印出來，包括原由手寫的「報案三聯單」亦可經由電腦列印交付民眾。

（2）為讓警專學生畢業後能立即與實務運作接軌，警政署先後於警專樹人派出所及經國樓六樓電腦教室建構受理報案e化系統訓練版，可供在校學生自我操作訓練；另警察勤務等相關課程，對「e化平臺作業系統」亦列為施教之重點。

三、報案三聯單

（一）警政署為了有效管制刑案受理，防止吃案匿報，於前署長顏世錫任內推動建立「報案三聯單」制度，自民國84年7月1日起實施。

（二）報案三聯單不管其內容是否屬實，員警只要受理報案，均應填發「報案三聯單」；如果事後查明或發現謊報等情事，再依誣告罪嫌究

辦。

（三）報案三聯單之開製：

1.警察勤務條例第11條第1項第5款：於勤務機構設置值勤臺……以擔任通訊聯絡……「接受報告」為主。因而，報案三聯單之填發，在實務慣例原則上由「受理員警」為之，而受理員警一般為「值班人員」；此外備勤也常有協助繕填三聯單之事例。

2.諸如都會或複雜地區分駐（派出）所，同時段經常有多件民眾報案，另電話報案也陸續擁入……，值班警員於應接不暇下，在所備勤（甚或在休）人員就應主動協助受理。總之，案件就是需要受理，三聯單也不可漏開；至於，誰該負責填單，實不宜硬性規定，應由派出所所長彈性分派。其實警察工作，尤以外勤單位是屬於「合作」、「協調」、「互動」的一個團隊，若彼此界限涇渭分明，將很難達成艱鉅的偵查任務。

3.三聯單一式三份，一份交付報案人，一份送勤指中心輸入電腦管制，一份由受理單位妥存三年備查。若是汽（機）車失竊，則應多繕造一份移送刑警隊（或大隊）。

四、報案電話種類

（一）110報案系統、110視訊報案系統。

（二）113婦幼專線。

（三）165反詐騙專線。

（四）原0800-018110免付費電話，於103年撤線，有關警政事項之申訴或反應，可以撥打1996內政部服務中心，於晚上10時以前由內政部1996專人受理，晚上10時之後，則改為語音服務；若屬於警政事項，能轉至警政署勤務指揮中心受理。

（五）原0800-018111免付費電話，於93年新增設，基於功能性調整，後亦與「1996內政部服務熱線」辦理整併。

（六）警政署勤務指揮中心分機2001、2002亦能受理報案。

（七）各警察機關或單位，所申設中華電信電話。

圖1-4-2　110視訊報案系統　　　　圖1-4-3　113婦幼專線

五、網路報案的問題

（一）目前國內受理報案，除臺北市設有網路報案系統，新北市、新竹市、新竹縣、苗栗縣、嘉義縣、臺東縣等警察局亦有設之。有效運用科技網路，推動報案系統資訊化，建立現代化的「網路報案」；因在報案「使用須知」特別提醒：民眾切勿提供不實之事證，以免觸犯刑法「誣告」罪，致使部分民眾誤以為只要上網報案即已完成報案手續[2]。

（二）93年9月24日臺北市議員王欣儀，質詢時曾質疑臺北市設立的「網路報案」形同虛設，不少民眾透過網路報案均無下文，係警方「另類吃案」手法。王議員提了以下案例批評警方網路報案的問題：一位家住北投民眾，其自小客車停在馬路邊，車牌被偷走後，透過網路向警方報案，事隔三個月沒下文，向警方查證才知並沒有他的失竊紀錄；另一件是其助理，也因機車車牌遺失，而利用網路報案，事後向警方查證，也沒有他的報案紀錄；王議員又說：警方的網路報案服務，民眾於報案後仍無法和警方之電腦連線，應確實檢討網路報案方式和流程，以免流於形式。

（三）針對王議員之質詢，臺北市前局長王卓鈞答覆如下：

1.網路報案應該都會留下電腦紀錄，但因涉及刑案，故還是要到警局

2　網路報案—臺北市政府警察局資訊網—網路報案，網址：http://police.gov.taipei/ct.asp?xItem=5753685&CtNode=51031&mp=108001（上網日期：2017/7/12）。

製作筆錄，才算完成報案程序；他不認為這是吃案，但會評估改進做法。

2.網路報案在處理上的確比較困難，因為：

(1) 警方不易瞭解報案的真實性。

(2) 民眾在網路所留下的聯絡電話，警方都無法找到當事人。

(3) 雖然是透過網路報案，但警方還是得找來「當事人」做「筆錄」，對「報案人」和「警方」都很不便。

（四）王前局長最後的結論建議：

網路報案其電腦紀錄一定有，但因「必須」製作刑案「筆錄」，才會列入警用電腦系統檔案，故他認為民眾報案最快方式，還是打「110」報案。

（以上內容係中國時報2004年9月25日新聞報導）

貳　刑案分類匿報、虛報、遲報之認定與責任

為嚴格要求各級員警落實受理刑案報案，主動發現犯罪，迅速反應、通報，妥適處置，澈底根絕匿報、遲報、虛報等不當情事，並確實掌握最新治安狀況，適時調整規劃各項勤務部署，強化偵防作為，嚴正報告紀律，屬行懲處，警政署特訂定「各級警察機關處理刑案逐級報告紀律規定」以達成維護治安任務；規定中有關刑案匿報、虛報、遲報之認定與責任區分如下（106年12月25日新修正）：

一、刑案匿報、虛報、遲報之認定基準

（一）匿報

1.重大刑案之發生與破獲，有下列情形之一者，為匿報：

(1) 隱匿刑案之發生與破獲，未依規定通報偵防中心，且未填報刑案紀錄表。

(2) 受理報案發現刑案未報，破案始報，且發生至破獲期間相隔48小

時以上。

　　2.普通刑案之發生與破獲雖無須通報偵防中心，但經發現未填報刑案紀錄表。

　　3.以各種方式拒絕或推諉製作報案筆錄，且未通報及填輸刑案紀錄表，以匿報論，並加重懲處。

（二）虛報

　　陳報偏頗不實（以大報小或以小報大）者。

（三）遲報

　　1.重大刑案之發生與破獲，有下列情形之一者，為遲報：

　　(1) 逾2小時通報偵防中心及警政署勤務指揮中心。

　　(2) 逾48小時填報刑案紀錄表。

　　(3) 按時通報偵防中心及警政署勤務指揮中心，但逾時填報刑案紀錄；或按時填報紀錄表，但逾時通報偵防中心及警政署勤務指揮中心。

　　2.普通刑案之發生與破獲，雖不必通報偵防中心，但逾48小時填報刑案紀錄表。

二、重大刑案通報時間之起算點

　　（一）本轄案件發生，應於被害人或報案人完成筆錄（含檢察官指揮偵辦案件）後2小時內填輸通報單；受理他轄發生案件，應即時通報管轄機關並傳送相關資料，管轄機關應於接獲通報後2小時內填輸發生通報單，後續偵辦發現初報有誤時，應續報更正。

　　（二）經媒體報導社會矚目、犯罪牽涉廣泛或經研判具連續性之案件，於發現犯罪（接獲報案）後，應立即先以電話等方式向警政署刑事警察局偵防中心報告，並於案發30分鐘內以「特殊刑案」輸入「雲端治安管制系統」初報，同時於接獲報案2小時內結報。

　　（三）案件破獲通報時間，應於製作犯罪嫌疑人筆錄完成後2小時內通報。

（四）破獲他轄未通報之案件，除應依單一窗口規定通報發生地轄區分局外，由破獲單位代填輸發破通報單。

（五）刑案紀錄表應於案件發生及破獲後48小時內填輸，逾時依認定基準懲處。

（六）屬他轄經警政署核定治平專案檢肅目標代號管制中之案件，有影響後續偵查之虞者，應於治平專案檢肅目標移送檢察官偵查或由警政署撤銷管制後，依本規定辦理通報。

特殊刑案之通報，準用前項規定。

三、違反刑案逐級報告紀律懲處基準

（一）考核監督責任層級區分

考核監督 單位對象　　層級區分	違反刑案 逐級報告 人員	第一層	第二層	第三層	備考
刑警大隊（含其他直屬（大）隊）	受理員警	小隊長、分隊長、隊長（中隊長）	大隊長	局長	
刑警隊（含其他直屬隊）	受理員警	小隊長、分隊長、組長	隊長	局長	
分局（偵查隊、組）	受理員警	小隊長、分隊長、組長、隊長	分局長	局長	
分駐（派出）所	受理員警	所長	分局長	局長	

附註：
一、各單位於表列第一層主官（管）以下尚有各級主管職務者，其考核監督責任比照第一層處分。
二、副大隊長、副隊長、副分局長、副局長、副主管考核責任比照單位主官（管）次一等之處分（授權單位主官依所負110報案複查小組實際抽檢成效辦理）。
三、違紀人為表列第一層之主官（管）者，得加重其處分。
四、駐區督察人員（含查勤巡官）、承辦業務人員之監督責任比照駐區（查勤區）單位主官（管）次一等之處分（授權單位主官依所負110報案複查小組實際抽檢成效辦理）。但有下列情形之一者，得視情節予以免除其考核監督不周責任：
　　（一）警政署交查疑似違反刑案逐級報告紀律案件，由各直轄市、縣（市）政府警察局指派督察室（科）督察人員調查情節屬實。
　　（二）各直轄市、縣（市）政府警察局自檢所屬疑似違反刑案逐級報告紀律案件，交由分局查處，經查勤巡官調查情節屬實。

（二）懲處基準

處分規定項目	層級	違反報告紀律具體事實	受理員警	第一層	第二層	第三層	備考
遲報	通報單	遲報4小時以上，24小時以內者。	申誡一次				一、本懲處基準適用重大刑案通報單及刑案紀錄表規定，刑案紀錄表應於案件發生、破獲後48小時內填輸，逾時依本基準懲處。 二、未經上級機關發現查處前，主動通報或陳報者，依懲處基準降一層級處分。 三、第三層主官之懲處，視對強化「110報案」複查小組作為，個案辦理。
		超過一日以上未逾二日報告，未達匿報程度者。	申誡二次	申誡一次			
	刑案紀錄表	遲報七日以內填報者。	申誡一次				
		超過七日以上填報者。	申誡二次	申誡一次			
虛報		陳報偏頗不實以大報小、以小報大，尚未構成犯罪者。	申誡二次	申誡一次			
匿報		隱匿刑案，尚未構成犯罪者。	記過一次	申誡二次	申誡一次	視情節另案辦理	
拒絕受理報案		拒絕或推諉受理刑案報案者。	記過二次	記過一次	申誡二次	視情節另案辦理	

（三）備註

1.違反報告紀律，情節重大者，得加重處分。

2.各單位違反報告紀律，經查有連續、經常違犯情事或未強化「110報案」複查小組作為者，得衡量情節，加重各層級責任。

3.違反刑案逐級報告紀律之各項具體事實，非受理員警層級責任，而係其他層級責任者，應追究上級主官（管）責任；其由上級長官授意並查

證屬實者，則按懲由上而下原則加重處分。

4.各單位自檢案件，得視查處出力事實，依層級酌予減輕或免除連帶責任。

5.各級主官（管）對所屬員警違反報告紀律案件，事前確已盡防範之責，其考核監督責任得視情節酌予減輕或免除，其防範之責以強化「110報案」複查小組執行情形作為衡量基準。

6.各級警察機關勤務指揮中心人員違反報告紀律經查屬實者，比照本基準懲處。

7.各專業警察單位，比照本基準辦理。

四、匿（虛）報刑事責任

（一）目前有關刑案之匿（虛）報，普遍以行政處分了事，惟若遭人檢舉有「虛報」情形（即大案小報或小案大報），可論以刑法第213條「偽造公文書罪」；若是「吃案」匿而不報，則構成刑法第165條「湮滅刑事證據罪」。

（二）有關此項見解，84年間高雄地檢署，曾請示高檢署釋示，經討論後咸表支持，後再轉報法務部檢察司研究，也表贊同；故法務部乃通函各級檢察署遇有民眾舉發時，作為依法偵辦參考。

（以上內容係中國時報1995年6月14日新聞報導）

（三）第一件基層員警因「吃案」，遭移送公懲會並受法院判刑案例：

屏東縣某陳姓基層員警，因為吃案匿報，被屏東地方法院依刑法第165條湮滅刑事證據罪判處拘役五十日；之後又被移送「公務員懲戒委員會」議決休職一年處分，首開警察吃案既需負刑事責任又被懲戒之例，值得員警引以為鑑[3]。

3　張容瑞，警員吃案既負刑責又遭懲戒（警政署政風室日新法律半年刊創刊號，2004/8），125-126頁。

五、刑案等級分類

（一）重大刑案

1. 暴力犯罪案件：

(1) 故意殺人案件。

(2) 強盜或海盜案件。

(3) 搶奪案件。

(4) 擄人勒贖案件。

(5) 強制性交（指刑法第221條或第222條）案件。

(6) 重大恐嚇取財（指已著手槍擊、下毒、縱火或爆炸等手段）案件。

(7) 重傷害或傷害致死案件。

2. 重大竊盜犯罪案件：

(1) 失竊物總值新臺幣100萬元以上案件。

(2) 竊盜槍械、軍火、爆裂物或國防、交通、學術上之重要設施或器材案件。

(3) 被害人為具外交身分之外籍人員，或來訪之外籍貴賓案件。

(4) 竊盜重要儀器、文件等影響國家安全或社會秩序情節重大案件。

3. 重大毒品犯罪案件：

(1) 查獲走私毒品或原料。

(2) 栽種罌粟或大麻。

(3) 製造毒品案件（工廠）。

(4) 查獲第一級毒品二百公克以上。

(5) 查獲第二級毒品五百公克以上。

(6) 查獲第三級或第四級毒品一千公克以上。

(7) 查獲新興毒品分裝場所案件（不論重量）。

(8) 查獲新興毒品（咖啡包）五百包以上。

（二）特殊刑案

1. 犯罪手段殘酷、情節離奇案件。
2. 新發現嚴重犯罪手法，必須迅速偵破，予以遏制之案件。
3. 深切影響社會治安、震撼社會人心之案件。
4. 對物或場所之槍擊案件。
5. 重大縱火、群毆械鬥案件。
6. 於學校、醫院、公共場所或關鍵基礎設施放置炸彈（爆裂物）案件。

（三）普通刑案

重大刑案及特殊刑案以外之案件。

（四）其他類

各級警察機關於受理或偵辦案件時，如遇涉有刑法第361條對於公務機關或其相關設備之電腦犯罪事件，仍應比照特殊、重大刑事案件模式，循業務系統通報（登輸全國治安管制系統－重大刑案－其他類）；相關遲、匿報之查處，亦依「各級警察機關處理刑案逐級報告紀律規定」辦理。

電腦犯罪事件業務通報系統：
1. 分局勤務中心、報警察局勤務中心、轉報警政署勤務中心。
2. 分局偵查隊、報警察局刑警大隊、轉報刑事警察局偵防中心。
3. 分局資訊組、報警察局資訊室、轉報警政署資訊室。

參　刑案受理實務

一、匿報、虛報、遲報情況之探究

（一）匿報、虛報、遲報之類型

1. 匿報：匿報之種類，有竊盜、搶奪、強盜、強制性交……等案類。

2.虛報：虛報之種類，如竊盜、強盜、殺人未遂……等案類。

3.遲報：乃重大刑案發生後，超過2小時始填輸通報單或逾48小時才填報刑案紀錄表兩種類型。

（二）匿報、虛報、遲報之原因

1. 匿報原因

(1) 刑案發生率高，破獲少，長官有面臨上級、民代、媒體……壓力。

(2) 重大刑案未破，主管有刑案列管及調動、升遷考核之顧慮。

(3) 員警偷懶心態及擔憂專案會議受檢討斥責。

2. 虛報原因

(1) 大案小報，可減輕刑案偵辦及案件未破列管之負擔。

(2) 小案大報，緣於行政獎勵及破案獎金之考量。

3. 遲報原因

(1) 佐警原存匿報僥倖，但為被害人或媒體披露後，始填輸通報單，但已遲延時間。

(2) 刑案確實繁複，員警因偵辦勞碌疲憊，而有所延誤。

(3) 佐警疏懶怠惰，主管內部管理又不佳，乃造成遲報情事。

（三）匿（虛）報之方式

1.佐警受理報案時，以未滿18歲、無診斷書、缺肇事鑑定書或和解未滿三次……等理由，拒絕或推諉受理報案。

2.暗示報案民眾，案件財損不多，但處理程序繁複，以後會很麻煩……，而讓民眾自認倒霉，知難而退。

3.抵現場處理後，告訴民眾「怕你會趕不及上班，所以先登記」，而未將民眾帶回詢問筆錄及開製報案三聯單，之後就沒有下文，民眾誤以為「警方登記」就是正式報案。

4.刑案發生後員警到達現場，民眾要求採指紋時，卻告訴被害人：

「請偵查隊來採證要等很久、採指紋所噴粉末會擦不掉」……讓一些心急事忙民眾打退堂鼓。

5.偵查（鑑識）人員勘察現場，竟未帶採證同意書，要求被害人到派出所（偵查隊）簽字同意……，而降低報案意願，甚至未開給報案三聯單。

6.少數員警以報案手續繁瑣，誘導民眾大案小報或以其他刑案代替，規避刑案發生之列管統計。

7.部分佐警未開立正式報案「三聯單」，改開「二聯單」給民眾，而變相吃案。

8.員警利用詢問筆錄過程，也能經由關鍵詞句、數字或話術，而技巧達成匿（虛）報。

9.其他：也有利用延遲受理報案方式，待查獲嫌犯後，再找被害人製作筆錄，發、破一併通報；有些民眾報案時，未開立受理報案三聯單，採溫情攻勢，熱心帶被害人重回現場勘察，偶而去表示關懷……，時間一久，被害人感受警方誠意，也就不願追究而作罷。

（四）常有的虛報類型

1. 強盜變成恐嚇取財

歹徒持刀抵住被害人胸部、脖子……，喝令交出錢財，於筆錄中漏列「持刀」兩字或故意不提，案件可能將變成恐嚇取財。

2. 搶奪變成竊盜

搶奪為「乘其不備」搶走被害人財物、竊盜為「乘人不知」拿走財物，其實只是「一字之隔」，要由大變小不難。

3. 強盜變成搶奪

飛車搶案往往把被害人騎乘機車撞倒；或將被害人掛於把手、背於胸前皮包猛拉，致被害人車倒地而搶走其皮包，這個動作造成每位被害人均「車毀人傷」，如此已構成強盜行為；但詢問中推（拉）人車倒地情節竟予避開，使較重強盜行為不能成立。

4. 殺人未遂變成傷害

殺人未遂與傷害的界限，在於是「直刺要害」，或「連砍多刀」、抑或追殺且喊著「要殺死你」……，也常常為外勤基層佐警技巧的轉變案情。

5. 其他

諸如被害人皮包遭竊，卻以侵占罪受理，變成皮包遺失；原本機車、汽車失竊案，報案後，卻成為車牌遺失……這也常見於刑案受理實務。

（五）匿報對於社會治安之負面影響

匿報即實務界俗稱的「吃案」，它對於社會治安會發生以下之負面作用：

1.會形成犯罪黑數，刑案發生統計數字將難以正確。

2.讓治安斑點圖不能顯示轄區最新治安狀況，致無法具體規劃勤務，以有效發揮執勤功能。

3.影響積案後續追查，不能達成擴大偵破目標。

4.匿報經遭揭露後，則成民代、媒體攻訐話柄。

5.匿報吃案民眾將對警察失去信心，進而影響政府威信。

二、匿報案例探討

（一）匿報案例

93年3月13日凌晨北部某刑警隊，在中壢女子侯○妍住處搜出40多張證件、信用卡，警方漏夜通知所有人到場，大部分之被害人均稱：是在半路被搶，或放家中被偷，而且都曾到派出所或分局報案；刑警隊調閱資料發現其中只有一件通報，故警察局要追究是否「吃掉」或「忘了」通報？相關分局向求證採訪媒體表示：被害人有報案，但無通報紀錄，「不見得是吃案」；有些單位擔心破案壓力，故會「技術性吃案」，將待案件偵破

時再補通報[4]。

（二）案例探討

偵查領域俗稱的吃案，即乃所謂的刑案「匿報」，在實務上並沒有「技術性吃案」這個名詞，它是屬於「刑法湮滅或隱匿刑事證罪的範疇」；另刑案匿報認定標準也明訂：受理報案發現刑案未報，破案始報「發」「破」，期間相隔48小時以上者，即屬「匿報」，故上記案例應完全符合刑案匿報之認定標準。

三、口頭報案如何查覺異狀？

分辨報案真偽可從報案人的外表、語氣、神情來做辨識：

（一）外表方面

1.異常特徵：

(1) 報案人身體外表有明顯傷痕。

(2) 衣著表面沾有血跡或其他轉移性跡證。

(3) 衣褲破裂、鈕扣掉落、頭髮散亂……呈現有打鬥跡象。

2.發現上述徵狀，報案的被害人，也可能是嫌疑人。

（二）語氣方面

1.異常表現：

(1) 家人遇害不譴責凶手，卻一味怪罪自己人。

(2) 言詞閃爍，供述反覆不一、語帶顫抖。

(3) 陳述支吾斷續、音調低沉、語帶保留。

(4) 其他。

2.報案人有以上語氣，應特別查察報案內容的真偽。

---

4 贓卡40張　通報僅一件（聯合報，2004/3/14，社會版）。

（三）神情方面

1.異常表現：

(1) 報案時不在乎、不悲傷。

(2) 裝得很悲痛、甚至嚎啕大哭、卻不見流眼淚。

(3) 目光飄移、緊握雙手、低頭不敢正視對方。

(4) 心神不定、搔頭抓耳、若有所思。

(5) 其他。

2.有這些方面的神情，報案的真實性亟待查究。

四、電話報案如何受理紀錄

（一）民眾遇到緊急事故或有其他危難時，常會打「110」或其他警察單位電話（派出所、警察分局、警察局……）報案或求救，故110或相關警察電話，在刑事案件偵查中也扮演很重要角色，甚至是破案關鍵！例如：92年間雲林縣轄內發生一件命案，幾日後，警察局勤務中心接獲一名女子打110報案，電話中向執勤官員稱：「幾天前發生的命案情況是……唉！不說也罷！說了也沒用。」就掛斷電話，當時警察局戴天岳局長於晨報聽完報告後，本於職業敏感，認為此電話頗具蹊蹺，即責成勤務中心反追發話來源。經輾轉查知撥打電話者之身分、住所後，戴局長親自造訪這位婦人，原來她就是現場重要之目擊者，命案也因戴局長重視這通重要但又常為員警輕忽的電話，而順利破案[5]。故如何受理110和一般警察單位電話，使其變成寶貴資料來源，也是犯罪偵查必須重視的課題。受理電話報案對象，通常以被害人或目擊者為主，但有些報案人也可能是嫌疑人，亦有部分是惡作劇或謊報者……，一位訓練有素的值勤員可從報案語氣及方式聽出報案者是否和案情有關？至於報案電話之背景聲音也應留意記錄，或許對案情會有所助益[6]。

---

5 聆聽前雲林縣警察局局長戴天岳口述（2015/5/20於警察專科學校）。

6 李昌鈺、劉永毅，讓證據說話：神探李昌鈺破案實錄2（臺北：時報文化，2004/4/23），164頁。

（二）有關受理電話報案要領，除紀錄內容力求簡明扼要，並包含報案三聯單內涵外，尚應注意下列幾點：

1.接獲電話正確時間？（如有自動錄音裝置更好）

2.報案人姓名、住所、聯繫電話？是否還在現場？與其見面如何辨識？

3.案發詳細地點？容易找尋方位？有無特殊標記？

4.被害人是誰？有幾人？受傷狀況？如何受傷？是否死亡？

5.嫌疑人是誰？有幾人？衣著特徵？持有何種凶器？是否尚在現場？

6.嫌疑人若已逃離，是徒步或乘坐汽（機）車？往何方向？車輛型號？廠牌顏色？

7.由對話內容、談吐態度、講話速度、緊張狀態等分辨是否謊報、惡作劇，抑或偵測，以免誤導辦案方向。

8.留意報案人也是「嫌疑人」，如確信係為嫌犯，則採拖延戰術，一面安撫情緒，拉長對話時間，一面聯絡備勤，通知線上警力趕赴逮捕；若不可得，也應仔細聆記「口音」、「腔調」、「用詞」、「通話破綻」……以為日後偵辦緝拿之線索參考。

五、拉長對話時間的作用

（一）李昌鈺博士在「讓證據說話」乙書強調受理電話報案的重要，他說勤務中心在接報案電話後，除了立刻記錄處理，派遣員警到案發現場外，並且應該保持和報案人的電話聯絡，一直跟他講話[7]。辦案人員或受害人在電話中與嫌犯或可疑對象交談時，如能拉長對話時間，可以有下列的作用：

1.偵辦重大或特殊刑案，尤以擄人勒贖案件，可讓警方有充裕應變時間，縝密思考出擊對策；甚至可調集附近優勢警力，將和被害人討價還價中的歹徒，出其不意加以逮捕。

2.就算時間不及而無法當場逮捕人犯，但經由拉長對話，於彼此交談

---

7 李昌鈺、劉永毅，讓證據說話：神探李昌鈺破案實錄2（臺北：時報文化，2004/4/23），164頁。

之間，也可能讓嫌犯暴露身分（所謂言多必失），而縮小清查範圍，甚至掌握特定對象。

（二）舉例說明

1. 整型名醫林〇誠於民國93年12月19日被歹徒擄走，嫌犯在電話中勒贖5千萬元，警方受理報案後，即指導家屬乘與歹徒電話談判時，能夠拉長對話時間，以讓警方有應對空間……[8]。

2. 李昌鈺博士偵破一件「校園血案」，原報案人是校園警衛，他於電話中告訴康州911勤務中心：校園女廁有具女屍可能已經死亡……，簡單報告情況後就想掛電話，但機警的執勤員卻不讓他掛電話，一直詢問著現場各種情況及資料，同時並通知警方馳赴命案現場；當員警趕抵學校時，報案警衛還與911執勤員通話中，乃在其帶領下到女廁查看現場……本案最後查明，「報案警衛」其實就是「校園血案」的凶手[9]。

六、電話報案怎樣察辨虛實？

（一）背景聲音夾雜哀號哭叫，可能是真實。

（二）語氣冷漠，寥寥幾句就掛電話，應注意可能隱藏之危險，以免遭騙。

（三）小孩聲音、精神病患、心理變態者之電話，常常是惡作劇或故意騷擾。

（四）上級單位或金融機構，也會定時防搶測試，要避免因假亂真，而影響治安維護。

（五）以火警、車禍、賭博、命案等刑案，向警方電話謊報者亦時有所聞，應憑個人經驗及職業敏感，從彼此對話中去初窺真偽。

---

8 整型名醫林政誠遭綁 綁匪開口5千萬，TVBS新聞，網址：http://news.tvbs.com.tw/other/462847（上網時間：2017/7/12）。

9 李昌鈺、劉永毅，讓證據說話：神探李昌鈺破案實錄2（臺北：時報文化，2004/4/23），164頁。

七、由口音、腔調、鄉土語言，可去分辨對方來歷身分

（一）不同地方的人有其特殊之口音腔調，茲摘錄一段以供參考：

早上我去「菜」ㄙㄞˋ市場買「菜」ㄙㄞˋ，先去買「蛋」ㄋㄨㄟˋ，「蛋軟軟」ㄋㄨㄟˊ ㄋㄨㄟˋ ㄋㄨㄟˋ，「真」ㄐㄧㄣˋ好吃；咯去買「雞」ㄍㄨㄟ，想要來煮「雞ㄍㄨㄟ湯」；順便買一個鴨「血」ㄏㄧㄨㄟˋ；因為天氣「真」ㄐㄧㄣˋ熱，想要吃路邊攤的「霜仔」，為著「面水」，歹識去吃。哦，不早了，我要趕緊買好東西，還要去「照相」ㄏㄧㄅㄇˋ ㄒㄩㄥˋ，好去辦身分證。一天很快過，又是晚上，今晚月亮「光光」ㄍㄨㄧㄣ ㄍㄨㄧㄣ，可以出來看月娘，今天買東西太多，也走很長的路，感覺腳「酸酸」ㄙㄨㄧㄥ ㄙㄨㄧㄥˋ手也「軟軟」ㄋㄨㄟˋ ㄋㄨㄟˋ，有點累，想要緊去睡。

臺南關廟：「菜」市場買「菜」ㄙㄞˋ
宜蘭地區：「蛋軟軟」ㄋㄨㄟˊ ㄋㄨㄟˋ ㄋㄨㄟˋ
　　　　　腳「酸酸」ㄙㄨㄧㄥ ㄙㄨㄧㄥ
　　　　　「真」ㄐㄧㄣˋ
　　　　　「霜仔」指「冰」
　　　　　「光光」ㄍㄨㄧㄣ ㄍㄨㄧㄣ
彰化地區：「雞」ㄍㄨㄟ
雲林地區：「血」ㄏㄧㄨㄟˋ
臺北、基隆：「面水」指「面子」
臺中地區：「照相」ㄏㄧㄅㄇˋ ㄒㄩㄥˋ

（二）鄉土語言因地域而異，例如：

1.大陸籍稱「祖父」為「爺爺」，閩南人叫「祖父」為「阿公」，電話詐騙集團於電話中讓「假孫子」與「祖父」對話，卻因哭叫著一句「阿公」而露餡[10]。

---

10 假孫子錯叫「阿公」而露餡（聯合報，2004/10/21，社會版）。

2.北京人一般對名字均叫單名，如李申秋則呼叫李秋、柯丙丁則叫作柯丁……。

3.(1) 北京人於緊急、尷尬時直覺的反應為「哇呀！」，臺灣人會驚叫「哇！」或「哇塞！」。

(2) 臺灣人唸「垃ㄌㄜˋ圾ㄙㄜˋ」，北京人則讀「垃ㄌㄚ圾ㄐㄧ」。

4.大陸人看牙，會請醫生「搞好」他的牙；某市集很熱鬧，稱「火爆」；拍賣東西叫「狂甩」；使用信用卡稱為「拉卡」……。

（三）上述一連串輕鬆詼諧的辭令，彙集了各地不同之鄉土語，每句均代表某地方特殊之方言；任何從事犯罪偵查工作人員都有需要研究瞭解，因為「它」可提供刑案偵辦重要的參考！

（四）97年11月27日印度孟買恐怖攻擊事件，造成125人死亡、327人重傷，舉世震驚的慘劇，因案發現場未留下有利偵辦的跡證或線索，印度國安、警政單位也唯有從目擊者所稱：攻擊者，是操「印地語」或「烏爾都語」的南亞青年。乃依這句所供述「口音」而分析研判凶手可能就是「印度民兵」，而「非外國人」[11]。

（五）電話、當面報案或刑案偵辦……若有發現上述特殊之口音、腔調或鄉土話語，將有助於縮小清查範圍，釐清嫌犯對象，進而裨益案件早日偵破。

八、偵查人員需具備行為觀察能力

除了口音、腔調或鄉土語言可分辨對方來歷身分，而成為犯罪偵查重要參考外，另從一個人的衣著、談吐、肢體動作、慣常行為……亦能瞭解其出身與背景。例如圖1-4-4，是1964年《中國畫報》封面刊出的一張王進喜照片，在照片中，王頭戴大狗皮帽，身穿厚棉襖，頂著鵝毛大雪，握著鑽機手柄眺望遠方，在他身後散布著星星點點的高大井架。

11　孟買恐怖攻擊　五大謎團待解（自由時報，2008/11/28，國際新聞）。

圖1-4-4　震驚！「鐵人」王進喜的老照片嚴重泄密

　　據文章透露，日本情報專家據此解開「大慶油田」的秘密，他們根據照片上王進喜的衣著判斷：是在北緯46度至48度的區域內，因此推斷：「大慶油田」位於齊齊哈爾與哈爾濱之間；並從王所握手柄架勢，推斷出油井的直徑；又依王所站的鑽井與背後油田間距離和井架密度，估算出油田的大致儲量和產量。

　　由一張照片解析如此多的準確情報，日本乃迅速設計出適合大慶油田開採用的石油設備。因此，日本在世界各國開採大慶油田的設計方案中「一舉中標」[12]。故而這則報導可給警察很好借鏡與啟示，其實日本能獲得這世界級標案，是靠用心、智慧、常識去解開謎樣情報，而刑案偵辦也如同大海撈針，要從一無所知去發掘案件線索和情資。因此，一位成功的偵查人員必須具備各類行為觀察的常識與能力。

九、如何判別冒名頂替案件？

　　（一）冒名頂替的案件常發生於「自首頂罪」、「替代服刑」，但有別於「冒名脫罪」；有關分辨判別約略有下列方法：

---

12 中共自己拋出「嚴重洩密照片」（大紀元，2014/5/11），http://www.epochtimes.com/b5/14/5/11/n4152462.htm%e4%b8%ad%e5%85%b1%e5%ae%98%e6%96%b9%e6%89%bf%e8%aa%8d%e7%9a%84%e3%80%8c%e5%9a%b4%e9%87%8d%e6%b4%a9%e5%af%86%e7%85%a7%e7%89%87%e3%80%8d.html（上網時間：2015/6/16）。

1. 報案語氣急切、內容詳盡者，真實性較高。

2. 瞭解其與被害人關係，研判犯案之可能。

3. 到案自首者，身心狀況是否正常。

4. 自首者有無能力犯這類刑案？

5. 自首頂替者，有無不正當企圖。

6. 考詢犯案過程，查明供詞與實際狀況有無出入。

（二）「自首頂罪」案例不勝枚舉，茲介紹一件與警察有關，且社會較為矚目的案件作為說明：

95年10月31日清晨保五總隊支援南部打擊犯罪中心警員蘇○淇，開車撞傷兩名機車騎士逃逸，旋由其父親蘇○旺出面頂罪，經高雄市新興分局自強路派出所偵訊，發現蘇父的說法漏洞百出，陳述供詞與案發實際狀況明顯不符；且被害人也指出蘇父並非肇事者，蘇○淇經通知到案，在長官開導溝通下，始坦承肇事逃逸，父子兩分別被依過失傷害與肇事逃逸及偽證罪，移送法辦[13]。

（三）為防止嫌犯冒名頂替，俾得發現真實，期無所枉縱，使真正嫌疑人無法逍遙法外，而提升司法正確性，法務部原訂有「檢察機關與司法警察機關辦理刑事案件防範冒名應訊應行注意事項」，而後復經幾次修正，目前最新「檢查機關與司法警察機關辦理刑案防範冒名頂替應行注意事項」於103年7月3日生效，可為員警從事刑案偵查重要之遵循與準繩。

十、如何防範冒名應訊（人別之訊問）

（一）驗明正身

在偵訊開始前，首先最重要的是確認被訊問者的「身分」，以防冒名頂替。刑事訴訟法第94條規定：「訊問被告，應先詢其姓名、年齡、籍貫、職業、住、居所，以查驗其人有無錯誤，如係錯誤應即釋放」。

---

13 保警車禍肇逃　找父頂罪被拆穿　知法犯法　父子偽造文書送辦（臺視，2006/11/1，社會新聞）。

（二）嫌犯虛報假名

本身已有犯罪前科或通緝等案，為逃避「累犯」罪名及「前案」一併被清理，常有匿報假名現象，必須注意查證。

（三）被害人證人方面

由於自己係帶罪之身，或已因案通緝，有些怕日後仇人報復，或出庭作證麻煩，而隨意虛報其化名、假名或錯誤住所；故而「人別詢問」，也不可因對象身分單純而疏忽。

（四）案例教材

1.案例二則：

(1) 86年間南部某分局查獲李姓女子煙毒案，該女又另涉他案通緝，因怕身分曝光，乃假姑媽之名應訊，案件由派出所送偵查隊複訊後，移送檢察官偵查起訴，再經地方法院審理判決確定，於發監執行一年多，獄方始發現受刑人原來是「虛報假名」的醜劇。

(2) 96年10月，北市某分局查獲詹姓女子販毒案，該嫌冒用高中林姓同學身分應訊，本案也從警方偵辦詢問後，移送地檢署聲押獲准而羈押於臺北看守所，案件偵結起訴後，轉移地院審理，詹女遭判七年徒刑，這宗離譜的「冒名應訊」案才曝光，訊息經媒體披露後，除了辦案人員顏面無光，也嚴重影響警察形象，更讓無辜的被害人名譽、權益受損[14]。

2.有關虛報假名、冒名應訊的事件，在實務案例中屢見不鮮；凡我警察人員，必須引為殷鑑，在辦案詢問伊始，對於人別訊問，務應慎察明辨，俾能確認受詢人真正的來歷身分。

（五）防範方法

虛報假名、住所，對日後「傳訊」、「查證」造成莫大困擾，也將使偵查工作失真，而導致錯誤，或讓另位無辜民眾受害，影響訴訟進行甚

---

14 離譜　冒名要檢警　法院還判刑（中國時報，2009/2/20，社會新聞）。

大。但只要能注意以下幾點，則可避免類似情況發生。

1. 身分證詳加辨識

(1) 檢核身分證規格款式

紙卡尺寸是否相同？顏色有否吻合？文字有無塗改？照片是否掃描列印？正（背）面浮雕圖案有無不同？

(2) 快速目視辨識[15]

① 看一看

透光觀察水印、窗式微小字安全線、雷射穿孔圖案是否存在？有無相同？

A. 觀察水印：要有玉山、內政部部徽、臺灣圖案。

B. 窗式微小字安全線：紙卡中安全線有三段金屬層浮嵌於紙面；透光觀察，可看到明亮之「TAIWAN」字樣。

---

15 身分證辨識資料及圖片來源：身分證辨識，內政部戶政司全球資訊網站：http://www.ris.gov.tw/zh_TW/188（上網時間：2017/5/5）。

C. 雷射穿孔圖案：透光觀察正面臺灣圖紋處，可看到微細光孔組成之「臺灣圖案」。

② 摸一摸

手指觸摸正面內政部印信右側之「透明臺灣外形輪廓圖案」，有無「凸起」感覺。

③ 轉一轉

A. 輕轉身分證，可以看到「照片」下方有螢光變化「臺灣」圖案、繼續推轉則同時出現有「蝴蝶」及「TAIWAN」字樣。

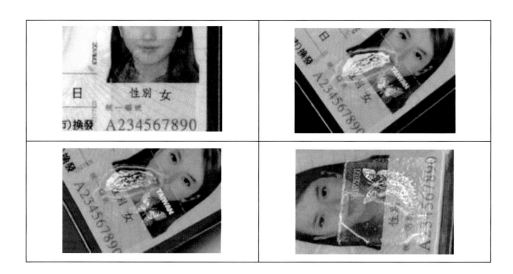

B. 身分證背面右下角內政部部徽圖案，正視時為「金色」，輕轉一下變成「綠色」，反覆翻轉則在「金色」和「綠色」間相互變化。

2. 資料考詢

對嫌犯考詢身分證統一號碼、出生日期、住址、本籍、出生地、父母姓名⋯⋯或其所有刑案資料等。

3. 電話訪問

致電嫌犯家中，探尋家屬，比對資料是否相符，或電話向親友交叉比對，以防假冒。

4. 比對簽名、照片

比對到案被告、犯罪嫌疑人或受刑人於警察、偵查及審判卷內之簽名及照片是否相符，其未帶國民身分證或其他身分證明文件者，並得命其立

即設法通知其親友補送，或命其於指定之期日補送。

5. 指紋比對

採取指紋，循個人身分識別系統（PID）查驗。

6. 口卡、影像核對

拍攝相片，調取口卡片、戶役政電子閘門系統之相片影像資料核對。

7. 嫌犯、關係人指認

傳喚被害人、告訴人、告發人、證人、其他正犯或共犯，或通知被告、犯罪嫌疑人之家屬前來指認。

十一、實例綜合介紹

（一）自導自演的案例

1.關廟鄉一位李姓大學生，因沉迷賭博電玩，積欠大額債務，於93年2月26日乃自導自演遭人綁架，而向家人勒贖10萬元，後經討價還價降為5萬。警方出動五十多名警力，於交款附近埋伏（往南縣六甲匝道附近），守候在草叢中，李姓學生出面取款時，警方對空先鳴一槍，李同學驚嚇騎機車逃逸，經警方打中其後輪胎，而遭逮捕；李同學父母、家人隨後到達派出所，見到綁匪嚇了一跳，原來綁匪是自己的兒子[16]。

2.93年11月8日彰化縣發生某高職洪姓同學被綁架案，於偵破後發現被害人是與同班同學共同策劃自導自演綁票案。洪姓被害同學坦承，是他提出「假綁架案」構想，交由同班之洪姓同學策劃，本來策劃的洪姓同學原想中止犯案，但被害人堅持依原計畫向自己父母勒贖。該案除了事前規劃，還有任務分工，有人負責載運肉票、有的提供住處、有人打勒贖電話、也有負責取贖款的，甚至連贓款分配都已事先決定[17]。

---

16 自演假綁架　警方真開槍（中國時報，2004/2/28，社會版）。
17 假綁架　高職生自導自演（自由時報，2004/11/8，社會新聞）。

（二）報案人也是嫌疑人的實例

1.臺北縣男子徐○川，於91年8月7日在泰山鄉住所，因不滿同居女友彭○美另結新歡，彭女又用刻薄言語數落他，一時氣憤以充電線反綁其手，再使勁掐她脖子而造成死亡，然後將彭女屍體裝入行李袋丟棄新莊與龜山交界。徐嫌後來心感不安，不忍女友暴屍荒野，於91年8月17日晚以彭女手機打電話向蘆洲分局報案：他自稱「小白」，日前與兩名毒犯共同殺害一名女子，由他負責將屍體、毒品、槍枝丟棄林口山區；並透露蘆洲分局後方公園廁所有一張棄屍手繪地圖。警方依照圖示，果真找到已腐爛無法辨識之女屍。警方依據報案電話顯示留下的號碼，查出手機所有人是彭○美，經DNA比對確定死者乃是彭女；因案發後死者男友徐○川即告失蹤，乃鎖定徐嫌追查，結果在其石牌老家查獲，經警詢後，坦承行凶事實[18]。

2.在楊梅鎮經營便當生意的曾○雲、陳○婷夫婦，92年11月25日深夜駕車赴海邊散心，因金錢糾紛發生口角，曾嫌失手勒死妻子，92年11月28日晚以自小客載著冰冷屍體向楊梅分局埔頂派出所報案。曾嫌向警方供稱：其妻於92年11月25日深夜負氣離家，隔天報警且四處找尋未獲，11月27日晚帶著子女前往永安海邊尋找，發現妻子倒臥座車內已經死亡。有關曾嫌說法，遭陳女家屬斥為胡扯，並質疑其乃凶手；後經警方反覆調查詢問，於突破心防後坦承：兩人因房貸無力繳交，致房屋被查封，加上太太開店費用均使用其提款卡、現金卡，而變成卡奴，故在海邊散心時，兩人再度爭吵，一時氣憤以車上衣物勒昏妻子，致其窒息死亡[19]。

（三）學童虛構受綁案例

高雄市一名國小一年級李姓學童，於91年9月18日上學後並未到校，警方據報緊急協尋，當天中午李童突然返家，告訴家人：上學途中被歹徒

---

18 凶嫌勒死女友棄屍　再匿名報案（聯合晚報，2002/8/26，社會新聞）。
19 載妻屍報案　凶手就是他（中國時報，2003/11/29，社會版）。

押走，之後一直受控車上，於市區亂繞；快中午時，車子開到愛河旁仁愛公園，其中一人去上廁所，一人在車上睡覺，他趁機打開車門逃走。高雄少年隊依據李童述說，立即依綁架案處理，帶著李童到所描述現場勘查，經訪查結果昨天仁愛公園並無人群；另警方發現李童衣服、褲子均沾滿灰塵，不像被人控制在車上，於是再詢問李童，要他說實話，終於在警方與老師共同勸導下，李姓學童才哭著說出：「因老師出的家庭作業沒做，擔心被老師責罵，不敢上學；其實整個上午都躲在住家大樓通往地下室的樓梯間裡」。而懂得虛構謊編這個情節，則是從電視上學來的[20]。

（四）參考法令

1. 刑法第165條（湮滅刑事證據罪）

偽造、變造、湮滅或隱匿關係他人刑事被告案件之證據，或使用偽造、變造之證據者……。

2. 刑法第168條（偽證罪）

於執行審判職務之公署審判時或於檢察官偵查時，證人、鑑定人……，供前或供後具結，而為虛偽之陳述者……。

3. 刑法第169條（誣告罪）

意圖他人受刑事或懲戒處分，向該管公務員誣告者……。

4. 刑法第171條（未指定犯人誣告罪）

未指定犯人，而向該管公務員誣告犯罪者……。

5. 刑法第213條（公文書不實登載罪）

公務員明知為不實之事項，而登載於職務上所掌之公文書……。

6. 刑法第214條（使公務員登載不實罪）

明知為不實之事項，而使公務員登載於職務上所掌之公文書……。

---

20 沒寫作業不敢上學　學童謊稱被綁（中國時報，2002/9/19，社會版）。

第五章 案件受理後之作為

壹 刑案受理要點

一、案件受理後的處理作為

案件受理後應有處理作為不外乎下列幾種：（一）製作報案（被害）人筆錄；（二）前往現場勘查處理；（三）現場不能掌控或狀況擴大的因應；（四）人犯逃離之處置做法。

（一）製作報案（被害）人筆錄

1. 警察偵查犯罪手冊第18點

分駐所、派出所或勤務單位受理報案或發現犯罪，其為特殊、重大刑案者，應立即通報分局及各有關單位處理；其為普通刑案者，亦應陳報分局管制。警察接獲報案，如為他轄案件，應先受理及做必要處置，緊急案件並應迅速通知管轄分局勤務指揮中心處理；有關本項規定做法說明如下：

(1) 沒有現場或事故已不存在者，應即對報案（被害）人做筆錄。

(2) 有現場或事故持續，應請被害人帶路或依報案者陳述地址，儘速前往處理。

(3) 只要受理報案，就要製作筆錄，但像檢舉賭博、色情、交通違規等犯罪或違規案件，而本身非被害人（或沒有被害人），則不必或勿找報案人製作筆錄。茲提供一件錯誤實例以供參考：

> 北部某分局山區派出所轄區一處空屋，夜間有人聚集吸食毒品。鄰居許先生發現後，馬上向警方報案，線上巡邏火速趕赴現場，查獲三名正在吸毒嫌犯，並扣得安非他命及吸食器等，而帶案偵辦；怎知，不久後，報案人亦被通知前來製作筆錄，在派出所內與嫌犯比鄰而坐，引起許先生非常不滿。

　　本案之處理是一項錯誤的做法。類似這種情況，無需請報案人或檢舉人到派出所製作筆錄；即便案情需要報案人說明，也應讓兩者區隔，不可讓嫌疑人獲知報案人身分。

2. 證人拒不到場之處罰

　　若屬重大案件，報案人也是目擊者，但不理會警方之證人通知，拒絕前來製作筆錄，則可報請檢察官簽發正式傳票，若無正當理由拒不到場，得科以臺幣3萬元以下罰鍰，並得拘提之。

3. 任何方式之報案均應製作筆錄

　　(1) 有關員警受理報案應製作筆錄這個規定，除上述之解釋外，因報案種類又分成當面、電話、信函、傳真等方式，故常遭誤解：民眾親赴派出所臨櫃「當面報案」，才需製作筆錄；若以「其他方式」報案，民眾若願意製作筆錄，亦表歡迎。這個見解是錯誤，且與辦案實務做法不符。

　　(2) 茲將其定義為：任何報案，只要是被害人，均應製作筆錄；而某些雖非被害人，但若為案件重要之關係人，仍須製作筆錄。例如：命案現場目擊者、檢舉走私、販毒……等重大案件更應製作報案筆錄；甚至為了保護報案人安全，防範洩密遭受報復，還須採以秘密證人筆錄為之。

（二）前往現場勘查處理

1. 屬重大刑案時

(1) 報告正（副）所長。

(2) 通知備勤。

(3) 報告勤務中心。

(4) 通報偵查隊及線上組合警力。

2. 屬一般刑案時

(1) 報告正（副）所長。

(2) 通知備勤。

(3) 需採證時，則立刻通知偵查隊。

3. 逮捕現行犯

抵達現場之員警，對現行犯或準現行犯，應依法逮捕偵辦，現場狀況須隨時與派出所或勤務中心保持通報聯繫，俾能適切及時支援。

4. 救護傷患

(1) 司法警察官或司法警察抵達現場後，應視現場狀況，探查是否有人受傷。受傷者不論為被害人或加害人，均應迅速予以救護或送醫，並視情形，做必要之保護或戒護。

(2) 救護傷患時，應儘量避免破壞現場，如確屬無法避免時，應為必要之記錄。

(3) 司法警察官或司法警察護送犯罪嫌疑人以外之傷患就醫時，應於途中詢問案件發生之事實真相，並為必要之記錄。傷患衣物，應妥善保存，以利日後檢查需要[1]。

5. 封鎖現場

為保全刑案現場相關之跡證，應將現場嚴加封鎖，而現場封鎖之範圍和警戒方法，需視環境情況及事實需要而定；初期封鎖線宜擴大，並以三層封鎖警戒線為原則，俟跡證、嫌犯行蹤掌握後，再逐步將範圍往內圍縮小[2]。

6. 可疑對象調查處理

徘徊逗留現場，且身分來歷不明，疑與刑案有關或目睹犯罪經過者，應請回調查（協助）處理。

7. 民眾抓交嫌疑犯不可輕放

報案人或附近民眾抓交警方之可疑對象，必須帶返深入追查。錯誤案例介紹：

(1) 90年間北部某山間社區，於近中午時分有竊賊潛入邱○○住宅，行竊後翻越門扇欲離去時，為隔壁張太太發現，乃大喊「抓小偷」，竊嫌馬上轉入小巷，拐個彎由後防火巷缺口竄出，時任某分局江巡佐休假在附

---

1 警察偵查犯罪手冊第51-53點。
2 警察機關執行圍捕任務規範。

近竹園工作，聞訊手持番刀追趕過來，撞個正著，小偷看見江巡佐，行色慌張拔腿欲跑，其乃大聲喝令「站住」、「不許動」，竊賊被突如其來吆喝所震懾而站立，江巡佐質問陌生人來此幹嘛？對方一時支支吾吾……，其乃憑個人工作經驗與職務敏感，認定陌生人疑為竊嫌，將對方留下後，通知轄區所派員處理。

(2) 兩位線上巡邏員警快速趕到，與可疑對象簡短盤問後，雖其身分來歷不明，但竟以並未在身上發現犯罪工具及竊盜贓物為由，當場釋放；除了未登記可疑分子年籍資料，連其駕駛交通工具也沒查驗。

(3) 傍晚，邱○○下班返家，發現後門把手被撬壞，屋內翻箱倒櫃一片狼藉，清點財物發現有現金、金飾、存摺、印章等被竊，經訪問鄰居，得知中午小偷自其後門逃離，遭江巡佐攔獲報警，卻被巡邏人員當場放走，至為震怒而至派出所興師問罪。對處理員警「縱放人犯」瀆職行為，準備提出告訴；主管乃率兩員警登門道歉，並透過地方人士斡旋表示願意賠償損失謝罪。

(4) 翌日，這名休假之江巡佐檢視清理防火巷，於其房屋左側蓄水池邊，尋獲歹徒逃逸時丟棄之手套乙副、螺絲起子乙支。

(5) 竊嫌被處理員警縱放後，不知省悟悔改，又重施故技，終在半個月後，又被臺北市警察局逮獲，坦供上記犯行。

8. 缺失案例教育檢討

(1) 嫌犯應帶返調查：民眾圍捕抓到之可疑分子，及其使用之犯罪交通工具，必須人車帶返派出所深入調查，不可於現場盤問兩句就擅自縱放，因為現場不適合也無法做調查詢問。

(2) 現場詳加勘查：到達現場後必須把周圍環境做個瞭解檢視，初步勘查嫌犯有無把犯罪工具、行竊贓物丟棄、藏匿或掉落附近隱密處所。

(3) 保全刑案現場：對於失竊被害人，應告知：切勿觸摸翻動，以免破壞現場，並馬上通知偵查隊派員勘查採證。

(4) 聯絡被害人：失竊住戶不在家者，應主動聯繫，請能儘速返家，以便瞭解失竊相關案情。

(5) 訪問目擊者：附近其他住戶仍得逐戶訪問，以瞭解尚有無民眾遭竊，也藉以找尋更多目擊證人。

(6) 製作證人筆錄：報案人江先生、目擊者張太太，應以證人身分請至派出所，俾指認嫌犯並協助警方調查。

（三）現場不能掌控或狀況擴大時

1.儘速以無線電、行動電話或請求附近民眾代打電話申請警力支援。

2.支援警力未抵達前，以控制現場為優先要務，並在適當時機，依法大膽使用逮捕術或警械，以防止人犯逃逸並兼顧本身安全。

（四）人犯逃離時

1.立即封鎖現場，保持刑案現場之完整。

2.訪問被害人或附近目擊民眾，瞭解案件發生緣由、經過；嫌犯面貌、體型、衣著特徵、是否攜帶器械？交通工具型式、顏色、車號、逃逸方向等，並作成紀錄。

3.遇犯罪嫌疑人已逃離現場時，應即查明其身材、衣著、年貌、口音特徵、逃離現場之時間及方向、犯罪時所用之凶器或交通工具特徵及共犯人數，以利循線追緝，或通知鄰近警察、治安單位攔截拘提或逮捕[3]。

二、民眾的小事，即為警察的大事

（一）刑案固然有等級分類，但只要民眾報案，不分大小刑案，不分本轄或他轄、不論當事人身分，警察均應高度重視，且立即出勤處理，因此，報案並無緊急或非緊急之分[4]。

（二）犯罪偵查也不宜以「是否實施攔截圍捕」作為緊急或非緊急案件的認定，若要區分，也只有重大或一般刑案之別。

（三）重大刑案與一般刑案的界定，應以「人民生命、身體、自

3　警察偵查犯罪手冊第56點。
4　警察機關受理報案單一窗口實施要點。

由、財產所受危害大小及國家社會利益受侵害程度」而論；此外，它的區分也與民眾感受度有關，故刑案等級認定，亦常因社會反應和民心之厭惡有所改變。

（四）民眾的小事，就是警察的大事。任何民眾一旦發生事故或狀況，必是惶恐無助，驚慌不知所措……若警察在此刻能夠馬上出現，並積極、認真、妥適處理，受害者將如大旱之望雲霓，不但對被害人具有撫慰作用，也可強化民眾對警察信賴，更能藉以提升政府威信。尤以刑案受理後若能即時反應處置，將可有效掌握黃金破案時效，有利刑案之偵辦。

三、被害慰問及關懷協助

（一）因民眾對治安之需求是迫切性的，警政署為正視民眾的感受，曾於87年間發函要求全國各警察機關，對於轄內發生重大或竊盜案件，於初期未能及時偵破者，應以警察局或分局名義，向被害人或家屬慰問，以獲取民眾之信賴；惟刑案發生數量龐大，該工作又未能訂定慰問標準，後因難於落實而流於形式。警政署為了讓是項慰問能夠落實及統一做法，復於92年間召集各縣市刑警（大）隊長、公關室主任開會研商做成了以下決議：

1.案件發生後逾十日未破者，應即以慰問。

2.慰問類為特殊刑案、暴力犯罪案件、重大竊盜及住宅竊案。

3.特殊刑案由局長親自或指派適當人員慰問，一般住宅竊盜由派出所正（副）所長慰問，重大竊盜由分局長親自或指派組長以上幹部慰問；轄區警員及刑責區偵查員則利用戶口查察及轄區探巡之際予以關心、慰問。

4.慰問方式視案情，親自或以電話向被害人說明偵辦情形予以慰問。

（二）警政署為能使刑案受害者或家屬之慰問、關懷工作更趨落實，更於108年警察偵查犯罪手冊之修訂，增列「被害慰問及關懷協助」一節明訂：

署屬機關、直轄市、縣（市）政府警察局及所屬分局應擇適當人員擔任犯罪被害保護官，處理因暴力犯罪致被害人死亡、重傷或被害人數三人

以上之社會矚目重大傷亡案件；遇被害人數較多，管轄機關得視情況請求被害人住居地所轄機關協助執行，受請求機關不得拒絕。而犯罪被害保護官應提供下列協助：

　　1.陪同及關懷被害人或家屬，適時給予陳述心聲之機會，告知被害人或家屬偵查審理程序及犯罪被害人保護法相關權利及措施。

　　2.提供社政、衛政、勞政或教育等可申請支援救助之政府機關或民間機構資訊及相關援助事項。

　　3.協請犯罪被害人保護協會提供法律服務、心理輔導及經濟救助等服務；或通知社會局指派社工為輔佐人協助陪同在場、出庭及各種訴訟程序。

　　4.協助被害人或其家屬向當地法律扶助基金會申請法律扶助、諮詢。

　　（三）本工作具體的作法，乃被害人死亡案件發生逾三日或重大刑案或住宅竊盜案件發生逾十日未破案者，應由機關主官親自或指派適當人員給予慰問。轄區員警或偵查人員則利用各種勤務時機，持續予以關心慰問，並妥適告知偵查進度，以爭取被害人及家屬信任。被害人死亡、重大刑案及住宅竊盜案件移送後，應主動以適當方式告知被害人或其家屬偵辦情形、移送日期及案件繫屬等資訊。

貳　受理報案與現場處理之程序

　　有關「受理刑案報案作業程序」與「處理刑案現場作業程序」，經內政部警政署分別於103年8月1日及103年8月21日修正，茲將最新標準作業流程臚列於後，以供執勤之參考。

一、受理刑案報案作業程序

受理刑案報案作業程序

(第一頁，共二頁)

一、依據：
(一)警察勤務條例第十一條。
(二)警察機關受理刑事案件報案單一窗口實施要點。
(三)警察機關加強受（處）理各類案件工作實施要點。
(四)刑事訴訟法第二百三十二條。
二、分駐（派出）所流程：

<table>
<tr><th>流程</th><th>權責人員</th><th>作業內容</th></tr>
</table>

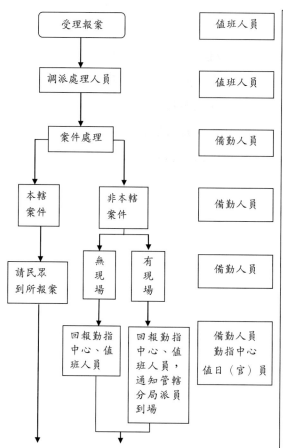

權責人員：

- 值班人員
- 值班人員
- 備勤人員
- 備勤人員
- 備勤人員
- 備勤人員
- 備勤人員　勤指中心　值日（官）員

作業內容：

一、準備階段：
(一)受理民眾報案時，應詢明案情，對需製作筆錄者，請其至分駐（派出）所或案件管轄分駐（派出）所（以下簡稱管轄所），並填寫受理各類案件紀錄表。
(二)警力派遣：巡邏或所內人員接獲值班人員或勤務指揮中心（以下簡稱勤指中心）通報後立即回答並趕赴現場。
二、處理人員執行單一窗口作業
(一)本轄案件：
　1、立即前往。
　2、填寫各類案件紀錄表。
　3、請民眾至派出所報案。
　4、製作報案筆錄。
　5、開立報案三聯單交報案人。
　6、筆錄、受理報案紀錄表（影印）及報案三聯單（影本）送分局偵查隊處理。
(二)非本轄案件：
　1、有現場：
　(1)一面前往現場處理，一面請值班人員通報勤指中心及管轄所派員到場。如確屬他轄案件且非屬接鄰地區，難以到場處理者，逕由管轄所派員處理。

(續下頁)

（續）受理刑案報案作業程序

（第二頁，共二頁）

流程	權責人員	作業內容

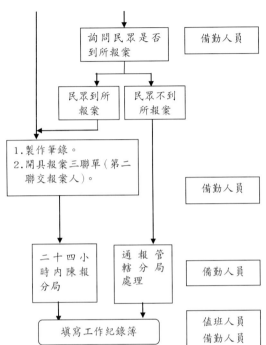

作業內容欄：

(2) 管轄所人員到場後，現場交由該所人員處理，必要時協助處理。
(3) 回報值班人員和勤指中心。
(4) 詢問民眾是否到所報案，民眾到所報案者，處理程序同本轄案件；民眾不到所報案者，通報管轄分局處理。
(5) 繼續執行原來勤務。
2. 無現場：
(1) 回報勤指中心、值班人員。
(2) 詢問民眾是否到所報案，民眾到所報案者，處理程序同本轄案件；民眾不到所報案者，通報管轄分局處理。
三、結果處置：
(一) 案件二十四小時內陳報分局偵查隊。
(二) 處理情形應填寫於工作紀錄簿。

流程圖內容：

詢問民眾是否到所報案 — 備勤人員

民眾到所報案 / 民眾不到所報案

1.製作筆錄。
2.開具報案三聯單（第二聯交報案人）。 — 備勤人員

二十四小時內陳報分局 / 通報管轄分局處理 — 備勤人員

填寫工作紀錄簿 — 值班人員　備勤人員

三、分局流程：
　他轄案件於收到分駐（派出）所陳報後，將全案資料於二十四小時內函送管轄警察分局並副知報案人。
四、使用表單：
　(一)受理各類案件紀錄表。
　(二)員警出入及領用槍枝彈藥無線電機行動電腦登記簿。
　(三)受理刑事案件報案三聯單。
　(四)員警工作紀錄簿。
　(五)單一窗口案件登記簿。
五、注意事項：
(一)受理報案時，應注意態度、語氣及禮貌，並注意人、事、時、地、物之確認。不管親自報案或電話報案均應填寫受理各類案件紀錄表。
(二)值班人員應注意管制勤務人員是否抵達現場，並記明到達時間備查，必要時，應協助線上人員通報、聯絡。

二、處理刑案現場作業程序

處理刑案現場作業程序修正規定

(第一頁,共三頁)

一、依據:
 (一)警察勤務條例第十一條。
 (二)警察偵查犯罪手冊。
 (三)刑事鑑識手冊。
二、分駐(派出)所流程:

流程	權責人員	作業內容

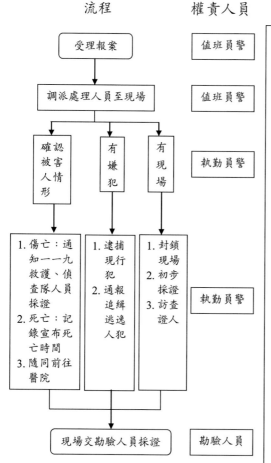

一、準備階段:
 (一)民眾電話報案時,詢明案情,填寫受理各類案件紀錄表。
 (二)警力派遣:巡邏或所內人員接獲值班人員或勤務指揮中心(以下簡稱勤指中心)通報後立即回答,並趕赴現場,必要時通知偵查隊或鑑識人員到場。
二、現場處理步驟:
 (一)記錄並通報值班員警到達時間及案況,遇情況需要時,應申請支援。
 (二)現場初步處理:
  1. 進入現場應著必要之防護裝備(如鞋套、帽套,手套等),避免破壞現場,保持跡證完整。
  2. 確認被害人情況:
   (1) 沒有傷患:安撫被害人情緒,避免破壞現場。
   (2) 有傷患:通報值班人員,請一一九救援送醫,記錄救護人員姓名、單位及救護情形,應通知家屬送何處醫院;遇死亡時,應記錄救護人員宣布死亡時間。
   (3) 確定死亡:通知分局偵查隊人員勘驗並報驗。
 (三)遇有現行犯時,逕行逮捕;對已逃逸者,通報追緝。
 (四)實施現場封鎖,得視現場環境及事實需要,利用現場封鎖帶、警戒繩索、標示牌、警示閃光燈或其他器材,以保全現場。

流程圖(權責人員):
- 受理報案 — 值班員警
- 調派處理人員至現場 — 值班員警
- 確認被害人情形 / 有嫌犯 / 有現場 — 執勤員警
- 1.傷亡:通知一一九救護、偵查隊人員採證 2.死亡:記錄宣布死亡時間 3.隨同前往醫院 / 1.逮捕現行犯 2.通報追緝逃逸人犯 / 1.封鎖現場 2.初步採證 3.訪查證人 — 執勤員警
- 現場交勘驗人員採證 — 勘驗人員

(續下頁)

（續）**處理刑案現場作業程序**（第二頁，共三頁）

流程	權責人員	作業內容

填寫工作紀錄簿　　執勤員警

(五)任務分工：
  1. 視狀況派遣適當警力在現場執行封鎖，管制人員進出。
  2. 進入現場人員：利用時間拍照並記錄現場狀況（含被害者姿勢、血跡、傷口方向、在場人員姓名現場物件之異常狀況、門、窗、電燈、電視、音響及其他家具之原始狀況；溫度、氣味、顏色及聲音等易於消失之跡證；犯嫌可能進入或離開之出入口動線等）。
  3. 現場員警訪問目擊證人或附近居民有關事發情形。
  4. 探視傷患勤務人員：
    (1) 被害人送醫時，隨同前往醫院，用乾淨紙袋將被害人雙手包好，留供採證。
    (2) 被害人提供案情資料時，用錄音機錄下或記錄，必要時請醫護人員協助。
    (3) 被害人衣物為重要證物，脫除前先照相，脫下後分裝包好，供後續採證。
(六)勘驗人員到場後，現場處理員警就查訪事項、證物及跡證報告後，現場交勘驗人員採證。
三、處理情形應填寫於工作紀錄簿。

三、分局流程：

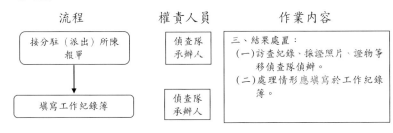

流程	權責人員	作業內容

接分駐（派出）所陳報單　　偵查隊承辦人

填寫工作紀錄簿　　偵查隊承辦人

三、結果處置：
(一)訪查紀錄、採證照片、證物等移偵查隊偵辦。
(二)處理情形應填寫於工作紀錄簿。

（續）處理刑案現場作業程序（第三頁，共三頁）

四、使用表單：
　(一)受理各類案件紀錄表。
　(二)員警出入及領用槍枝彈藥無線電機警用行動電腦登記簿。
　(三)受理刑事案件報案三聯單。
　(四)員警工作紀錄簿。
五、注意事項：
　(一)現場處理情形應以電話通訊，避免案情外洩；遇新聞記者欲進入現場者，應婉言勸阻。
　(二)警戒地點務必位於現場之外，不可隨意觸摸現場物品。
　(三)通報勤指中心追緝嫌犯時，應儘可能描述嫌犯特徵、衣著、交通工具、逃逸路線及方向等。

處理刑案現場作業程序檢核表

> 說明：
> 一、案件編號請填列分駐（派出）所移送至分局之號碼。
> 二、已完成之程序請註記 ☑。
> 三、本表完成後，請核章。
> 四、請附於卷宗之首，併案陳核。

案件編號：(請填列移送至分局之號碼) 犯嫌姓名：＿＿＿＿＿＿＿＿

受理員警（核章）：＿＿＿＿＿＿＿＿＿＿＿

□現場處理情形
　　□逮捕現行犯。
　　□通報追緝人犯。
　　□訪查證人。
　　□傷亡通知。
　　□封鎖現場。
□填陳報單移送分局。
□填寫工作紀錄簿。

第六章　現場之意義與處理作為

壹 現場之解說

一、現場之意義

「現場」乃實施犯罪行為之場所或犯罪發現地點，也包括犯罪地點以外之一切處所，故直接、間接與犯罪有關之範圍均稱現場，準此又把它分為廣義與狹義兩種解釋：

（一）廣義現場

所有與犯罪行為有關之區域均屬之，例如犯罪現場、被害人身體、嫌犯身體、交通工具、道路、屋舍、山上、水底……等。

（二）狹義現場

任何物證只要與犯罪有關，該場所即為之。

二、現場之重要性

（一）李昌鈺博士的「桌腳破案」理論[1]，這四個桌腳第一個提到的就是「現場」，在過去刑案之偵辦，大家早知「物證」、「人證」的重要；而現場的新觀念，也隨著時代不斷演進，愈來愈為大家所重視，因為「現場是證據之寶庫」，也是嫌犯行為之活紀錄，故只要有多一分現場處理努力，就可減少一分偵查所耗費警力。由於每一個犯罪現場或多或少均會留下有利破案跡證，故刑事人員絕對不可有所輕忽；也因如此，刑案現場不但應完整保全，更需逐一、系統化的加以識別、採證，最後方能便於現場重建。

---

[1] 李昌鈺、劉永毅，讓證據說話：神探李昌鈺破案實錄2（臺北：時報文化，2004/4/23），61頁。

（二）李博士對於現場另一項重要的觀念是「現場只有一次」，你不能說：「上次在現場的蒐證工作不夠完全，同樣的現場再重新蒐證一次」，因為現場可能早就被更改、被污染、被破壞。所以，第一次的現場是最重要的，須盡可能地做好應有蒐證工作，因為一錯過，所有的證據就湮沒無蹤[2]。固然現場勘查及調查人員，為了查明任何刑案的跡證與線索，必要時，須重返現場數度勘察或重建；但「它」的大前提乃未遭破壞且保全完整的現場，否則，一旦現場已被破壞殆盡，勢將影響勘察或重建效果。李博士舉一件「瓊白蕊命案」例子做解說：瓊白蕊在地下室酒窖被發現時，其父親情急之下，先撕掉蒙在她嘴上的膠帶，再把她抱上樓。而其屍體被搬上樓後，又做了兩次移動，以尋找一個適當放置地點，警察還拿了一床被子蓋在她身上；於一再搬移動作中，重要證據及線索，可能就此被「污染」、「消失」，而失去破案之契機[3]。

三、現場之類型

（一）就廣義、狹義現場而分

1. 廣義類型

(1) 就攻擊型態：如他殺現場、強盜現場、妨礙性自主現場……。

(2) 依現場性質：如身體的、汽車的、火車的、飛機的……。

(3) 由犯罪情況：如有組織現場、暴屍現場……。

所謂有組織現場，乃指犯罪者實施反社會或精神變態行為後，刑案現場可能會是有組織型的；而有組織犯罪現場，常具有下列特徵：

① 有組織型犯罪者，智力一般大於常人，做事有方法，且滿機靈的，對於犯罪都會考慮周詳，且仔細計畫。

② 此類犯罪者能使用言辭技巧支配被害人，且常從被害人身上取走

---

2 李昌鈺、劉永毅，讓證據說話：神探李昌鈺破案實錄2（臺北：時報文化，2004/4/23），87頁。

3 李昌鈺、劉永毅，讓證據說話：神探李昌鈺破案實錄2（臺北：時報文化，2004/4/23），87-88頁。

一些紀念品。

　　③ 有組織型犯罪者，做案時為避免留下跡證，一般會帶著自己的武器，且屍體也常被移到秘密處所隱蔽以防止被發現[4]。

2. 狹義類型

　　係就物證而論，可依物證型態、成分、性質、狀態或解決問題型態而分類。

3. 包含廣義、狹義類型

　　例如一件擄人勒贖、強姦致死案子，以下均是現場：

　　(1) 兩名嫌犯預謀擄人勒贖，預謀策劃的房間是現場。

　　(2) 先去買了繩子、膠布，販售商店是現場。

　　(3) 偷了一部汽車隱藏在一處空屋裡面，偷車處、停車點是現場。

　　(4) 伺機綁架一位富家女孩，綁架強擄地點是現場。

　　(5) 取款過程不順，憤而強姦殺人棄屍，打電話變更取款處是現場、藏匿女孩處是現場、強姦殺害地是現場、棄屍點是現場。

　　(6) 嫌犯殺人後到處逃匿，逃亡躲藏處是現場、駕車逃亡路線是現場、親友接濟金錢會面處是現場、棄車地是現場。

（二）第一與第二現場之見解

1. 就字義而言

　　第一現場是指最先發現刑案之地點，例如殺人棄屍地，因被發現屍體，故展開偵查作為，由於是整件刑案最早顯露處所，故有人稱為第一現場。

2. 就實務見解

　　如上述棄屍地點，經勘察分析後，研判並非「殺人現場」，嫌犯只是為了誤導偵查方向，而丟棄他處，故一般實務上認為棄屍地點屬於第二現場；動手行凶地點，方視為第一現場。然若殺人後並未移動屍體、車禍致

4　林燦璋，中央警察大學命案偵查講義，113頁。

死撞擊點、家宅強盜案、失竊處所……等因犯罪地點明確事後難以改變，界定為第一現場，則無爭論。

舉例說明：一件強姦殺人命案，被害女子被發現陳屍於大馬路中央，警方受理報案後迅速展開調查，在某碼頭公園之涼亭找到死者被扯斷割裂之胸罩、內褲；又於涼亭北邊約50公尺處草地上發現有明顯大量血跡。經警查獲嫌犯並扣得犯罪證物後坦供：

(1) 被害人夜深仍獨坐涼亭賞月，適其經過搭訕，因見女孩頗具姿色，且四下無人，乃動起邪念意圖性侵，因女孩不從，乃持預藏藍波刀脅迫性侵得逞，於強暴時拉扯及割斷之內褲、胸罩掉落現地，乃屬「第一現場」。

(2) 事後被害人大罵並喊叫救命，嫌犯怕驚動民眾，引來報警，乃持凶刀欲刺砍女孩，被害人見情況不妙邊跑邊喊叫，但在涼亭北邊50公尺處被攔下，嫌犯朝其前胸、頸部捅戳多刀，血流如注當場死亡，此為「第二現場」。

(3) 行凶後嫌犯將死者抱抬到大馬路中央，故布疑陣想製造車禍意外事故，以誤導警方偵查方向，陳屍地即係「第三現場」。

貳　現場處理作為

一、現場處理任務分工

（一）行政警察人員抵達刑案現場，當然以「救護傷患」為第一優先；次為「現場保全」防止證據被破壞湮滅；接著展開「調查訪問」、「留置目擊證人」，若人犯脫逃，則速予「攔截圍捕」；最後做好「通報聯絡」。

（二）而刑事鑑識人員任務以「勘察、採證、記錄」為主。

（三）偵查人員的任務，乃負責現場及鄰近地區之「調查」、「訪問」、「觀察」、「搜索」，並作成「紀錄」。

　　（四）重大刑案發生，尤其涉及命案者，其到達刑案現場先後順序一般為：派出所或警備隊員警、偵查隊刑事人員、鑑識單位人員，最後為檢察官率法醫抵達現場。茲依序分述有關警察單位的作為：

二、初抵員警作為

（一）未抵達前

　　1.通常第一個抵達現場者為派出所或分局線上巡邏員警，接獲指令時，應注意攜帶現場封鎖器材，如果情況允許，有照相機或錄影機更好，於接近現場時就針對可疑人、車、在場群眾，開始拍攝或錄影。

　　2.抵達現場時，快速看一下手錶，記錄正確到場時刻，因它有助於時間的回溯，案後歹徒不在場證明之推算。

　　3.注意己身安全，因現場可能仍有歹徒在內，爆炸現場可能仍有未爆物；此外爆炸、火燒現場，搖搖欲墜建物，亦存在著危險。

（二）抵達現場後

1. 傷患救護

　　(1) 人命關天，雖然救人可能破壞現場物證，但人命救護仍為首要，此乃舉世皆然；但以儘量降低破壞度為最高目標。

　　(2) 情況許可，於傷患送醫前可先拍攝現場全景，以凍結當時畫面；並記錄當時門窗、電器開關狀態。

　　(3) 被害人已確定死亡，即刻將現場所有人員，含受害人家屬帶離現場，拉上封鎖線，確保現場完整。

　　(4) 現場較大，房間太多時，可由一名較為資深或有經驗之員警，依序小心搜尋，瞭解尚有無待救傷患，惟應謹慎留意，對曾走過路徑、地上血跡、摸過物品或門鎖，均需記錄原始狀態，以免影響案情研判。

　　(5) 遣離現場民眾時，應先查訪有無目擊者，對其訪問與案情有關的人、事、車……並將渠等身分、聯絡電話記錄下來。

　　(6) 救護人員抵達時要指導其行經路線，盡可能不要破壞現場或踩踏

地上血跡斑。

(7) 送醫過程最好有員警隨往，一方面可保護安全，也可在途中探詢凶嫌身分。

(8) 槍擊事件，應囑醫護人員，拍攝傷口外觀，體內彈頭勿以金屬夾夾取，改以有軟橡膠之鑷子夾取，以免彈頭上工具痕跡遭破壞。

2. 逮捕嫌犯

(1) 現場附近逮捕到之嫌犯，不要再帶回現場以免破壞一些跡證或增添部分跡證，就算未破壞或增添，但日後嫌犯對所採到之指紋、鞋印，可能辯推係事後被帶返所造成，徒增困擾。

(2) 嫌犯衣服、鞋襪要先檢查有無可疑痕跡，如泥土、草屑、污物等，它是溼或乾的狀態；更應檢查身上有否明顯污痕、刮擦傷痕、指甲內容物。有關身體、衣物檢查至為重要，很多命案實例偵破，不少是這方面努力的結果；作者曾在幾小時內偵破某國小總務主任被勒死案，也歸功此作為發揮了效用。（見實務篇－指甲內容物與法理勸說－逆子弒母案）

(3) 若為槍擊案件，應儘速採集可疑涉案人雙手虎口火藥殘餘物（射擊殘跡），另口袋、皮夾、皮包內容物亦應一併檢查；前記虎口火藥殘餘物，在刑案偵查領域是釐清疑點的重要關鍵之一，它可引領偵查進入正確方向。像民國91年7月間，東部某派出所余○○所長頭部中彈、陳屍溪中的命案，專案小組最初研判：余所長可能因查察非法電魚，遭嫌犯槍殺死亡，而一面朝著他殺方向偵辦，一面採集其雙手虎口檢驗跡證，竟於「右手虎口」發現有警用手槍擊發火藥殘留物，故原本以為係一樁「因公殉職」事件，案情突急轉直下，變成「自戕死亡」憾事[5]！因此，有關槍擊案件之偵辦，必須特別注意火藥殘餘物的採證。

(4) 發現嫌犯是刁頑狡點慣犯，必要時應請地方醫生先行檢查，全身是否有新的傷痕或瘀血，予以照相存證並請醫生開具證明備用，並在筆錄中詢明：警方逮捕前身體有無受傷？哪裡受傷？如何受傷的？以免日後作

---

5 派出所所長余健華命案　警方排除他殺（自由時報，2002/7/23，綜合新聞）。

為誣控、翻案藉口。當案件移送後，嫌犯在偵查庭或審理庭，指控警方刑求或逼供的事件層出不窮，其目的就想推翻警詢供詞，藉以卸責脫罪；凡我從事偵查工作人員均得戒慎以應。

(5) 如果可能的話，嫌犯衣褲、鞋襪應予當場換下，分別包裝，因這些衣物可能附著有轉移性跡證可供比對參考。

(6) 歹徒如果逃逸，應即將其身體、衣著特徵及乘坐車輛，通報攔截圍捕。

3. 目擊證人之訪問

(1) 目擊證人可提供案情重要線索，一般現場可能有多名目擊證人，他們或許分別有目視、聽聞、嗅到、碰觸到與案情有關之訊息，雖然不一定完整，但片斷殘缺的資料，也可能是破案關鍵。

(2) 盡可能將目擊證人留在現場附近，最好把他們分開，避免全部在一起，然後詢問他們所見所聞。

(3) 如果限於環境無法分開，則可派員陪同在場，請他們彼此不要交談、討論，以免證詞內容不夠客觀。

(4) 請教他們何以會有此印象？印象為何這麼深刻？並以其他旁證印證，詢問其當時在場時間？所在位置？……等逐一求詢，以免證詞失真而誤導案情。

(5) 詢問愈早愈好，否則隨著時間消逝，記憶將模糊或摻雜其他記憶，會造成錯誤訊息。李昌鈺博士說：目擊證人在第一次訪談時，印象最深刻，以後愈來愈模糊，最後常不想牽涉其中；所以案發後，第一秒鐘即應開始訪談[6]。

(6) 有些證人剛開始在正義的驅使下，未加思索就仗義執言，然時稍縱即逝，在熱情退卻後，一些問題困惑著他，如是否會受到報復？父母妻小安危？再加上周遭親友的反對……因此可能動搖其意志，或語多保留甚

---

6 李昌鈺、劉永毅，讓證據說話：神探李昌鈺破案實錄2（臺北：時報文化，2004/4/23），45頁。

或退避三舍,而影響案件追查。另外,為防證人證詞失真,也提供一些學理上的說明以供參考:

有關證據分有人證和物證,而人證包括目擊證人和被害人證詞,不管目擊證人或被害人證詞,固然均非常重要,但必須謹慎小心求證,因俗云:「人證不盡可靠」。其實在偵查實務上,也發生不少「指認錯誤」,或「證詞失真」的案例。而人證之不盡可靠,乃因有故意說謊、有被脅迫、有受利誘的;另有些雖非故意說謊,但因「光線」、「心理壓力」、「外在環境」等因素干擾,致「知覺」、「記憶」不全,即或親眼目睹,然與過去記憶混淆,致影響證詞之正確性。而究竟何故造成人證產生偏差?經研究與「下意識移情作用」和「事件後資訊效應」有關,茲介紹如下:

①「下意識移情」作用[7]:傳統上警方辦案及院檢雙方的偵審工作,多重視目擊證人或被害人之指認,但美國伊莉沙白·羅芙托斯,對「目擊證人」之記憶,於深入研究後發現,證人有「下意識移情」作用,也就是「證人因記憶上的錯誤或混淆,而誤將在此情境中看到的人當作是在另一不同情境見到之人」。

※實驗情形※

有人曾對30位受試者實驗,取出六張相片,要他們指認真正嫌犯,一次看三張,當然其中只有一張是真的,三日後再請受試者回來看相片,而把原來六張中抽換四張新相片,其中一張是先前六張內不相干的人,也就是真正嫌犯並不在內,結果60%的人選了那個不相干的人,16%選了新面孔的相片。這個實驗告訴大家,藉由控制情境而創造出下意識移情現象,的確會存在著。

②「事件後資訊」效應[8]:指在目睹非常重要的事件後,所接觸到的訊息不一定會加強既存記憶,甚至將根本不存在的細節與既有的記憶結合在一起,這即事件後資訊效應。也因如此而導致不少刑案的照片指認常會

7 翁景惠,現場處理與重建(臺中:書佑文化公司,2000/5,第2版),3-4頁。
8 翁景惠,現場處理與重建(臺中:書佑文化公司,2000/5,第2版),3-4頁。

出現錯誤，故若有多名目擊證人時，必須「分開訪談」，以免彼此溝通，而將固有的記憶相互混淆。

4. 現場保全

(1) 暫時性、情況性跡證之記錄

① 暫時性證據：如A.「室內」聞到之瓦斯味、汽油味、酸臭味、腐屍味、燒焦味、煙味、飯菜溫熱、燈管餘溫、冷氣溫度、浴室乾溼、毛巾乾溼、屍體溫、座椅溫等。B.「室外」如火災現場屋頂冒白煙或黑煙、室外溫度、天候、溼血跡、足印、腳印、鞋印、輪胎印、樹枝剛折斷或草皮剛踩過等痕跡。

② 情況性跡證：如燈是否開著？窗簾是否拉上？門窗是否開啟？氣窗是否卸下？大門是否插著鑰匙？門是開啟？關著？上幾道鎖？故障或破壞？汽車引擎是否發動？外表有無新擦撞痕？車門是否上鎖？鑰匙在開或關的狀態？

有關上述兩種跡證均應「記錄」發現的「時間」、「狀態」，能照相的最好拍照存證。

圖1-6-1　暫時性跡證：「樹枝剛折斷、草皮剛踩過」

(2) 現場保全採用封鎖線

① 室內現場：小心將大門關上即可，但勿觸及門鎖及一般容易接觸之處。

② 室外地上：如遺留彈頭、彈殼或其他證物等，可用粉筆圈示再放號碼牌，也可利用地形地物，例如用石頭把四周圍住。

③ 封鎖初期，其範圍可儘量從寬，待案情逐漸釐清後，再逐次縮小範圍。

④ 李昌鈺的三道封鎖論[9]：

A. 現場寬闊時用三道封鎖，由外而內，最內層中心區，只限採證人員進出，往外依序為長官（媒體）區、最外為民眾區。

B. 人口稠密空間狹窄都會區，若無法三道封鎖，可改用二道封鎖線，但一般民眾仍隔離在最外層，上級長官可於中間區接受採訪，最內層仍僅限於現場處理人員。

C. 如果設備許可，可在現場勘察車上裝設「同步影像傳送功能」，那長官就不必到現場，於車上就可收看處理採證畫面，並能透過無線電指揮統合。

⑤ 封鎖員警，應站在各層封鎖線外，不可站在線內，過去常有員警在線內走來走去或倚立門側，不留意破壞了現場而不自知；此外對於出入現場人員及到場長官姓名和出入時間，最好亦應記錄附卷備查。

⑥ 夜間封鎖可以警示燈、交通錐等區隔，若現場就在交通要道，於照相、測繪、記錄後，應請鑑識人員儘速到場採證，以免跡證遭破壞或耽延交通過久。戶外現場範圍可擴大，並搭起屏幕，以隔離民眾、媒體。

⑦ 部分凶手有重回現場觀看習慣，如縱火犯、暴力犯、強姦殺人、金融搶案、爆炸案……，最好能定時拍攝現場圍觀群眾及停留車輛。

⑧ 長時間之封鎖警戒雖然吃力，但也不可在封鎖區抽菸、吃便當、喝飲料、嚼檳榔等，以免增加採證、鑑定的困難。

⑨ 途經現場或圍觀民眾，常有趁火打劫情況，亦應留意，重大案件可由便衣人員混入群眾，觀看打聽探索消息。

5. 聯絡轉報

初抵現場員警，另項重要工作為迅速聯絡及轉報，也就是回報派出所和勤務中心，報告現場狀況及必須支援項目、工具等。俾能轉報上級或相

9　翁景惠，現場處理與重建（臺中：書佑文化公司，2000/5，第2版），32-33頁。

關單位，以符合報告紀律，並可圓滿達成任務。

三、偵查人員作為

刑事偵查人員所應扮演角色與作為，大致有下列幾項：

（一）共同維護完整現場

雖然派出所或分局線上員警趕赴現場時，就已在做現場保全工作，但隨後到達之偵查員，仍應共同注意現場之維護；在勘察小組未抵之前，需就現場狀況先做初步瞭解，並把相關訊息回報分局，以利上級掌握案情，俾便統合指揮或調度支援。

（二）現場記錄

偵查人員受過專業訓練，為防先抵員警疏失，於到達現場後，仍應就暫時性、情況性、關聯性跡證，和現場所有狀況……迅予記錄，以供日後案情分析、研判、參考。

（三）犯罪模式與被害者資料蒐集

一般刑案現場，常有其習慣性犯罪模式，偵查員應本辦案經驗，或過去檔案資料，思索有無雷同之處，俾及早判斷是哪位前科犯？或某犯罪集團所為？另被害人身分資料、交往對象、經濟狀況等，亦應在最短時間查明，因這是偵查工作的起點。有關犯罪模式的運用參考，另於進階篇專章詳細介紹。

（四）證據查扣

刑事人員到達現場，可能馬上發現一些關聯性跡證，如凶嫌身分證、呼叫器、手機、凶刀（槍）、皮包、眼鏡、外套、棍棒等，均應迅速查扣，並提交承辦人員（或專案小組），以便進一步追偵。

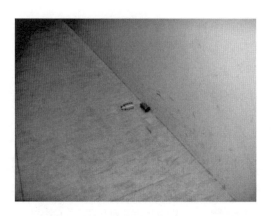

圖1-6-2　槍擊案現場發現之彈殼

（五）訪談目擊者

對於目擊者、左鄰右舍、附近民眾（住戶）⋯⋯需立即展開清查訪問，且愈快愈好，一者渠等記憶猶新，再者尚未受到各方面影響，所陳述內容較為接近事實。

（六）案情研判

偵查員就現場之瞭解，訪查結果、對照被害人資料後，需對案情初步分析研判，以提供專案小組參考。

（七）確立偵查方向

所有偵查人員對案情所提出之報告，承辦人（或秘書組）應加以彙整、歸納、研析，並經專案會議確認，於偵查方向達成共識後，大家依任務分工，偵騎四出，全力偵辦。

（八）嫌犯傳喚或逮捕

於釐清案情或有證據顯示嫌犯為何人時，速依刑事訴訟法相關規定，展開緝捕或傳喚工作。

（九）嫌犯之偵訊

　　嫌疑人做案手段、方法是否與現場狀況及掌握之證據吻合，必須詳加分析、驗證，以免抓錯人，形成冤獄；此外做案的動機、犯罪目的、犯罪所得、犯罪所生之危險損害、犯罪後態度……，均應查清楚，寫明白，以供院檢雙方偵審參考。

（十）重視過程重建

　　逮捕嫌犯之後，依偵訊所得，尚需對犯行過程予以重建，但非現場表演，而係在驗明偵查結果，與重建情節、現場跡證是否吻合？否則切勿貿然宣布破案。而現場重建就像拼圖一樣，找到愈多的圖片，重建機會就愈大，因此刑案若沒有現場，或在現場並無找到任何痕跡證據，就沒法拼湊出犯罪現場。例如：於刑案現場假使可發現腳（鞋）印、輪胎印痕、血跡、衣服等型態性證據，則可分辨是動態或靜態現場；若屬動態現場又從血跡型態看出打鬥情形……。

（十一）案件偵破依法移辦

　　按嫌犯身分類別，依法分別移送地檢署，少年法院（庭）偵辦。

四、勘察人員作為

（一）勘察前

　　1.確認是否符合三道或兩道封鎖線，並請要進入現場之長官，先穿戴與勘察人員相同之帽套、手套、鞋套（或由勘察組長先以數位相機、錄影機，拍錄後送至封鎖線外供上級觀看）。

　　2.進入現場人員雖知戴手套，然過去一些基層人員也曾戴著手套，到處亂摸，把一些重要跡證觸摸而「擦拭」掉，故要特別提醒注意。

圖1-6-3 進入現場穿戴帽套、手套、鞋套

3.確實建立「斑馬線」制度，因嫌犯進出現場總要雙足落地，而「腳印」、「鞋印」與「指紋」一樣具有個化能力，如立委廖○○被綁架案，就靠著在廚房採到七枚三種鞋印而破案，故不可只注重「指紋」之採取，卻於入場時將「腳印」、「鞋印」踐踏掉。此外過去也常見嫌犯在戶外所留下之輪胎印、鞋印，亦常被初抵員警及長官座車開至現場而破壞；故勘察小組於進場前應先偵檢有無鞋印、足跡、輪胎印，於先「照相後」鋪設「斑馬線」，後續人員則循斑馬線途徑採證。

圖1-6-4 現場確實建立斑馬線制度

圖1-6-5 有輪胎印要拍照

4.室內現場採用「防污紙墊」，用後不再回收，以免造成污染；鋪設前亦應先檢查經過路線是否存有跡證。

（二）勘察時

茲就現場勘察人員任務分述如下：

1. **勘察小組長職責**

(1) 為確保現場處理人員安全，爆炸現場要備妥安全設備，如頭盔、絕緣鞋等。

(2) 先行初勘，瞭解現場全貌及可能留下之證據。

(3) 決定現場搜尋方式，妥適任務分工，並注意對進出現場人員姓名、時間予以登記控管。

(4) 擔任偵查與勘察人員間訊息傳遞及與其他單位協調聯絡之中心。

(5) 確保小組成員足夠之設備、器材及後勤支援補給。

(6) 掌握勘察結果及重要證物，並向成員隨時提出重點，做好整合工作。

(7) 大型、特殊或複雜刑案，勤務輪替之編派，使勘察可銜接不斷。

(8) 需二度勘察或重建之現場，應指派專人24小時警戒，如欲解除現場封鎖，應請示檢察官。

2. **現場拍照及錄影**

(1) 進入現場前先拍攝外圍全景，必要時可高空攝影。

(2) 被害人、群眾及車輛應注意拍攝。

(3) 現場全面拍攝，包括全景、遠景、近攝及特寫；另某些情況則要放置比例尺（證物、高度、範圍）再拍攝之。

(4) 重要物證在移開前，應先拍攝及測繪，並與現場筆記人員核對確認。另被害人致命傷口、全身其他受傷部位、掉落現場凶器等，應從不同角度多拍幾張，藉由多重角度可顯示物證細微處，與其他現場環境的相關位置及關係。

(5) 指紋、痕跡、足跡等，於採取前要先行拍攝；拍攝之位置、方向應予繪圖註記。

3. **現場測繪**

(1) 現場周圍及方位之標定。

(2) 在測繪圖上標示物證所在。

(3) 標示搜尋區，並加以區劃，以供小組長分配搜尋工作。

(4) 勿忘比例、指北向、刑案名稱、測繪時間、測繪地點、測繪人……等資料。

(5) 依現場需要，繪製平面圖、展開圖、立體圖，甚或可做模型。

(6) 必要時取得地圖、建物藍圖、室內設計圖、原貌之相片，以供研判及重建用。

(7) 應仔細測量，並重複確認，以免錯誤失真。

4. 物證採集與記錄

(1) 物證採集前其所在位置、外觀應先照相。

(2) 暫時、情況、轉移、關聯、型態性證據應確實記錄。

(3) 衛生紙精液、濾紙唾液螢光、飲料盒指紋等，痕跡證據之顯露，可用強光源和多波域光源來增顯。

(4) 物證之採集、包裝、封緘、保存、送驗，均依標準作業流程操作，以維證物之完整，俾符合科學及法律之要求。

(5) 控制組標準物要注意採集，並分開包裝，例如牆上污痕，除了污痕要採樣外，另污痕旁潔淨處，也要予以採樣，以作為控制（對照）組鑑定比對之準據。

(6) 物證採集不可受污染，以免破壞跡證。

(7) 證物清單逐一填列，切勿遺漏。[10]

圖1-6-6　子彈貫穿玻璃的型態

10 翁景惠，現場處理與重建（臺中：書佑文化公司，2000/5，第2版），3-5、22-34、39-50頁相類似資料參考。

第七章　現場搜尋與記錄

壹　現場搜尋

一、搜尋前應有的考慮與準備

「凡事豫則立」，人「無遠慮」必「有近憂」，這是千古不變之明訓；當現場有關狀況掌握後，對搜尋人員要展開勤前教育，讓每位成員均能瞭解任務，方可收事半功倍之效。換言之，搜尋前對下列問題與事項，必須周詳考慮與準備。

（一）決定搜尋範圍

範圍之決定很重要，現場緊縮太小，一些重要物證可能遺漏，會影響破案或嫌犯之定罪；範圍太大，則勞師動眾事倍功半，皆非得宜。故基本上搜尋範圍以「寧可稍大，切勿太小」為宜。

（二）視資源定搜尋先後

本身掌握多少資源，如人員、裝備、器材、物資等，這是現實之問題，假使人力少時，對重要區域應先行蒐證，如飛機爆炸案，殘骸掉落附近需先搜尋，以免重要物證因大雨滂沱而散失；其餘待後續支援人員到達，再做大區域、全面性的搜尋。

（三）時間、交通的考量

1.一件重大多人死傷爆炸案，其爆央雖在民宅內，然爆炸威力大、波及範圍甚廣，對交通影響至鉅，必要時連道路也需封鎖，故道路要列為優先採證，得動用所有人力，於最短時間在半小時或一小時內蒐證完畢，而將爆央部分擺在第二順位處理，乃「交通點」考量。

2.如果爆炸案發生在機場跑道或周邊，不清除跑道，飛機將無法起

降，因而則需要漏夜採證，以利翌早飛機起飛，這是「時間點」的考量。

（四）謀定適宜搜尋方式

哪一種才是最好的搜尋方式，當然要視地形、地物、範圍、人力、性質、器材……彼此之配合程度而定。

（五）熟悉物證採取步驟

一般物證先行照相、記錄、測繪，再行採證，而痕跡之採集，以「腳印」先處理，「指紋」則次之。至於血跡指紋，則先採部分「血跡」，再顯現「指紋」……這些方法必須熟悉，否則步驟錯亂，將前功盡棄，不可不慎。此外，像屍體血跡採取，可用棉棒以生理食鹽水潤溼後轉移，將採樣之棉棒陰乾封緘送實驗室鑑驗DNA型別。

（六）器材、物品、人力準備

1.行動前應先瞭解狀況的屬性。是在山區或水中抑或建物？難度如何？如此方能有利人員、器材、車輛之整備編組調度。

2.針對不同案件，要有特殊額外之裝備，如針對姦殺案需準備血跡、精液斑「偵檢試藥」，而平時這些試藥不會放在勘查車，而係存放冰箱冷藏；針對爆炸、火災，則需備妥「金屬罐」、專用「尼龍袋」及「挖掘工具」；搜尋槍枝時，要有「金屬探測器」；找尋掩埋屍體，利用「地底穿透雷達」；找尋屍體彈頭時，「動用X光」；找尋水中物證，需派「潛水人員」。

3.若區域廣闊、房間多、樓層高時，應準備對講機以便聯絡溝通。尤其在前往現場途中，勘察組長更需隨時與發生單位聯繫，以便掌握最新消息。

4.最好能先聯絡案發單位，取得相關地點現場圖、建物結構藍圖、水電設施相關圖表，俾抵現場時能馬上進入狀況。

二、現場搜尋原則

（一）現場勘察之原則

現場勘察程序，可依下列原則步驟進行：

1.由外而內：從室外現場逐步勘察至室內現場中心。

2.由近而遠：室外現場，可以現場為中心，向外延伸，由點而面，全面搜尋可疑跡證。

3.由低而高：從地面開始，依序至門窗、牆壁、最後及於天花板。

4.由左而右（或由右而左）：不論由左而右，或由右而左，均應按部就班，切勿忽左忽右。

5.由顯而潛：現場跡證應由明顯者先行勘察，至於潛伏跡證，則利用器材仔細檢查（如多波域光源、靜電足跡採取器、現場血跡初步檢測試藥、化學痕跡增顯試藥等）。

6.即使戴了手套，穿了鞋套，也不可任意觸摸現場任何東西，或到處走動，因遺留物面上潛伏指紋、地上潛伏足跡，均有可能在無意中接觸而遭到破壞或轉印，故必須小心。

（二）跡證搜尋程序與先後

1.在跡證搜尋方面，可循下列程序著手：(1)進入通道；(2)入口；(3)現場；(4)出口；(5)逃離通路；(6)被害人身體；(7)車輛；(8)嫌犯身上；(9)嫌犯工作、居住、藏匿處所。

2.蒐證先後順序：(1)先從暫時性跡證著手；(2)次由容易進出地點處理；(3)後往隱蔽處蒐證。

（三）標的採證之種類

現場哪些是重要有用證物？項目種類有哪些？該如何掌握？茲提供下列採證標的給大家參考：

1.嫌犯所使用的凶器、工具、車輛，必須查扣或暫為保管，並予細心

採證。

2.因犯罪所生之物，如指紋、足跡、輪胎痕、工具痕、血液、精斑、纖維、毛髮等。

圖1-7-1 因犯罪所生之「輪胎痕」　　圖1-7-2 因犯罪所生之「足跡」

3.因犯罪所得之物，如珠寶、金飾、鈔票、車輛、電腦、有價證券等。

4.因犯罪所變之物，如遭移位之傢俱、物品等。

5.因犯罪所毀損之物，如遭破壞門窗、櫥櫃、衣物、電器用品等。

6.因犯罪所遺留或拋棄之物，如犯罪工具（手套、膠帶、螺絲起子等）、車輛、不慎摔落之個人物品、搶案取走被害人財物後之皮包、證件等。

三、現場勘察（搜尋）方法

現場勘察（搜尋）方法，一般有下列五種：

（一）區域法

通常用於「小範圍」的搜尋，如在房間內搜找槍枝、毒品、失竊支票、偽造證件等，假若有數個房間，第一個房間搜尋完後，再搜尋第二個、第三個房間，如此不會亂，也較不會遺漏。小區域搜尋如果有兩名警力時，又可分成兩種做法：

1.兩人同時同房搜尋：兩人同時搜尋同一個房間後，再依序搜尋第二、第三個房間。

2.一先一後重複搜尋：即一個先依序搜尋第一、第二、第三個房間，待第一人進入第二房間時，第二人旋即接踵，再次從第一、第二、第三個房間，做二度重複搜尋，以防杜第一位之疏漏。

（二）螺狀法

有些人稱為「圓形法」，普遍用於「大區域」、「室外」但「警力缺少」時；使用本法範圍設定要適中，因範圍太小，可能使人頭暈，範圍太大，跡證又容易遺漏。

（三）列隊法

一般用於「大區域」、「室外」且「警力足夠」時；此法一字排開向同一方向前進，每個人把手張開，手連手，手張開的範圍，就是自己責任區，然後往返進行。像立榮爆炸案，機場跑道物證搜尋，即用此法，效果不錯。

（四）條狀法

如果蒐證人員較少時，可使用此法，它有「列隊法」的意思與功能，是人少時變通之方法。

（五）格狀法

也稱為「方格法」，係以分格方式橫向、縱向如「條狀法」的綜合體來找尋，例如：警察機械廠爆炸案、頂好電梯爆炸案，即採此模式搜尋。

貳　現場記錄

犯罪現場重建是刑事鑑識人員協助執法人員破案的關鍵工作，但重建犯罪現場卻需要足夠的資訊，資料愈完整，重建的犯罪現場才會接近

事實，而裨益刑案偵破；有關蒐集犯罪現場資訊工作，即所謂的「現場記錄」，它包括「照相」、「錄影」、「筆記」、「測繪」、「錄音」五種，它是保存跡證原來位置與狀況的方法，故任何跡證蒐採前，均應先以上述幾項作為，來保持現場之完整，方有利日後刑案偵辦與追查。

「現場照相」通常叫做「交叉投射」，其方式要從四個角度：左邊、右邊、頭部、腳部來拍照，有時要從前、後、左、右、上、下六個角度拍照，這樣將來重建現場比較容易。而「筆記」也很重要，因很多東西，如在現場聞到的氣味，當時天候、溫度、人員出入情形……，是無法用照相來顯現的，就可靠筆記將其記錄下來。

「繪圖」也有其用途，如強姦案或血滴了多遠？就須賴繪圖來顯示，由距離測量所得之位置。至於「錄影」，通常抵達現場時，會架設好幾架錄影機，包括固定式及機動式的，這樣才會涵蓋各種角度。最後「錄音」，它可幫助我們於現場做隨機記錄，達到同步效果，要不然邊記邊照相，往往會手忙腳亂。

現場一定要記錄完整，不可有照相就不做筆記，也不能繪了圖就不錄影，因每種方法都可輔助其他記錄方法，沒有一種方法可代替其他記錄方法。有的人也認為有照相就可以，但照相是平面的，平面之現場記錄，可能讓沒經驗者判斷錯誤，同時照射角度不同，會使物體與實際情況有差異，故五種記錄方式須同時配合[1]。有關現場記錄應堅守的兩項原則：一、力求完整無缺；二、必須正確詳實。茲就各式記錄的要領分述如下：

（一）照相與錄影

1.現場照相與錄影，除了需「求真」、「求實」外，同時應兼顧下列幾點：

(1) 案發地點：應拍攝現場四周環境景象，例如現場是某棟建築物內的一個房間，除自外拍攝該建築物全貌外，周圍通道也要拍攝。必要時再

---

[1] 李昌鈺、劉永毅，讓證據說話：神探李昌鈺破案實錄2（臺北：時報文化，2004/4/23），138-139頁。

從附近制高點向主建物拍攝，接著再從外向內，逐一拍到現場中心。

(2) 現場中心：應從不同角度拍攝，對於現場房間，可從門口向內拍攝，進入房間後，再從四個角度拍攝全景，由地板拍攝至天花板。

(3) 現場內主體，如屍體或有證據能力之物體，方法同前述「採證標的」。

2.在拍攝前，不可碰觸或移動現場每一跡證。

3.任何跡證在採取或製模前，均須先予照相。

4.跡證及微物照相：

(1) 先拍攝中景，交待其與現場之關係位置。

(2) 再以垂直角度，拍攝未加比例尺之近照。

(3) 隨後在跡證旁放置比例尺，再拍一張近攝。

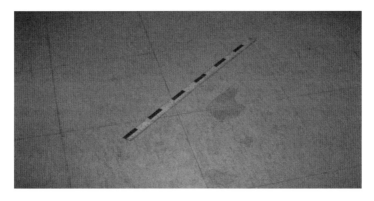

圖1-7-3　放置比例尺拍攝之現場血跡

5.屍體照相：

(1) 應自四面分別拍攝中景，交代其與周遭物件之相關位置。

(2) 自屍體「正上方」拍攝全貌，接著分上、下半身拍攝；再依序自頭部、頸部（如有索溝，配合法醫驗屍時拍攝其走向與消失部位）、前胸、手臂、手掌、腹部、大腿、小腿等，更不要忘記「腳底」也要拍攝一張。

(3) 屍體搬動後，屍體所覆蓋之處，亦應補拍一張。

(4) 法醫檢查或解剖時，依指示分別拍攝傷口等處，照相時要在標的之垂直「正上方」拍照。

(5) 近距離照相時不要用傻瓜相機，最好用單眼相機。

(6) 目擊證人陳述所見之地點，應予以拍攝，另現場重建彈道行徑時，也要自不同角度拍攝。

（二）現場筆記

現場筆記是很重要的一環，因嗅覺（瓦斯味）、觸覺（引擎溫），其所能感受到的，無法以攝影和照相來顯現；此外「為了做紀錄」，觀察必須入微，這點就非其他記錄所能比擬。有關現場筆記要領，約略如下：

1. 現場筆記包括以下幾點：

(1) 案發日期、時間、抵達時間、天氣、在場人、光線、門窗等狀況。

(2) 配合現場照相，測繪所作之紀錄。

(3) 在現場或附近，所發現每一物證之紀錄。

(4) 與被害人、證人、嫌犯談話之紀錄。

(5) 經由觀察或他人提供，與案情相關資料之紀錄。

2. 每一跡證之記錄必須深入詳細，例如：凶器、工具、衣服等物證，應記明種類、型式、顏色、大小、製造廠商等。

3. 詳細描寫案發時位置、狀況，如附著之積塵、撕破、碎裂、沾有污跡或完好乾淨……。

（三）測繪

1. 測繪可補助照相、攝影之不足，它可建立證物間「大小」、「距離」關係，對於現場的大環境及陳設，可產生整體概念，而且對「主要物證」相關位置，更可一目了然。

2. 現場測繪順序：(1)首先測繪現場位置；(2)其次是現場全面景象；(3)最後是特定物之詳細描繪。而草圖係在現場所繪，它將作為正式測繪之原始模型。

3.其餘要領之前曾經介紹過，不再贅述。

（四）錄音

1.錄音可補助上述各種記錄方式之不足，如在救護車上，簡短詢錄受傷人員，不管是嫌犯抑或被害人，哪怕是「片語隻字」或簡單一個「姓」或「名」，可能就是破案關鍵。

2.現場處理狀況，以口述方式錄音下來，配合照相、錄影、筆記、測繪等，將會使記錄更趨完備。

3.有證據能力、有益案情之錄音，甚至可供呈庭證據。

第二篇

進階篇

第八章　科學偵查、鑑識與邏輯觀察

壹　犯罪偵查與科學辦案

一、科學辦案精神

（一）犯罪偵查方式之演進

李昌鈺博士說：「要做一個稱職的現代警察，須具備有科學辦案態度、敏銳觀察力及邏輯推理之能力。」（李昌鈺、劉永毅，2004：25）

1.在過去的農業社會屬於部落型態，人口簡單，村莊中民眾幾乎都相認識，社區中來了一個陌生人或發生一件奇怪事情，馬上會引起大家注意；但隨著都市的興起，外來人口增加，社區成員也隨之複雜，不但勤區警員也很難認識轄區住家，即使鄰居間也形同陌路，雞犬不相聞、老死不相往來的鄰居比比皆是……。

2.尤以民主法治浪潮之推進，「犯罪事實應依證據認定之，無證據不得認定犯罪事實」（刑事訴訟法第154條第2項），在司法機關認罪科刑須以「證據」作為依據之今日，依刑事訴訟法「當事人進行主義」的精神架構下，法官居於「聽訟」的角色，使得警方不能再單憑嫌犯口供，或其他薄弱的主觀自白作為破案依據，而必須依靠科學偵查與鑑識之方法及態度，找到刑案關鍵證據，才能讓嫌犯無法狡賴翻供，而依法將其定罪。故犯罪偵查之方式乃由過去以「自白」為辦案重心，發展至今日嚴格之「證據」審查法則。從憑經驗直覺的傳統原始辨識，演進到現在儀器、電腦尖端的科學鑑識。

3.至於什麼是科學辦案？舉例來說，乃一位刑事偵查或刑事鑑識人員來到犯罪、刑案現場時，必須運用科學印證的態度，對任何可能物證詳加觀察、採證，現場周遭的環境、人文、氣候也都一一記錄；然後經過鑑驗、分析，再綜合現場情形，配合相關證詞、現場重建，所得到最貼近、

最符合事實之科學印證方式，而提供法庭審件判刑之參考與依據之客觀態度與公正精神。

（二）古代偵查可供借鏡之處

中國古代封建社會為維護君主專制統治，各朝各代都制定有完備刑法，逐漸形成諸法合體、以刑為主的法律體系；而為了貫徹達成司法作用，唯賴偵查作為之發揮，就在這樣的時勢與情境下，其實古代刑案偵查之技術和方法，在唐宋時期就已有一定的水平，這可從《三國志》、《折獄龜鑑》、《洗冤集錄》等書籍記載而略窺一斑。像宋朝鄭克編撰的《折獄龜鑑》，其中記載了現場勘驗、調查訪問、耳目察奸、跟蹤守候、偵查實驗……等十多種方法，這些偵查技巧之運用體現古人在偵破案件、辯證釋冤、鞫情讞獄等司法活動中的智慧和才能，對現今偵查人員刑案偵辦仍有借鑑意義（黃道誠，2009）。其中屍體檢驗最早見於《禮記‧月令》中，此文記載：「命理瞻傷、察創、視折、審斷、決獄訟、必端平。」至宋代法醫檢驗技術更達到頂峰，宋慈的《洗冤集錄》更是史上第一部較為完備的法醫學專著，對後代及世人刑案之偵辦影響深遠；另由宋至清末，其他偵查著書亦不計其數，皆可為偵查與鑑識寶典，茲提供下列有關文獻以供參考：

1.法醫鑑識科學之濫觴：古遠的洗冤錄，早就具有科學精神，如檢驗程序即有科學系統歸納，其種類分有驗傷、驗屍、屍肉、骨肉、檢骨等；鑑識辨別何時屍變？傷痕真偽？死因如何？凶器種類？檢驗中毒？分辨生前生亡或死後偽裝？……均與現代法醫學有異曲同工之妙；尤其對檢驗作業規定之嚴格，比今日鑑識雖無過之，但仍能提供現代偵查重要啟示與借鏡。

2.重視報案及處理時效：「凡案州縣者，一有鬥毆之事，著地方即時『首報』，若告者已至，而地方『未報』，即重責之。」「被傷之人未死以前，全在官司據報即時親驗，註名受傷任何要害之處……，即死後復驗定抵，可免通身折檢之慘。」「至受傷已死人命，更須即日相驗，屍未變

動腐爛，傷之輕重分寸，易於執定填格，遲久屍潰肉化，恐防捏假溷真，此人命第一關鍵也。」

3.檢驗從實避免冤獄：「事莫大於人命，罪莫大於死刑，殺人者抵，法固無恕，施行失當，心則難安，故成招定獄，全憑屍傷檢驗為真傷，倘檢驗不真，死者之冤未雪，生者之冤又成……。」《洗冤集錄》作者宋慈在其序文中提及：「獄事莫重於大僻，大僻莫重於初情，初情莫重於檢驗。蓋死生出入之權輿，直枉屈伸之機括，於是乎決法中。」這句話是指：刑案偵查審理工作，最重要的是死刑案件，偵審死刑重大案件，最要緊的是剛開始偵辦方向不要錯誤，否則將難以破案抑或造成冤獄事件。而如何在辦案時確立對的方向？這就有賴刑事鑑識及屍體檢驗結果，提供檢警正確的偵查方向，也能作為日後審理嫌犯重要的判決依據。又說：「獄情之失，多起於發端之差，定驗之誤。」宋慈輯撰此書，是為了「洗冤澤物」、「起死回生」。因此，宋慈對於獄案，反覆強調要「審之又審，不敢萌一毫慢易之心」。他再三教誠審案人員「不可避臭惡」，「須是躬親詣屍首地頭」，深入現場調查，「須是多方體訪，切不可憑信一二人口說」。檢輪時「務要從實」，同時尚需瞭解被害人生前的社會關係、經濟狀況，要充分掌握真憑實據（宋慈，1983：序、7、11、19）。在當時「經制日壞」的南宋末年，宋慈這種思維做法是十分難能可貴的，也可作為後人偵辦處理刑案重要借鏡。

（三）科學偵查、鑑識與裁判關係

1.裁判為司法權最高作用，乃國家治權之行使。

2.證據係論罪科刑的基礎工作。

3.偵查與鑑識作為所獲得之證據，直接影響裁制結果。

4.科學、客觀、縝密之偵查與鑑識，為公正、公平、適當裁判的依據。

（四）科學偵查與鑑識重點

1.刑案現場：刑案現場是證據寶庫，是證據與案情線索重要的來源。

2.物證：物證「不會講話」，但也「不會說謊」，它是證明犯罪最有利，且永遠不會改變的東西，故在刑案現場必須仔細搜尋與採集。

3.科學鑑定：所蒐集採得物證，仍賴新穎設備、尖端儀器去做科學鑑定。

4.客觀公正判斷：配合科學鑑定結果、綜合偵查所獲得之情資與相關證人或人犯證詞，以現場重建方式，還原當時現場情形，使得案情能在科學、公正、客觀之條件下，提供給法庭形成心證與判斷。

（五）科學偵查守則

1.刑案現場：刑案現場是證據寶庫，是證據與案情線索重要的來源。

2.民主、法治、科學、人權。

3.依據法令、崇法務實、公正廉明。

4.重視現場、細心勘察、合法取證。

5.冷靜思考、虛心求證、切忌先入為主。

（六）違反科學偵查之後果

1.民主、法治、科學、人權。

2.錯誤的判斷。

3.冤獄、民怨、社會不安。

4.執法者將身陷囹圄影響仕途。

二、犯罪偵查與證據

（一）犯罪偵查必須查明：1.犯罪主體；2.犯罪客體；3.犯罪事實；4.犯罪證據；5.犯罪構成要件的適當性、違法性、有責性。

（二）證據的種類：

1.人的證據：目擊者、被害人、犯罪人、鑑定人、關係人的證言、供述。

2.物的證據：刑案現場遺留或嫌犯身體所發現與犯罪相關之指紋、凶器、血跡、傷痕、贓物、犯罪工具……等物證。

3.文書證據：

(1) 證據文件：如筆錄、鑑定書、調查報告、移送書、公證文件等。

(2) 證據文件外之證據：如毀謗、偽造、塗改之文書、證件等。

4.影像與聲紋證據：監視錄影畫面及錄音內容與真偽鑑識、分析等。

貳　認識科學偵查與鑑識

只要依據法令，不以非法手段或程序，而用智慧經驗、高超技術、新穎器材設備，去發現線索、取得證據，進而破案之方法，均為科學之偵查。犯罪偵查的必要證據物範圍有三種：一、嫌犯的證據物；二、被害人的證據物；三、犯罪行為的證據物。茲分別說明如下：[1]

一、有關嫌犯的證據物

刑案偵查上有關嫌犯的證據物，又分為「嫌犯證據的邏輯推理」，以及「連結案件與嫌犯的證據」兩種。

（一）嫌犯證據的邏輯推理

犯罪案件發生後，首先考慮的是犯嫌是誰？是何許人物？故偵查第一步是蒐集、分析、推定嫌犯的證據。而推定嫌犯證據，基本上有下列幾種：

1. 從關係人證言邏輯推理

(1) 由被害人、目擊者及與案件有關者口中，去獲得嫌疑人資料，是犯罪偵查的第一步，也是自古以來相傳不變之方法。依上列關係人明確陳述嫌犯為誰？抑或嫌犯身體的長相、面貌、體型、性別、衣著、口音等明顯特徵，及所使用犯罪工具、交通工具、逃逸方向……等，推理研判可能

1　由於犯罪態樣類型眾多、不一而足，除了本章原則性的說明之外，如欲針對更多個案進行廣泛地瞭解，可以進一步參考Petraco & Sherman（2005）附載圖解的個案討論，或Dix & Calaluce（1998: 149-185）書中豐富的個案收錄。

之嫌犯對象，於現在科學的偵查當中，亦為不可改變的做法之一。

(2) 但過分重視證言亦有其危險性，因能得到正確的證述，當然可迅速掌握緝獲人犯；惟證詞之失真而誤導方向，致使案情觸礁事例，亦屢見不鮮。諸如對人犯體格、高矮、胖瘦、年齡、衣著，甚至連男女性別，均記錯的案例也相當多，不可不慎。

(3) 一般而言，犯罪一剎那間，驚鴻一瞥，而能正確記憶所見人物，及事情突發經過，是很困難的事。追憶過去之事，有時會一片空白，抑或發生錯誤，這是人在日常生活中常有之經驗。

(4) 心理學上，人的記憶不確實，亦有相當高定論諸如婦人、幼童、高齡、低能、精神異常者更有問題；即使心理狀態正常的人，於遭遇犯罪事件，也會發生認識或記憶錯誤。此外尚有更有嚴重的「壓抑」作用，當人類內心遇上極度痛苦，心智面臨崩潰時，它會將現實生活遇到的痛苦經驗（前意識），壓抑入潛意識內，因潛意識人類無法感覺，就可使人免於感受現實生活之痛苦記憶；故而一旦壓抑作用啟動時，便會讓人「忘了」當時發生的一切。

(5) 雖然關係人的陳述，有很高的不確定性，但被害人、目擊者之證言，在偵查實務地位仍極重要；因而就看如何取捨與審慎判斷。

(6) 為防記憶失真，致證言誤導案情；甚或記憶不實，而造成指認錯誤，將於之後專章介紹「記憶」信度和「指認」效度的問題，以供參考。

2. 由狀況證據觀察鑑別

乃觀察嫌疑人行動狀況、嫌犯與被害人關係、嫌犯與現場地理環境……然後推理研判嫌犯是誰？

(1) 人際關係：即觀察瞭解嫌犯與被害人是否認識？對其住所是否瞭解？再依其實際犯行狀況而推定犯罪人？如觀察發現有以下各點則大致與被害人有關聯或認識：

① 嫌犯知道門鎖的特殊開法。

② 侵入、逃走之出入口，一般人並不知道。

③ 從普通人很難知道、且不設防處所侵入。

④ 熟悉室內構造，不浪費時間，即到達目的物所在。

⑤ 被害人持有之特殊物品，不費工夫就找到。

⑥ 針對借據或與嫌犯有關係之物下手。

⑦ 被害人外觀不富有，卻在其臨時有收入時發生。

⑧ 瞭解被害人外出時間，或家中僅留婦幼時侵入。

⑨ 客廳內有用過之飲料、香菸、茶點、水果等情況性跡證。

⑩ 餐桌上食物、餐具，明顯有招待過情況，或留有順手見面禮物。

⑪ 指揮帶頭者蒙面，其他共犯卻未蒙面。

⑫ 有逃亡出口，無侵入口或偽裝逃亡出口，常為內賊犯行。

⑬ 下雨天未帶雨具，而侵入口竟不多見水漬。

⑭ 殺人案件，整理過被害人衣著，或蓋住臉部，抑或燒香燒冥紙者。

⑮ 屋外殺人案所發生之地方，係未經被害人同意不可能去的處所。

(2) 地緣關係：經觀察發現符合下列各點者，常與地緣有關：

① 嫌犯有本地之口音。

② 嫌犯服飾穿著，有地方特色。

③ 侵入、逃逸路線，為外來人不常經過之通路。

④ 贓物藏匿地方或潛逃處為外地人所不知道者。

⑤ 依贓物之數量、體積、重量推測，其搬運、逃走方法迅速而且巧妙。

⑥ 交通工具之使用法，不適合外地人的。

⑦ 以時間推測，不可能由遠地來犯；或時間的利用，非常巧妙。

(3) 依犯罪動機及目的做研推：由犯罪動機、目的，可推定相當對象的人犯，如下列幾種殺人案件，能經由其動機，推測研判出涉案之凶嫌：

① 酒：酒肉朋友酒後亂性殺人。

② 色：忌妒、怨恨、報復、爭風吃醋、三角關係而殺人。

③ 財：謀財害命、賭債恩怨、爭奪地盤、高利貸糾紛等。

④ 氣：感情衝突、凌辱欺侮、報仇雪恨、打抱不平、名譽毀損等。

⑤ 家庭因素：家庭貧窮、失和、暴力等。

⑥ 特殊動機：迷信、性變態、精神病患、毒癮發作、殺人滅口、甚

至被瞄一眼，只因不爽而殺人。

（二）連結案件與嫌犯的證據

李昌鈺博士提出連結理論，作為犯罪現場檢驗的理論基礎，理論主要根據路卡移轉及交換原理，建立犯罪現場物證、涉嫌人、被害人之關聯；而偵查工作，於邏輯觀察推測鎖定對象後，在逮捕前，仍需查證是否為真正嫌犯；為了舉證，必須結合案件與嫌犯的證據，而這些證據又分：1.連結犯罪現場與嫌犯的證據；2.連結犯人與被害人證據；3.連結犯罪行為與嫌犯證據三種（Geberth, 2006: 180; Fisher & Fisher, 2012: 379-452; Petraco & Sherman, 2005: 53-115）。茲分述如下：

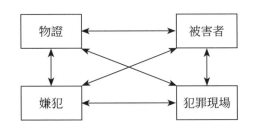

圖2-8-1 四向連結與印證理論（又稱桌腳理論）

1. 連結犯罪現場與嫌犯的證據

連結犯罪現場與嫌犯證據之作用，乃在證明其人確實曾在刑案地點出現過，但與犯罪有無直接關係，尚須進一步查明現場遺留證物係何人所有？是否與犯行有所關聯？特逐一說明如後：[2]

(1) 遺留物品

現場遺留物品，乃連結現場與嫌犯之重要證據，亦為推定犯人的重要利器，這些物品依其種類、品質、氣味、附著物、使用程度、損傷狀況、污染情形等特徵，可推測嫌疑人年齡、性別、職業、習癖、嗜好、教養、生活習慣等範圍，進而瞭解掌握涉嫌對象。而要證明遺留物品是否為嫌疑

---

2 此一部分說明，綜合參考Geberth（2006; 2013）、Fisher & Fisher（2012: 151-192）與Gardner（2012: 79-134, 239-298）。

犯所有，一般有下列三種方法：嫌犯本身自白、關係者之指述、出售人的
證詞。至於現場遺留物品之種類及辨識方法，簡述如下：

① 凶器：應查明係新購或竊得？抑或嫌犯平常使用之物？新購者應
瞭解廠牌、經銷商、販賣店、購買原始狀況；如係竊盜所得，則需查明竊
盜相關案情；若是嫌犯平常使用，依其種類則能推定嫌犯之職業。另處理
凶器，應特別注意有無指紋血跡、或其他附著物。

② 毛巾、手帕：依其印刷廠牌或標記文字，追查製售商店，再按其
質地，推定使用人性別、年齡、教育、生活程度等身分；必時更可檢查
其附著物種類（如口紅、香水、白粉、油脂、砂土、鼻水、口水、血液
等），以縮小嫌犯清查範圍。

③ 鞋襪：皮鞋、拖鞋、襪子、運動鞋……，依種類、品質、廠牌、
形狀，可推定嫌犯可能對象；依其磨損狀況，附著灰塵泥砂，能解析嫌疑
人職業。尤以鞋印、足跡與指紋具有相同證據力（Fisher & Fisher, 2012:
221-248; Gardner, 2012: 183-222），不容忽視疏察而影響刑案之偵破。

④ 帽子：便帽、工作帽、運動帽、安全帽……，亦能推定戴用者之
興趣、身分、職業。又依商標、記號，可查出生產地及經銷商；使用人在
帽子也常有寫下姓名或特殊標記，更為有利線索。此外帽子亦會留有毛
髮、血跡、污垢、氣味；甚或有油漆、木屑、砂土等，均為偵查上重要線
索。

⑤ 紙罐類：百貨公司（各類商店）手提袋、包裝紙、檳榔（小吃）
紙盒、新聞（雜誌）紙張、衛生面紙、飲料類瓶罐……，經常遺留犯罪現
場；亦有撕碎名片、收據、發票、當票、車票、請帖等散落現場，這些均
常會留有指紋、血跡、口水、日期、來源、包裝內容……，均係偵查上之
重要資料。

⑥ 衣飾類：夾克、大衣、襯衫、手套、工作服、運動服、內衣褲、
西裝上衣等，亦常有遺留現場者，有關其生產商、洗衣店特殊標記、或衣
角畫寫姓名、暗記，乃是偵查寶貴線索；尤其品牌、質料、附著物、或口
袋內屑塵等，自古就為推定嫌疑人之重要參考依據。

⑦ 菸蒂：刑案現場發現丟棄菸蒂，也是常見之事，因每個人慣用品牌不同，故可過濾嫌犯對象；由丟棄菸蒂長短、嘴咬特殊吸法等吸菸習慣，亦可排除無關人士而縮小範圍；且按遺留數量多寡，就能推算可疑分子逗留時間。

⑧ 上述①至⑦之遺留物品，雖可判斷嫌犯身分，惟不可拘泥一見，因現場之物不一定全為人犯所有，它可能是第三人所留，或嫌犯處理偽裝後置放。

⑨ 遺留物品也不全然掉落現場，也許在床下、廁所、天井、垃圾桶、庭院草叢中；也可能在逃亡途中的水溝、空屋、涵洞……邊逃邊丟棄、藏匿，應特別留意。

(2) 毛髮

嫌犯毛髮經常會掉落現場，或附著於被害人衣服、身體，甚至握在掙扎死者手中……，毛髮是人體中最能表現個人特徵的組織，因每人均有相當差異，故依色彩、粗細、長短、形狀、毛根、毛尖、小皮紋理、髓質性狀……之不同，就能推定嫌疑人。尤以毛髮可檢驗血型、DNA、濫用藥物……等情形，讓涉嫌人無法狡賴而難以遁形。此外有無染髮、燙髮、理髮後、有無折損等，亦均為鑑別分辨嫌犯之重要資料。[3]

(3) 指紋、足跡、輪胎印

遺留現場的指紋、足跡、輪胎印，是連結案件與嫌犯之重要證據，經指紋、足跡比對，即可證明其人曾在現場；尤以指紋萬人不同，只要透過曾登記儲存（役男及前科犯）電腦檔案，馬上能掌握嫌犯對象（Clegg, 2004）。足跡則可鑑別嫌疑人使用鞋類，清晰足跡可推知嫌犯腳掌之大小、形狀、步行習慣，以鎖定犯人範圍；此外鞋印比對，亦與指紋有相同功能及證據力，但應留意偽裝的足跡，例如故意倒退行走、小腳穿大鞋，

3　關於毛髮和纖維的檢驗，可以參考Rowe（1996）；關於DNA檢驗，已經成為當前重要犯罪偵查工具，進一步討論可以參考Fisher & Fisher（2012: 193-220）、Petraco & Sherman（2005: 117-118）、Parsons & Weedn（1996）與Dix & Calaluce（1998: 104-128）；關於藥物濫用與犯罪偵查的深入討論，則可以參見Kent & Nelson（2004）與Fisher & Fisher（2012: 307-328）。

或以被害人之鞋製造多數足跡，而混淆偵辦（Fisher & Fisher, 2012: 221-248; Gardner, 2012: 183-222）。至於輪胎印除可驗證嫌犯車輛曾駕駛到刑案現場外，其亦為交通事故案件鑑定肇事責任的重要憑據。[4]

(4) 齒痕、工具跡痕

每一個工具所刮、擦、踫、撞、磨……等，而留下的痕跡均不同，例如：不同模子所生產製造的油壓剪，它所剪斷的鐵窗痕跡就不一樣，因此破壞安全設備的工具痕跡，能查知工具種類，若工具痕跡與嫌犯持有做案器具一致，可作為法庭上強而有力的刑事證據。另留在人身、食物上齒痕，如和嫌疑人齒型特徵相同，也是案件偵辦上一項重要跡痕（Fisher & Fisher, 2012: 221-248）。《實用凶案調查》（*Practical Homicide Investigation*）乙書作者Vernon J. Geberth曾偵辦一名26歲裸體女性命案，凶手將死者乳房割下，以一支傘及一支筆插入其陰道內，一把梳子放在其陰毛處……，除此之外，在死者大腿有死後咬痕。警方調查後發現死者陳屍之大樓管理人兒子可疑，於法院同意後取得嫌犯齒模，經與死者大腿咬痕比對，有三名刑事齒科學家同意被害人身上咬痕是由嫌犯所造成，案件終於偵破，咬痕成為最重要證物，最後犯嫌被判在紐約州處所監禁二十五年（Geberth, 2006: 472）。

(5) 排泄物

刑案偵查史中也有在犯罪現場及附近大小便之嫌犯；一方面詛咒不要被查獲，也有些為犯後緊張情緒一時放鬆，而有便意或尿意；更有的借酒壯膽去犯案，因緊張時酒意上升而嘔吐。這些嘔吐、排泄物，留有食物殘渣，可推測食物及食用時間，當然大小便亦可檢驗血型。

(6) 血液、唾液、精液

犯罪現場經常留下犯人血跡（因受傷）、唾液（菸蒂紙杯）、精液（內褲、床墊、衛生紙、保險套、被害者陰部），這些體液皆為連結嫌犯

4　關於所謂的「道路交通死亡事故」（Road Traffic Fatalities, RTF）鑑定，可以進一步參考Dix（2000）。

與被害人及現場的有力證據；依鑑識結果，可確立嫌犯對象（Gardner & Bevel, 2009; Gardner, 2012: 331-362; Geberth, 2013: 125-149）。

(7) 轉移性跡證

嫌疑人、被害人的血跡、毛髮彼此附著於對方的衣服、身上，犯罪現場或附近所「特有」之垃圾、灰塵、砂土、花草、枝葉⋯⋯，在嫌犯之衣服、鞋子、襪子、舟車、身上發現，這些均是結合犯罪現場與嫌犯的有力證據。此外，像下列這些狀況均屬轉移性跡證的種類，例如：清潔工（清道夫）被轉移塵埃、垃圾；理髮（美容）師被轉移毛髮；木工遭轉移木屑；漆匠、水泥工受轉移油漆砂土；農人經轉移稻屑；麵食店員工所轉移麵粉⋯⋯。故如能在嫌犯或被害人身上發現彼此附著，或自現場轉移的相關跡證等，這些均是破案之關鍵；也就是結合犯罪現場與嫌犯的重要證據，必須用心蒐證，妥慎採取。

案例說明：95年苗栗縣頭份鎮民眾曾○○被發現陳屍某棟九樓公寓前馬路上，現場除了死者遺留血跡外，旁邊亦發現其所穿拖鞋，本案原以為是件他殺命案，經查死者為同棟大樓七樓住戶，然鑑識人員實地勘察後，於頂樓牆垣上發現一道疑似為小石子由外向內刮擦痕跡，而死者拖鞋鞋面崁有一顆細石，查有刮擦跡象，另鞋底面亦有一道刮擦痕。經鑑識比對「鞋底小細石」與頂樓「牆垣小碎石」均為類同，故研判：刮擦痕係由「外向內」反方向蹬跳而造成，乃係一件自殺而非他殺命案（楊棋濱，2007：43）。

(8) 其他

嫌犯於做案過程中，經常不經意留下或掉落現場的跡證，除上述幾項外，尚有不勝枚舉之多，諸如現場吐下檳榔汁（渣）者，亦屢見不鮮（易與血跡混淆），或零食未吃完而留下的⋯⋯，這些殘留物及包裝紙、盒、罐，都是鑑識檢驗嫌犯之寶貴資料，不可輕忽或任意放棄。另車禍過失致死案件，肇事現場常會掉落嫌犯車燈、玻璃、鈑金⋯⋯等碎片，這些跡證均有助於警方查獲肇事逃逸者。例如：98年9月間北縣某婦人遭不明車輛撞死，現場沒監視器，目擊者也看不清車牌，警方唯賴掉落撞擊地13片大

燈碎片，轉向大燈製造工廠求助，而查知肇事車輛為中華得利卡車款，經調出2,000多筆同型車輛逐一查訪比對後，終於在基隆找到肇事的柯嫌。[5]

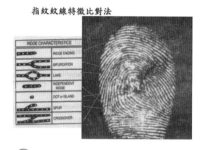

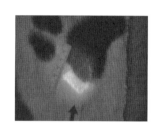

圖2-8-2　指紋紋線特徵比對法　　　圖2-8-3　以多波域光源檢視法檢測被單上之精液斑

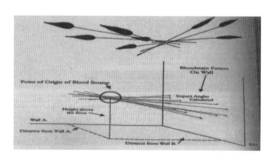

圖2-8-4　血跡噴濺的方向與型態：確認噴濺來源位置及研判凶器類

2. 連結犯人與被害人證據

又分「被害人物品在嫌疑人處發現」，與「嫌犯物品在被害人處發現」兩種，又稱「關聯性」跡證：

(1) 被害人之物在嫌疑人處發現

① 如前述被害人血跡、毛髮，及所有物品，在嫌疑人之處發現者甚多；特殊案例有被害人咬傷人犯，其牙齒特徵乃刻印於其皮肉上；抑或肉

5　在目前先進歐美國家的犯罪偵查發展中，諸如昆蟲學、土壤學和植物學等相關犯罪證據蒐集的從屬學科，都已經開始逐步發展並獲得可觀成果（Robertson, 2004; Wallman, 2004; Hall, 1996; Geberth, 2013: 125-149），值得進一步參考。特別是關於「數位證據」（Digital Evidence）的犯罪偵查（Fisher & Fisher, 2012: 453-462; Geberth, 2013: 150-155），隨著媒體科技的快速發展，尤其受到重視。

搏廝殺時，嫌犯抓傷被害人，致其指甲隙縫殘留被害人皮膚屑肉，此既屬「轉移性」跡證，亦係「關聯性」證據。因而刑案勘察，除了現地外，有關嫌犯的身體、指甲部位，均須仔細檢查採證。

②　案件發生後，被害人物品是否短少？其物品種類、型態、數量、品質、廠牌、特徵、毀損痕、販售商鋪、修理店鋪、有無記名、特殊標記？均應調查瞭解嫌犯身上、住處或相關地點有無這些東西。

③　肇事逃逸車輛，會有被害人血跡、毛髮、肉體組織片、鈑金油漆附著車上，對於現場目擊者查訪，路口監視器調閱，應即迅速展開。

④　一般被害者物品，多銷贓於當鋪、舊貨業、銀樓業、修配業、委託行、收購贓物慣犯……，故應加強這些易銷贓場所之聯繫清查與情報諮詢工作。

⑤　如果觀察判明嫌犯後，即應依法搜索其身體、住處、落腳地及使用車輛，一旦發現這些物品，即為連結被害人與犯人的重要證據。

(2) 嫌疑人之物在被害人處發現

①　嫌犯之物，留於被害人身上、周邊的，有強姦案精液、毛髮，殺人格鬥而附著血跡、斷裂指甲片、被抓下頭髮、掉落鈕扣、撕破片段衣服等。

②　嫌疑人咬傷被害者皮膚、乳房、大腿留下之齒痕，肇事逃逸車輛留於被害人身體之漆膜片……等。在國內偵查實務曾有一些因咬痕破案的例子，國外比較有名的不外為美國連續殺人魔泰德‧邦迪（Ted Bundy），共殺害十九名女子，其破案關鍵乃在被害人身上採獲嫌犯咬痕，經比對鑑識吻合而偵破（Ted Bundy, 2010）。

3. 連結犯人與犯罪行為證據

(1) 上述連結嫌疑犯與現場證據，連結犯人與被害人證據，只要有這些狀況，也都是證明犯罪行為之證據。

(2) 證明犯罪行為直接證據，有殺人、傷害案，被害人血跡與嫌犯指紋一起附著凶器的；強姦案被害人陰部精液、毛髮留在嫌疑人衣物身體；或自嫌犯身上取出被害者贓物等。

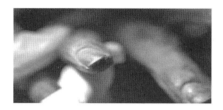

圖2-8-5　命案現場死者指甲縫上證物之採證

圖2-8-6　肇事逃逸車輛採獲被害人手臂摩擦所產生之皮屑

圖2-8-7　控方提出牙印證據指控泰德‧邦迪

二、有關被害人的證據物

要查明犯罪事實，有關被害人的問題也很重要；如遭遇何種犯罪？被害程度怎樣？侵害何種法益？犯罪行為與被害因果關係如何？凡此種種均須調查被害人始能判明。舉殺人例而言，須先查明何人被殺？以何種方法殺害？死亡與因果關係等（Gardner, 2012: 79-134, 239-298; Fisher & Fisher, 2012: 379-452; Petraco & Sherman, 2005: 53-115）；尤以對被害人做法醫學之詳細解剖、檢驗更為重要。以下針對一些實務上問題，歸類成三個變項：（一）身分確認；（二）被害種類；（三）死亡屍體。以下分別介紹之：

（一）身分確認[6]

命案偵辦首要之務乃辨識被害人身分，因死者身分辨識可提供偵查起點及方向；大部分命案為熟人所為，因此查明死者身分可瞭解殺人動機，並找出誰是嫌犯的線索；即使是陌生人所為，確認死者身分可查明嫌犯可能動機，並瞭解案件發生的時間序列及其他與犯罪有關的資訊（Geberth, 2006: 258）。而一般犯罪案件，鮮有被害人身分不明者；惟殺人案件，常有不知死者身分，如袋屍案、水流屍、山中白骨案件等，因屍體腐敗或遭肢解，致無法辨認容貌；尤以大規模死亡事故或自殺攻擊事件，屍體殆已肢離破碎、面目全非或遭塵土覆蓋……，對身分調查，常要煞費苦心。一般發現命案經驗屍後，可得知是自殺或他殺，而為應有之處置；不過若明知為殺人案，但卻不知身分，偵查反而會觸礁，甚或最後偵查作為全部落空。故殺人案件，以「查明身分」為第一要務，而要瞭解無名屍是誰？觀察檢視以下證據物可達到重要辨認效果：

1. 身體的特徵

(1) 要查明屍體身分，有關基本資料及身體各部位特徵，如年齡、性別、種族、身高、膚色、體重、相貌（臉、鼻、耳、嘴等形狀）、營養狀況、傷口形狀、陳屍態勢、血跡顏色、衣著情形等，均應查明紀錄；這在古代《洗冤錄》就有很詳盡記載陳述。

(2) 人之相貌於變成屍體後，變化會很大，有些就算近親亦常有認錯案例；有的叫家屬描述生前特徵，也說不出所以然。因而屍體若尚未腐爛，採取指紋、毛髮比對鑑識，為最佳捷徑；此外個人特徵諸如疣、痣、刺青、傷痕、疤痕、義肢、假牙、手術痕、缺損指趾、鬍鬚有無……也要詳加調查，這些都足供辨識身分參考。

(3) 頭髮、鬍鬚、死後亦會長出些許，故生前與死後，鬍鬚之長短度、是五分頭或七分頭頭髮，應列為特徵點加以註明。陰毛約在13至14

6　此一部分關於身分確認的討論，綜合參考Fisher & Fisher（2012: 103-150）與Wagner（2008: 111-120）。

歲開始長出，到40至45歲，會有白毛混生，亦須注意瞭解。

(4) 職業特徵，一般從事文書書寫人員，手指纖細平滑、清潔，但會有筆繭；勞力工作者，手指比較肥厚、粗大、骯髒……。

(5) 疾病特徵，如盲人、跛腳（長短腳）、畸形、皮膚病、慢性病（肺結核、胃潰瘍、膽結石、器官移植……）等，也勿疏漏遺忘。

2. 指紋、血型等

指紋、掌紋、足紋、血型，這些特徵為個人所有，終生不變，必須一一採取送請比對鑑識；尤以指紋若資料庫裡有其檔案資料，當可立即查明身分。血型依一定法則遺傳下來，故可與家族比對而證明確認關係。例如：臺灣中華航空公司於94年5月在澎湖外海空難事件，首日除了部分遺體由家屬指認出身分外，其餘家屬都須先抽血以便比對罹難者的DNA（郭良傑、劉揮斌、蕭承訓、楊天佑，2002）。

3. 牙齒之特徵

(1) 牙齒是協助身分辨識極佳的一項方法，像死者生前牙醫就診紀錄及X光照片，都可提供比對之用，是非常準確性資料，當命案無法採取指紋或指紋資料檔查無資料時，就實務而言牙齒特徵可提供最有價值資訊，讓牙醫師協助警方有效身分辨識（Griffiths, 2004）。近年來大規模死亡事故、恐怖攻擊活動等，也常動用牙醫師及病歷資料，協助尋獲屍體，或確認死者身分。例如：83年4月26日日本名古屋空難事件，臺灣一位謝姓家屬覺得某屍體很像其妹妹，在一位夫婿是齒科醫生的慈濟張姓志工提議下，打越洋電話回臺灣，調閱妹妹「牙醫診療紀錄」，正忙著電話聯絡時，只見一位日本人也守在該具屍體旁邊，哭著說那是其親人，這一折騰下，讓謝姓家屬失去信心，突又不敢認了，因本來覺得很像部分，一時間又感覺不像了。張姓志工見狀便說：「讓牙醫師鑑定！每個人牙齒長得均不同，我們又有臺灣來的傳真，莫擔心。」傍晚，牙醫師確定牙齒和她妹妹DNA符合，而非那位日本人的家人（謝富美，1994）。另如美國世貿中心攻擊案，許多受過屍體辨識訓練的牙醫師，也共同參與身分辨識任務。

(2) 人的永久牙齒，上下齒數一般有三十二齒，依每人保養情形，分有蛀牙、缺損、鑲牙、補牙、假牙及未治療牙齒等型態，也成為識別個人身分之有力資料。尤以填補牙齒、根管治療時廣泛使用X光及鑄模技術，這些均可精準記錄口腔結構；填補牙齒非常具有個人特異性，且下顎骨有某些解剖學上不會改變的特徵，這些都可提供辨識相關資訊。

(3) 牙科醫師在病歷表上，對於患者牙齒狀況、治療內容，都有詳細記錄，因此身分不明屍體，可將牙齒拍成照片，透過工會找到當初治療牙醫師，經由資料查對，配合過去治療之記憶及紀錄，對已潰爛或重大災難事故屍體，一般仍能確認正確身分。[7]

(4) 此外牙齒長出、磨損狀態、二次琺瑯質形成情形，均可作為推定年齡基礎。另鑑識齒科學家，更能依牙齒特徵，提供死者種族、職業、習慣、面部特徵及社經程度等個人資訊（Griffiths, 2004）。

4. 服裝及持有物

死者衣物及個人物品，例如：駕照、健保卡、身分證等，是在現場辨識身分的最好來源；另死者衣物口袋須進行檢視，以尋找照片或其他文件……，這些資料可以用來尋找死者家人、親朋、好友及各類與案情有關資訊；因死者個人服裝及持有物，可提供後續進一步鑑定，故須妥慎保存，茲就辨識常識分述如下以供參考。

(1) 服裝之種類，如西裝、制服、夾克、團體服、外出服運動服、休閒服、工作服、學生服……，可相當程度推知其人職業、教育、社會地位、生活程度等。以其品質、招牌、製作精密度，能分析其年紀、興趣、經濟狀況；當然這些推論最好也參考專家（裁縫師、服裝商）意見。

(2) 服裝之商標、顏色、款式、廠牌、圖樣、痕跡；衣角、內（外）褲腰姓名、洗衣店標記、暗號，也是指認辨識重要線索，或可追溯到特定地點。作者曾偵辦一件無名女屍命案，因屍體已腐化潰爛，且身上無證件

7　事實上，如何透過各種「就醫記錄」蒐集重要資訊，也已經備受重視。關於「就醫紀錄」與犯罪偵查的討論，可以參見Wagner（2008: 39-44）。

資料足堪識別身分，復以屍體解剖報告部分偏誤，雖將身體、衣物等特徵及檢驗結果，透過媒體找尋家屬指認，但歷經一週杳無音訊。後因組內一名幹練小隊長在死者之惡臭「內褲腰際」，突發現一個已模糊惟尚可辨識之圓形「慧」字，乃緊急再提供媒體發布訊息，結果翌日一早中部某婦女就來電聯繫認屍事宜，事後證實死者就是其失聯多時之女兒⋯⋯。

(3) 衣服上亦常見職業特徵，如魚販魚腥味或魚鱗片、醫師（藥師）之藥味、製材（傢俱）業木屑、泥水工沾黏砂土、美容（理髮）師附著毛髮、汽（機）車修配業衣服上機油、油漆工人身上油漆⋯⋯這些特徵均有利於查出死者身分。

(4) 死者持有之珠寶、手錶、戒指等飾品，亦有幫助辨識功能，因大部分珠寶具有相當特殊性，甚至有製造商標誌；另某些限量特定款式及明顯佩戴痕跡，可判斷屬於哪位特定人士。尤以昂貴手錶可追溯到販售商；某些手錶係由製造師或珠寶設計師所製作，更會留下技師特定記號。

(5) 身上持有物，如名片、車票、當票、收據、印章、鎖匙、電影票、掛號單、存款單、身分證明文件等，從這些物品可查知本人姓名、職業、電話、住所；惟亦有持有他人之物者，必須注意查證。

(6) 其他像死者因生活、工作習慣而造成物品狀況之改變，亦能推敲其人職業，而達辨識功能，如鞋底附著物及磨損狀況，一般職業駕駛人，右足鞋底磨損則較為嚴重；木匠工人習慣用牙齒咬釘子、吹奏某些樂器如小喇叭者，牙齒會有明顯磨損；另常吸著煙斗或菸癮重的人，牙齒不但常見磨損型態，並沉積厚重煙焦油；口袋內有菸盒甚或菸屑，由香菸品牌，可過濾對象而縮小範圍。茲舉一件於口袋中發現物證而成為破案關鍵案例以做說明：李昌鈺博士偵破前白宮助理顧問文森・福斯特自殺或他殺疑案，其在受邀調查該案前，被害人使用的凶器、衣物，已經接受了不同鑑識專家的檢驗，但李博士依然從死者褲子口袋中找到葵瓜子殼，和附黏棉手套在一起的葵瓜子殼，而成為事後與其他跡證佐參推理後，判定死者係「吞槍自殺」關鍵的破案證據（李昌鈺、劉永毅，2004：283-286）。

圖2-8-8　火場或自殺案件現場死者身上飾品之檢視

5. 特殊的辨認法

死亡時間已久，屍體一部或全部白骨化，連衣服及遺留物品亦消失之屍體，要確認其身分非常不易；在身體其他特徵不明狀況之下，惟有從「骨骼」、「牙齒」、「骨盆」推知性別年齡、身高等資料（Geberth, 2013）。至於想進一步辨認屍體身分，則有「復顏法」、「容貌透疊法」、「面貌描繪法」、「2D顏面重建法」、「3D顏面重建法」等方式。

(1) 復顏法：即將頭蓋骨直接貼以黏土生肉，複製生前容貌之方法，乃所謂顏面重建技術，又稱為鑑識雕塑。

(2) 容貌透疊法：由骨頭、牙齒推知性別、年紀、死亡時間後，找出資料相當之「行方不明」人口相片，與屍體「頭蓋骨」相片重疊，比對是否同一人之方法。一般也常以上述兩法並用，即先以復顏法，恢復白骨生前容貌，然後照相、攝影（Horswell, 2004; Gardner, 2012: 135-182），再透過電視、媒體尋找生前熟人，如有人出面指認，則將「生前相片」與「復顏相片」重疊比對，或由電腦輔助方式來進行，以鑑別其異同。

(3) 面貌描繪法：當屍體狀況良好，藝術家可依驗屍、犯罪現場照片，實際觀察死者狀況，運用鑑識藝術學中，死後面貌描繪法而繪製顏面畫像。

(4) 2D顏面重建法：由顱骨進行2D顏面重建技術，是以頭蓋骨為基礎重建身分不明者的臉部特徵，但破損嚴重之頭顱骨不足以支撐臉部雕塑重建黏土重量，尤其是臉部區域破損時，就需使用2D重建法，將頭顱骨臉部輪廓以1：1翻拍，將透明紙固定在照片上方，鑑識藝術學家在透明紙

上方可描繪出被害人臉部，又依各種不同人類學上公式，可判斷眼睛、鼻子、嘴巴等特徵。

(5) 3D顏面重建法：3D重建技術具有多重角度觀察及拍照記錄優點，在現場與骨骸一起發現之物品，如眼鏡、假牙、珠寶、髮飾、衣物，可放在重建雕塑成品供照相；若對破損嚴重頭顱骨進行雕塑重建，須小心在堅固物質中進行鑄模後再予雕塑，其準備步驟方法如2D重建，所製作完成雕塑品，須以多角度來拍攝，經由媒體、執法單位刊登公布，身分期能被辨識出來（Geberth, 2006: 297-298）。

圖片摘自Geberth（2006: 297）　　　　　圖片摘自Geberth（2006: 298）

（二）被害種類、內容

犯罪偵查對於被害人，因哪類犯罪行為，而受何種被害？受害之程度？被害行為與因果關係如何？這些種種事實（證據）必須調查清楚，因被害種類、內容，可決定犯罪案件性質；也因案件種類不同，其偵查重點也各自有異（Gardner, 2012: 79-134, 239-298）。今就不同案件，分別來探討這些問題：

1. 竊盜案

(1) 單就被害之點，來討論竊盜案件，當然指的是「何物」遭竊？此外被竊物品種類、品質、數量、價格均須明瞭，因這些都是犯罪偵查之重要資料；至於如何讓被害證物呈現？查贓作業是一項很主要重點。

(2) 另下列問題也應注意思考：

①讓被害證據連結案件及犯人之犯行？②場所物品失竊，應把職業關係鑑別，列為必查資料，包括從前是否知道？③物品數量很多，可推定是否為二人以上共犯？

2. 傷害案

(1) 傷害案因被害人仍然存活，故實施何種犯罪行為？受到怎樣傷害？由被害者之供述就容易查明；有關傷害案件調查方式，古代的《洗冤錄》，早將被害部位及程度列為重點。

(2) 因被害程度，關係到量刑輕重和損害賠償，故傷害部位、受傷狀況、凶器種類、行凶手段和方法，查證應該慎重。惟身體與屍體創傷之比較，兩者有很大不同變化，應該特別注意；當然這些問題，必須有法醫師的診斷。

(3) 殺人與傷害，界線經常混淆不清，故除受傷部位、傷害程度必須明確檢查記錄外，嫌犯的「犯意」及「目的」更應釐清。

3. 殺人案

(1) 殺人案被侵害法益，是人的生命，因此犯罪行為與被害人死亡因果關係，即係犯罪偵查重要課題。

(2) 被害者之死因，如與犯罪行為無關，乃為單純病死或事故死亡，無法成為殺人案件。

(3) 嫌犯如有兩人以上，必須查明「致命傷」是何人所為？每人所持凶器？傷痕分別如何造成？應該調查清楚；當然這些問題也賴法醫對屍體解剖檢查，有關詳細之死因方能確定。

4. 妨害性自主[8]

(1) 妨害性自主是以強暴、脅迫、恐嚇、催眠等方法而為性交，被傷害法益為貞操；其問題點在犯罪行為是否已經實施（既遂或未遂）？合意

8　DiMaio & DiMaio（2001: 435-452）；Fisher & Fisher（2012: 329-342）；Eckhoff（2004）；Petraco & Sherman（2005: 161-180）；Geberth（2010）；其中Geberth（2010）堪稱關於性侵凶殺犯罪偵查最為深入之專門著作。

與否？因而本罪成立要件，以「強暴、脅迫」及「性交」兩行為為必要。

(2) 強姦既遂與未遂之區分，採接合說，只須陰莖一部分插入女陰即屬既遂，不以全部插入為必要，而女方處女膜有無破裂尤非所問（最高法院58年台上字第51號判例）。

(3) 要證明有無發生性交行為，須從被害人膣內檢驗出嫌犯精液，而證明精液方法，一般是以精液中精子，及酸性血清鹽酵素為對象，只要可以檢驗出就可證明。而驗出精子是最能證實精液方法，但有時因時間之經過，形狀會受破壞而無法驗證。可檢驗精子時間，大約為性交後20小時，亦有較短時間仍難以證明案例；有些是無精子症的嫌犯……。但也不可因無法驗出精子，而斷定未曾性交。

(4) 子宮內部精子存活時間，較膣內為長，亦有經過十至三十日，仍檢驗出之案件。此外被害人外陰部、大腿內側、肛門部位、所穿衣服（內褲、束腰、裙子……）、做案現場紙片、床巾等，均應採證送驗。

(5) 妨害性自主是以暴力強行性交，對被害人會造成各種傷害，如外陰部裂創、會陰部受傷、膣口部裂傷等。如有這些裂創，強制性交事實大致不會有誤。處女與幼女被害，處女膜會破裂，它在膣的入口處，似圓形肉樣之膜，於初次性交破裂者較多；亦有本身手指頭、棉花棒等物插入，或強裂運動破裂者。故新的裂痕，係強制性交抑或他故造成，必須由醫師仔細診斷檢查。

(6) 此外大腿內側表皮剝離、皮下溢血、腰部打撲、頭部受傷，上肢胸前溢血、頭部壓迫勒痕……，這些傷痕均因暴力造成，亦可作為性侵害間接證明。

(7) 也有嫌犯將性病（淋病、梅毒、軟性下疳、愛滋病……）傳染被害人案例；如被害者過去無此病史，乃是強制性交之有力證據。另被害人、嫌疑人彼此衣服、身體損傷狀況（抓破、抓傷、咬傷、打傷等），皆為佐證施暴性交之事實。

(8) 妨害性自主案件，不論被害人或嫌疑人，都會做不實、虛偽而有利於己之陳述，故應以種種狀況證據，審慎客觀來證明犯罪事實。

（三）死亡屍體

人因病而死是自然現象，在醫學上稱之為「自然死」；若因自殺、他殺、意外死亡等，非生病原因死亡的，則為「屍體命案」。社會上一般所謂死亡屍體，尚包括著死因（身分）不明屍體，在警察工作而言，這些「問題屍體」應視為命案處理。基於犯罪偵查立場，發生（發現）死亡屍體，首應考量以下幾個問題：

＊死者是誰？

＊死因是什麼？

＊與犯罪有無關係？

＊若有關係是哪種犯罪行為？

＊是何時死亡？死後已經多久？

＊被害人與嫌犯可能有哪些因果關係？

上述各點必須逐一查明瞭解，[9]而要解開相關疑點，除了對屍體周圍狀況、身體持有物品，應該仔細勘察蒐證外，尚得對屍體做法醫學上之檢查。茲就上列所述各問題中三大重點：1.死亡原因；2.屍體與犯罪關係；3.死亡時間，說明如次：

1. 死亡原因[10]

(1) 一般人之死因大致有下列幾種：

① 疾病：腫瘤、癌症、肺炎、肝病、腎臟病、腦溢血心臟病、年老衰竭、新陳代謝異常等。

② 窒息：悶死、溺死、縊死、絞死、扼死、窒息式做愛、缺乏氧氣、氣道內異物阻塞等。

③ 失血：外傷、外科手術、血管損傷、血液疾病等。

④ 器官損傷：腦部重挫，心臟損傷、肝臟破裂、腎臟受損等。

9　在實務上，歐美先進國家犯罪偵查研究，已經逐步針對各類不同型態的犯罪事件，建立不同的犯罪證據偵查「清單」（Checklist），便於檢警從事相關證據保全和分析工作（Geberth, 2013: 21-37）。

10　參考Hanzlick（2006: 61-148）。

⑤ 藥物中毒：農藥中毒、毒品中毒、氰酸中毒、酒精中毒、安眠藥過量、一氧化碳中毒等（Walls & Hearn, 2007: 1-12）。

⑥ 電器、熱能傷害：火傷、燙傷、電擊、放射傷害等。

⑦ 其他：餓死、凍死、猝死、休克死等。

(2) 上列原因可單獨致人於死，但也不一定有此狀況，就算可致人殞命，要看所致死部位及程度；例如腦溢血輕者只半身不遂，亦可治癒；火傷若只在表面，且範圍不廣，並不會致人於死。

(3) 因此要正確決定人之死因，必須解剖屍體，調查哪個部位發生何種傷害？受害程度如何？根據解剖報告才能論定死亡原因；這些均是法醫（病理）學的工作（Lee, 2004）。

(4) 惟一般而言，依據死亡前症狀、就診過程、屍體狀況，大致可推定死因；不過若確因生病而死，應該都有醫生開立之死亡診斷證明。

2. 屍體與犯罪關係[11]

(1) 屍體有自殺、他殺、意外事故死亡等種，而與犯罪關聯的有殺人、傷害、妨害性自主、過失致死、遺棄屍體、加工自殺……等，其中最有問題的當然是殺人。

(2) 死亡屍體要查明與犯罪有無關聯，一般要經過法醫學來鑑定自殺或他殺；惟從①死亡原因；②屍體周圍狀況；③屍體顯見徵候，亦能初步推論，當然對這幾個變項，必須綜合分析研判才不致誤斷。

① 死亡原因

A. 扼死的很明確為他殺，包含用手或繩子將被害人勒斃，但有些所謂柔道姿勢也可造成勒斃。而以手勒死案件會造成舌骨斷裂或伴隨甲狀腺軟骨出血；但用繩子勒斃案件則少見舌骨斷裂。

B. 縊死大部分為自殺，也有偽裝自殺的，這可從死者脖子索溝痕判斷，如果以繩子、電線、類似器具勒死的會在喉部留下很深溝痕，此與吊

---

11 此一部分關於自殺事件犯罪偵查的討論，綜合參考Gardner（2012: 363-382）與Wagner（2008: 7-38; 2009）。

死情況很像，須由法醫解剖檢驗。

　　C.鈍器造成創傷，大多是他殺或災害引起，少有自殺的。惟跳車（臥軌）自殺，則有所不同。

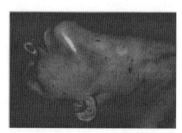

圖片摘自Geberth（2006: 340）

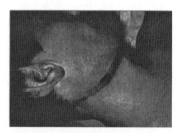

圖片摘自Geberth（2006: 342）

　　② 周圍狀況[12]

　　A.自殺者因有其特殊心理，可從場所及周圍特徵來察辨，如跳水自殺，其持有物品、鞋子，均較整齊擺放或留有遺書。

　　B.跳樓自殺案件，一般在現地均會留下灰塵印痕，如鞋印、手印、衣服印痕等，都是幫助重建的最佳線索，因而初期現場之保全及記錄很重要。過去有不少家屬或員警，為查看係從何處跳下，而跑到陽臺或爬上窗戶；隨後抵達之勘察人員乃發現許多腳印、鞋印，造成事後家屬質疑死者是他殺，被推下樓致死，徒增偵查諸多困擾；故而首先抵達員警，應以保持現場完整為第一要務，切勿去破壞或製造跡證，若須先予瞭解狀況，可到上、下樓層同一位置對照即可。

　　C.他殺案件現場常有打鬥、逃亡或跌倒跡象，竊盜、強姦、殺人，屍體周圍更是顯得凌亂，如傢俱移位，持有物品飛散；若在野外，則附近花草樹木有被激烈踐踏、折斷狀況。

　　③ 屍體徵候

　　A.偵查人員若能仔細觀察死者身體狀況及現場情形，初步可以確認死亡方式，例如：被害人喉部發現新的擦傷、瘀傷或指印，則可能和勒死有

12　此一部分關於自殺事件犯罪偵查的討論，綜合參考Geberth（2013: 44-50）。

關；被害人眼睛結膜或鞏膜發現出血點，則大概與窒息有關；另有些人在窒息時會有咬舌情形，在舌頭可發現創傷（Geberth, 2006: 341）。

B.由陳屍之方位、身上衣服紛亂狀況、屍體顯見異常傷狀……均可推知變死體與犯罪有無關聯。如有打鬥痕跡體位，痛苦之反應（拳頭緊握抓空、充滿恨意死相），雙手握有毛髮、砂土和抓破衣服等。惟自殺者因不堪痛苦，亦可能形成異常體位，故不可一概而論；至於手腳被綁，肩膀被繩圍繞之狀況，應大致為他殺。

C.創傷與衣著之關係，一般而言自殺與他殺者於衣服所呈現之狀況亦不同，源自警察經驗的專業，即可判知係自殺或他殺；時下流行割腕自殺，其割傷部位及傷口自然性，也迥異於被殺。如果死者手中握有凶器，要檢視是否因屍體痙攣而緊握，有此現象顯示凶器在死時就握住，而非死後被放置。

D.若使用槍枝抵住頭部自殺，槍枝會從手中掉落；長槍管的來福槍或霰彈槍通常會發現抱在死者手臂。疑似用槍自殺案件，檢視以下幾項狀況可得知：死者之手有無煙煤顆粒？槍枝有無擊發及性能？槍管有無反濺物質？注意存活時間因素（survival time factor），瞭解受傷到死亡時間，死者有無處理凶器或離開原地？最後進行彈道比對（Gardner, 2012: 299-330; Prior, 2004; Noedel, 2009; Geberth, 2006: 397）。

E.如果用刀子自殺，傷勢通常會在喉嚨或手腕，若是刺傷，一般會直刺心臟；許多自殺案的刺傷集中在胸膛及左胸，且為多重的，偵查人員也應檢視有無猶豫性傷痕（hesitation marks），它會與致命傷平行。若用手槍自殺，目標會在頭部，其次為胸部或腹部；而頭部傷勢最多為抵住太陽穴，次為額頭或含在嘴巴開槍，有些事例中出現猶豫性槍傷，故可檢視死者手部有無反濺血跡或組織。使用來福槍或霰彈槍自殺，最常見朝頭部開槍，再為胸部，腹部最少（Geberth, 2006: 398）。

F.至於絞死後之狀況，本於警察專業經驗，可自死者衣著呈現外觀狀況判知係自殺或他殺。此外屍體所見異狀，有窒息死的索痕、傷害致死創傷、氣管內炭灰、燒死屍體形成之水泡等，皆可作為辨識參考。

G.以上各點僅能做參考，不能以單一行為去判斷，必須綜合整體考量，如曾經打鬥或因逃逸而跌倒者，其衣服會撕裂、破洞或沾附土砂；惟酗酒泥醉肇事，或服毒掙扎死亡的人，亦有類似之處，特應注意。[13]

圖片摘自Geberth（2006: 386）　　　　圖片摘自Geberth（2006: 408）

3. 死亡時間[14]

一般而言變死體，尤其與犯罪有關之屍體，其死亡時間大概即為犯罪時間（當然亦有例外）；而要推定死亡時間，應依據(1)屍體變化；(2)蛆蛹成長；(3)現場現象，而做判斷：

(1) 屍體變化

死後屍體變化，亦稱屍體腐敗、分解，其受下列兩大因素影響：

①天候因素：溫度、溼度、氣流、自然力情況（風吹、雨淋、日曬……）、陳屍地點（在室外或室內，在水中、土中、或沙漠中）；又加上衣著及時間等因素，這些均與屍體腐敗分解有密切關係。

②外部因素：外部因素如昆蟲、動物，可能啃食遺骸而造成屍體之損壞。有關死後屍體變化，如：形成屍斑、體溫下降、角膜混濁、屍體僵硬、屍體痙攣、消化道內容物、屍體分解腐敗、產生屍蠟、木乃伊化等現象狀況，均可逆算推定死亡時間（Geberth, 2006: 231-255）；另附錄8-1「評估死亡時間參考項目一覽表」於後。

---

13 關於各類創傷類型的犯罪偵查討論，可以參見DiMaio & DiMaio（2001）。
14 此一部分關於死亡時間的說明，綜合參考DiMaio & DiMaio（2001: 21-42）與Dix & Calaluce（1998: 32-47）。

(2) 蛆蛹成長

①屍體如開始腐敗，蒼蠅即在鼻孔、嘴巴、眼睛、傷口等處產卵，而蒼蠅的卵於春、秋季，大約24小時會變成蛆，夏天則只須10小時左右；漸漸成長後，夏天約一週，冬天約二週，蛆即變成蛹；又過一至二週即變為成蟲的蒼蠅。

②蛆蛹成長過程，與四季溫度即天氣變化而有所不同，故陳屍處的環境、溫度影響蛆蛹成長，進而左右死亡時間的推定，其關係之重要與密切不言可喻。

(3) 現場諸般現象

①常見的錶針已停止運行，一般手錶停轉時刻，大多表示是跳水、打鬥時間（但防水、潛水錶例外）；另室內鬥毆，牆壁掛鐘、床頭鬧鐘，也會因打到或摔落而停轉；但老早就已故障，或打摔經過多時才中斷運轉之情況亦有，仍須列入考慮。

②氣象與死亡時間亦有關聯，例如屋外屍體從衣服情況結合天氣晴雨變化，源自警察經驗，可判知陳屍時間係於雨前或雨中（陳屍點積水即為例外）。另荒野強姦殺人案，死者鞋中留下雨水量，可測知降雨量，進而推定案發時日。

③如果死者被發現在戶外，蓋滿了雪，且屍體底下的地面是乾的，這地區何時下雪就很重要，因這具屍體肯定在下雪前出現的；另屍體上面因風吹，而累積砂塵厚度；隔夜屍體下面的草有無露水；雪地與泥土上的足跡等，鑑識單位均能依其狀況，推論時間關係。

④屋內死亡多日才被發現者，可從住所獲得額外資訊，例如有無投送報紙、雜誌、信件、牛（羊）奶，各種通知單，及水槽上有無碗盤、桌上有無食物……等，依據堆積數量和廚房狀況而推定死亡日期；另壁上懸掛日曆撕頁情形，亦能作為遇害時間之參考。

⑤鄰居聽到之槍擊聲、喊叫聲、異常聲音，被害人住宅電燈明滅狀況、門窗窗簾持續開關狀態、洗（曬）衣乾溼結果……都可作為死亡時間推論參酌。

三、有關犯罪行為的證據

　　犯罪偵查目的在蒐集保全犯罪有關證據，調查犯罪事實經過，期使案情真相大白；而理想偵查，除嫌犯自白之外，更要有完整證據，才能達到「發現真實」和「保障人權」兩大目標，最後讓法官做出正確判決，此乃科學偵查之真髓。而要使犯罪真相明朗，具體有效做法，就是查明嫌犯實施的詳細犯罪行為，及被害人究竟受到哪些傷害？這些發生經過及案件全貌，都是在探討與犯罪行為有關的證據。

問題思考與討論

1. 你認為會污染或破壞命案現場的因素有哪些？請列述之。
2. 命案發生後，首抵現場員警，應特別注意哪些事項？現場處理實務強調一次就做好，這是什麼原因？
3. 偵查實務為何要求將每件死亡通報，均視為命案處理，你認為係何緣故？
4. 當你抵達命案現場時，嫌犯尚未逃離，此刻你應有何作為？如何檢查嫌犯身體衣物？帶回派出所後又需注意哪些問題？
5. 命案發生後，你認為可從被害人身上發現哪些線索？想想看。
6. 為何命案發生後，必須請死者家屬或親友前來製作筆錄？其故安在？
7. 在所有刑案類別中，你認為哪種刑案最重要？是何原因？說說看。

附錄8-1　評估死亡時間參考項目一覽表

	項目	現象	機制
屍體變化	顏色	1. 皮膚表面呈蠟狀或半透明狀，嘴唇和指甲失去粉紅色； 2. 膚色轉暗； 3. 屍斑。	1. 死後心臟停止跳動，血液停止循環，血液流入末稍微血管呈現之； 2. 血液不帶氧，從鮮紅轉為暗紅； 3. 血液在身體較低部位聚積。
	眼睛	1. 皮膚表面呈蠟狀或半透明狀，嘴唇和指甲失去粉紅色；對光、接觸、壓力不會有任何反應； 2. 眼角膜或澄清部分在死後半小時內到幾小時會變輕微乳狀或混濁。	眼皮開合、溫度、氣流、溼度會影響。
	體溫下降	活體溫度約37℃，死後屍體溫度逐漸下降至常溫。	體脂肪、衣物、屍體姿勢、年齡、環境是否通風或潮溼等因素會影響。
	屍僵 （rigor mortis）	1. 於死後2-4小時開始；全身同時開始，但下巴及脖子先顯現； 2. 死後8-12小時屍體會完全僵硬； 3. 死後18-36小時開始緩解； 4. 48-60小時內屍僵會消失。	1. 身體肌肉產生化學變化而變硬的過程； 2. 屍僵受到許多變項影響，因此用以評估死亡時間不準確。
	屍體痙攣 （cadaveric spasm）	某些情況下，手或胳膊會在死後立即僵硬，稱之。	1. 肌肉收縮造成； 2. 無法複製； 3. 持續直到屍體腐敗。
	屍斑 （postmortem lividity）	1. 皮膚上的紫色斑點； 2. 死後30分鐘屍斑開始出現，3-4小時發展完成，8-10小時變得固定（不會轉移）。	1. 血液因重力堆積滯留在血管內所造成； 2. 不同死因屍斑顏色會不同。

	項目	現象	機制
屍體變化	消化道內容物	以胃內容物消化情形判定死亡時間。	1.一般情況下胃要完全消化內容物至少需要4-6小時； 2.小腸淨空則距最後一次進食約12小時以上。
	腐敗作用（putrefaction）	身體死亡後腐敗作用即開始，腸胃道內的細菌和微生物就會離開腸道進入其他組織器官，隨著牠們繁殖增長，會釋放出氣體和其他物質造成身體組織扭曲、變色。	1.自我分解（autolysis，細胞內酵素透過化學作用將死亡的細胞和器官分解）和細菌作用（bacterial action，將人體的柔軟組織轉換成液體或氣體）的結合； 2.腐敗速度取決於溫度、土壤、衣物、體型等。
	屍蠟（adipocere）	屍蠟是油脂狀、像肥皂的物質，當屍體暴露於潮溼環境會在屍體表面產生；溫暖氣候中6-8週即可形成。	屍蠟產生是因為體脂肪的化學變化（體脂肪加氫形成脂肪酸）所致。
	木乃伊化（mummification）	屍體暴露在又熱又乾、乾空氣充足且流動環境中形成。	屍體水分快速蒸發，體組織會變得又乾又硬而不是分解，會延緩分解作用。

資料來源：林燦璋教授，命案偵查講義，61-62頁。

第九章　指認犯罪嫌疑人

壹　指認的信度與效度

在民國91年臺灣社會曾經發生一件家喻戶曉「舔耳認錯人」[1]的烏龍事件，前衛生署署長涂○○，被問政第一名、素有立院模範生之稱的立委李○○，和某點心店老闆鄭○○「誤認」係性騷擾之嫌犯風波，震撼整個政壇社會；真相大白後，李立委、鄭老闆除了鞠躬道歉，後悔加淚水外，兩人分別面臨當時輿論制裁、逼退聲浪、移付紀律會懲處的擾攘。此外，接沓而至之毀謗官司、5千萬民事求償等問題，更衝擊著當年這位政壇俊秀，她從此元氣大傷，聲望重挫……；故而這齣血淋淋教訓，幾讓整個社會瘋狂之「認錯人」事件，足以引為犯罪偵查人員非常重要之殷鑑與借鏡！

警察從事犯罪偵查，必須實施被害人、檢舉人或目擊證人指認犯罪嫌疑人，究竟指認有多少的信度與效度？先從以下幾點來討論：

一、記憶信度與下意識移情作用

（一）記憶有其不確定、不可靠性

「指認」是透過人類的「記憶」，去儘量還原當時真相原貌。而根據心理學家研究發現：「記憶是人將過去零碎、片段訊息，重新組合的產物」，並非一般人所認為：「記憶像錄影帶一樣，忠實地記錄了過去的影像」；因而記憶就有其信度問題及潛存之不確定性，故「記憶」其實是一段主觀知覺重現的歷程。知名美國心理學家伊莉莎白‧羅芙托斯，在其辯方證人一書中曾指出：「認知與記憶的運作方式與電視或錄影帶、照

1　舔耳案　李慶安　鄭可榮　判賠100萬元（蘋果日報，2007/9/20，上網日期：2015/6/29）。

相機是截然不同的。一般以為事件真相一旦被記憶起來，便在腦海中蟄伏不動，不會受到影響或損傷；其實正好相反：我們從環境中擷取到片段線索，在進入記憶系統後，會與先前的知識與期待——也就是已經儲存在記憶中的訊息——產生交互作用。因此實驗心理學家認為，記憶是種整合的過程，是建構性和創造性的產物。……許多研究顯示，記憶會隨著時間消逝而衰退。」

（二）記憶可因暗示而導致虛構

1.美國社會曾經掀起記憶真假大討論，其中一次是心理治療所引發。有很多病人在接受心理治療後，就漸漸「回憶」起自己遭受父母或親友性侵害的記憶，這些人因此陷入更大的身心痛苦，並於治療師說服下而出面做出指控。但進入訴訟審判後，用科學方法檢視證據，卻發現這些「受害者」之「記憶」，其實是「虛構」出來的；譬如渠等聲稱曾遭強制性交，但醫學檢驗卻發現她尚是「處女」；或受害人做多次回憶訪問，但每次陳述受害情節均不同，經進一步深入查究，發覺問題出在被害者之「心理醫師」。

2.因一些偏激治療師，在治療過程不斷暗示病人，其症狀極有可能是小時候被侵害之結果，患者就在不斷地被暗示與加入自己想像後，腦海中出現了自己被性侵害之過程，與栩栩如生的畫面，並在「自己回憶出的記憶怎可能是假的？」之信念下，造成她對此「回憶」深信不疑。

3.上述情形在美國研究發現不少類似案例，更曾有「記者」因而偽裝病人，去揭發心理治療整個過程，故美國社會乃開始熱烈討論「記憶」的「真假」？受害婦女的「說法」和「記憶」乃出現了「擁護」與「懷疑」兩派。故刑事偵查工作，不管是被害人、嫌疑人、在場人，對過去案發現場，有關情節之回憶與陳述時，除了必須小心查證，更不應有「暗示性」的引導。

（三）下意識移情作用[2]

有關證據分有人證和物證，而人證包括目擊證人和被害人證詞，不管目擊證人或被害人證詞，固然均非常重要，但必須謹慎小心求證，因在偵查實務上，曾發生不少「指認錯誤」，或「證詞失真」的案例。而人證之不盡可靠，乃因有故意說謊、被脅迫、受利誘的；另有些雖非故意說謊，但因「光線」、「心理壓力」、「外在環境」等因素干擾，致「知覺」、「記憶」不全，即或親眼目睹，然與過去記憶混淆，致影響證詞之正確性。而究竟何故造成人證產生偏差？經研究與「下意識移情」作用和「事件後資訊」效應有關。

「下意識移情作用」即傳統上警方辦案及院檢雙方的偵審工作，多重視目擊證人或被害人之指認，但美國伊莉莎白・羅芙托斯對「目擊證人」之記憶，於深入研究後發現，證人有「下意識移情」作用，也就是「證人因記憶上的錯誤或混淆，而誤將在此情境中看到的人當作是在另一不同情境見到之人」。

二、指認效度和事件後資訊效應

（一）指認若未經查證，其效度不高

有關被害人或目擊證人，指認嫌犯錯誤而造成冤獄的案例甚多，部分因受「指認錯誤」而被判刑之嫌犯，經過各偵審單位再詳細調查後，因陸續出現新證據，後來才發現他們是被「誣陷」的。而不少指認錯誤案例，居然是因為警方已「先入為主」有了「預期嫌犯」，故在證人指認過程中，有不當的暗示與誤導所造成。這些因暗示、誤導致「記憶」產生「扭曲」或「虛構」情況下所做之指控，使許多無辜的人付出慘痛代價；故美國的審判，如果有涉及「指認」、「回憶」等證據，均會相當謹慎、小心處理，也會安排「心理學家」向陪審團說明「記憶」的歷程與真實性。故

2　翁景惠，現場處理與重建（臺中：書佑文化公司，2000/5，第2版），3-4頁。

事件後憑記憶所做之指認,若未再經深入查證,效度令人存疑有其危險性;因記憶可能是真實,也可能是扭曲,抑或是完全無中生有、自己虛擬的。

(二)事件後資訊效應

它指在目睹非常重要事件後所接觸到的訊息,不一定會加強既存記憶,甚至將根本不存在細節,與既有記憶結合在一起,這乃稱為「事件後資訊效應」。也因如此,難怪偵查實務上有不少刑案,不管提供照片抑或直接面對嫌疑人,被害人或目擊證人在「指認」時,常會有錯誤現象;故若有多名目擊證人時,更必須「先行留住」、「隔離分開」、「及時指認」,以免時間沖淡記憶,或因共聚一起彼此溝通,而將固有的記憶互相左右,終而產生混淆。

三、指認曾經錯誤(或記憶混淆)之案例[3]

(一)監視錄影指認案例

1. 案例一

民國81年間,作者偵辦某大學歷史系二年級女生蘇○○,寢室內郵局提款卡失竊案例,經向附近郵局查證:失竊後提款卡仍有提領紀錄;乃向該郵局調得當天提款機錄影帶,經被害人及其室友共同閱帶,咸認乃對棟寢室張姓男同學。張姓同學通知到案後,與錄影帶嫌疑人比對,發現外表、長相、輪廓……完全一模一樣,請張同學自看錄影帶後,詢問他是否涉及該案?竟堅決否認。但被害人和其他多位同學及承辦刑警,多次觀看錄影帶後,異口同聲咸認:竊賊就是「張生」。然而經過數小時詢問,其依然矢口否認,氣得被害人、在場同學、刑事人員暴跳如雷,而他始終不願認罪。

本案因現場並未留下任何跡證,唯一證據就是這捲錄影帶,雖然大

家均指認張某，然其堅稱非涉嫌人；承辦人本要依被害人及同學們共同指認，和該捲錄影帶就要將張生依竊盜罪函送。適組長出現，瞭解原委後，指示先將涉嫌人交由教官帶回，由承辦刑警會同學校教官，播放錄影帶給全部住校學生觀看，讓大家共同辨認後，再做處理。結果答案揭曉，又有人指證影帶中人，就是同一區宿舍內另位李姓同學。

經會同教官，傳喚李同學到案後，李生見事蹟敗露，乃坦供犯行；查該生之外表、長相，亦與影帶內竊嫌相貌一致。天底下就有這麼巧、這麼酷似的事！若當初組長未能指示再做深入調查，真正嫌犯李生可能永遠逍遙法外，而張姓同學就成為代罪羔羊，無形中又平添了一起冤獄事件。

2. 案例二

106年臺北市南港陳姓小模遭殺害棄屍案[4]，3月初嫌犯程某到案後，供稱是梁姓女友策劃，並聲稱「梁女與死者有嫌隙」，因此設局要對陳女劫財、性侵，梁女不但幫忙約出陳女，且他性侵、殺害陳女時，梁女全程都在現場……。

本案經警方調閱案發大樓附近監視器畫面，發現口罩女、毛帽女一同進出超商，而懷疑是陳姓女模和梁女，但梁女稱：監視器中的女子和她雖然神似，但並非她本人，而是另位「神秘第三者」，案發當天她都在家休息……。後經查證毛帽女乃大樓住戶，另口罩女因監視器畫面模糊，無法確認身分；惟因程嫌蓄意誤導檢警辦案，將監視器畫面之陳女指為梁性女友，……梁女與程嫌乃移送士林地檢，遭聲押禁見。

三日後，檢警再調閱案發人樓及梁女住家附近監視器畫面，詳細查閱後，認定大樓監視器拍到的女子並非梁女。且當天上午11時到下午16時，都沒攝錄到梁女離開住家之畫面……認為其涉案程度大為降低，乃向法院聲請撤銷羈押。

梁女於106年6月20日經地檢署不起處分，然梁女因監視器畫面模

4　南港小模姦殺案，維基百科，網址：https://zh.wikipedia.org/wiki/%E5%8D%97%E6%B8%AF%E5%B0%8F%E6%A8%A1%E5%A7%A6%E6%AE%BA%E6%A1%88（上網日期：2017/5/5）。

糊,復以程嫌無端之誣指,而遭法辦含冤羈押三天……其名譽、身心之創,已非刑事補償金可弭平傷痕!

(二)被害人指認嫌犯案例

民國82年9月間,破獲郭○○連續飛車搶奪案,郭某經警方數次借提,偵破其於南部縣、市鄰近地區,連續搶奪婦女皮包二十餘件,其中一件林劉○○被搶奪案,因被害人林劉女士「指認錯誤」,造成某分局抓錯人犯,而該嫌犯已遭檢察官提起公訴,全案進入審判階段中,所幸警方及早逮獲郭嫌,自其身上起獲林劉女士當時被搶支票,經通知被害人到場指認並領回該支票後,方得悉本件因「錯誤指認」造成了「一案雙破」,某分局及承辦檢察官聞訊後,一陣錯愕與驚訝,頓然間地方輿論也一片譁然及撻伐。

(三)警察指認嫌犯之案例

民國96年3月15日國道福高東山段,突發生震驚社會的「襲警奪槍殺人案」,嫌犯石○○於案發後與同車另嫌方○○分別逃離現場;因係屬深切影響社會治安之特殊刑案,刑事警察局、國道公路警察局、臺南縣警察局……等相關警察單位,組成專案小組,全力追緝在逃嫌犯。臺南縣警察局搶先於同年3月16日在嘉義逮捕疑似共犯陳○○,移送後檢察官裁定羈押。事發三天後,警方查獲方嫌,發現「國道襲警奪槍殺人案」的真正兩名嫌犯乃石○○及方○○,證實日前遭逮的陳○○並非當晚共犯……,故又爆發了一起輿論譁然的「抓錯人烏龍事件」。

而本次指認可疑對象錯誤的並非一般民眾,而係受過警察專業訓練之國道員警林○○;因此從這個案例,更可以驗證被害人遇襲之際,因緊張、驚嚇過度,事後在指認嫌犯時,的確潛存著許多不確定與不可靠因素……。烏龍事件後,時任臺南縣警察局黃局長受訪指出:該案的狀況證據比較多,直接證據只有員警之指認,故指認方式往往容易產生偏失……。經由這個案例教訓,更深切提醒著偵查人員:面臨嫌疑人之指認

工作時，務應戒慎再三！[5]

（四）被混淆的記憶

　　某家三姐弟奉母命到隔壁超商購買「味精」，大姐怕忘記，邊走邊唸著「買味精」、「買味精」……，走到公園銅像前，小妹突然發問：「姊姊，我們是買味噌？或買味精？」大姐肯定回答：「是味精。」妹妹、弟弟卻向大姐質疑說：「不是味噌嗎？」這下大姐頓時間也亂了方寸，自己之「記憶」已受弟、妹所左右混淆，一時失去了信心，對自己也產生懷疑，無奈又折返家，在門口大呼：「媽媽，要買味噌？或買味精？」媽媽回答：「味精啦！」從這個真實的小笑話，可知人的「記憶」，除了時間會淡忘一切，也可能隨時受到周遭環境、情境等不同因素而干擾，故記憶就會「失真」，當然「指認」就可能錯誤！

貳　指認的做法與要領

一、偵查實務常造成指認錯誤的原因有哪些？

　　（一）記憶沖淡混淆。
　　（二）先入為主觀念。
　　（三）暗示誤導所致。
　　（四）未能見微知著。
　　（五）不知反覆查證。
　　（六）作秀心態作祟。
　　（七）急功好利使然。
　　（八）破案壓力造成。

5　國道襲警奪槍　警錯逮陳榮吉（中國時報，2007/3/19，社會新聞）。

二、怎樣做才能避免指認錯誤[6]？

　　「指認錯誤」會造成誤判，古今中外均有不少司法前例，就算先進國家之美國，經證實研究發現，也有將近五成「冤錯案」，是「目擊證人」指認錯誤造成的。故究竟應如何指認？方克避免或減少錯誤，今就德、美等較先進國家做法，並結合國內偵查實務經驗所得，認為必須兼顧以下三大步驟。

（一）須先對指認者瞭解評估

　　有關目擊證人，應先探求評估指認人，對目睹經過描述之「精確度」有幾成？其次瞭解指認人，描述嫌犯特徵及犯罪過程之「能力」、目擊時間「久暫」，及注意「程度」為何？再者查明指認時，距案發之際「間隔長短」如何？

（二）律定指認應該遵守原則

　　不得「單一指認」，應提供「多數」符合先前「指認特徵」嫌犯資料，予目擊者做「選擇題」式之指認，勿只提供單一「口卡片」或「單張照片」給被害人或目擊者來指認。所提供「指認資料」，不得有「未符」先前指認特徵的「重大差異」；必要時更須安排「數人」做「列隊指認」，但不可讓渠等交頭接耳，相互討論。指認前不可有任何「誘導」或「暗示」，也不應給指認人接觸到嫌犯、卷宗或聽聞偵查細節之機會，以免影響指認，甚至要先告知指認人，真正嫌犯不一定在指認名單或指認列隊中，或其髮型、穿著等外貌特徵可能已改變。禁止「重複指認」，即只採「一次指認」原則，以免多次重複指認，形成記憶污染，而誤導判斷。告知受指認之嫌犯得選任辯護人，若是強制辯護案件，應指定辯護人。列隊指認宜由不認識嫌犯之偵查員為之。真人指認過程，應全程錄影，指認過程所獲得資料，應附卷備查。

6　黃鈞隆，「舔耳」認錯人事件，警光雜誌第558期（2003）。

（三）司法事後之篩檢審查

司法方面則針對上述指認程序之要求，加強篩檢，避免因為記憶失真的誤認，而影響指認正確效度。以司法之「事後審查」，否定未按指認程序所取得證據的能力，藉以強化指認作為之拘束力。

三、哪些情況下之指認，須存疑？

證人指認錯誤是偵查誤判造成冤獄的重要原因之一，故有關嫌犯之指認，尚要加入當時的偵查氣氛及偵查環境等；為保障被告的基本權利，防止指認錯誤之發生，亦有學者提出下列幾點，用以觀察指認人本身是否具有指認錯誤的特質，當指認人具有下列事項時，對其指認結果即須存疑[7]：

（一）證人在作證之前即聲明未必能認出嫌犯。

（二）證人在案件發生前即已認識犯罪嫌疑人，卻未在警方偵查之初舉發。

（三）證人在最初所描述的嫌犯特徵，跟實際的形象差距過大。

（四）在指認犯罪嫌疑人之前，目擊者已指認過其他的嫌犯。

（五）其他的目擊者經過指認，已排除目前犯罪嫌疑人涉案之可能。

（六）在犯罪發生前，目擊者不太有機會看過犯罪嫌疑人。

（七）目擊證人與犯罪嫌疑人分屬兩個不同族群。

（八）當目擊者剛開始觀察犯罪行為人時，未注意到犯罪案件已發生。

（九）目擊者看到歹徒的時間，距離指認犯罪嫌疑人時間過久。

（十）歹徒有一群人。

（十一）證人不能肯定其指認。

---

[7] Partic M.Wall, Eye-Witness Identification in Criminal Case（1996），引自高忠義譯，刑事偵訊與自白（商周出版公司，2000/2），48-49頁。參梁世興，指認程序之研究，警大法學論集第9期（2004/3），106頁。

四、前事不忘後事之師[8]

涂前署長被錯認事件提供了一個很好的教育及警惕作用,因為人事主任屠○○與某點心店老闆鄭○○,於到臺北市松江路○○KTV包廂內,就比肩而坐,近在咫尺,且有數小時共聚照面時刻,而竟然事後「指認」仍會認錯人,可見「記憶」之不確定性、不可靠性。何況刑案現場之嫌犯,快速做案,須臾間逃離,有些人犯案時還戴著口罩、面罩、安全帽……等,被害人遇襲之際,一時緊張、恐慌……頓時間腦海一片空白,甚或驚嚇過度而失去知覺;當他覺醒之後,人犯不是逃之夭夭,就只見側影或身後背景,以如此依稀單薄景象、矇矓不清記憶,想要做正確指認,殊為不易;就算是在場目擊人證,因受限以上因素,仍可能看錯人。

五、指認犯罪嫌疑人注意事項[9]

(一) 有關刑案偵辦,為確保被害人、檢舉人、證人或其他關係人指認犯罪嫌疑人之正確性,以期保障人權,實施指認時,須注意之事項如下:

1.實施指認,應指派非案件偵辦人員辦理。但因情況急迫或事實上之原因不能為之,而有全程連續錄音及錄影者,不在此限。

指認應於設置單面鏡之偵詢室或適當處所進行,並全程連續錄音及錄影。但有急迫情況且經記明事由者,不在此限。

2.指認前應由指認人先就犯罪嫌疑人特徵進行陳述,並詢問指認人與犯罪嫌疑人之關係及雙方實際接觸之時間地點,以確認指認人對於犯罪嫌疑人之知覺記憶為客觀可信。

3.指認前不得向指認人提供任何具暗示或誘導性之指示或資訊,並應告知指認人,犯罪嫌疑人未必存在於被指認人之中。

4.實施指認,應依指認人描述之犯罪嫌疑人特徵,安排六名以上於外

---

8 黃鈞隆,「舔耳」認錯人事件,警光雜誌第558期(2003)。
9 內政部警政署警政知識聯網/業務公告/刑事警察局/警察機關實施指認犯罪嫌疑人注意事項。

型無重大差異之被指認人，供指認人進行真人選擇式列隊指認。

　　但犯罪嫌疑人係社會知名人士、與指認人互為熟識、曾與指認人長期近距離接觸或為經當場或持續追緝而逮捕之現行犯或準現行犯者，得以單一指認方式為之。

　　5.實施真人指認時，應使被指認人以不同之角度接受指認，並逐一拍攝被指認人照片。

　　6.實施照片指認時，不得以單一照片提供指認，並應以較新且較清晰之照片為之，避免使用時間久遠、規格差異過大或具有暗示效果之照片。

　　實施監視錄影畫面指認或其他資料指認時，應參考前項要旨為之。

　　7.二名以上指認人就同一犯罪嫌疑人進行指認時，應予區隔，並先後為之。

　　8.指認程序準備中，發現未具備第1點至第7點所定實施指認之條件者，應即終止指認，待條件完備後，再行安排指認。

　　9.實施指認程序時，應製作指認犯罪嫌疑人紀錄表（格式如附錄9-1），並附被指認人照片。

　　對於不同指認人或不同被指認人之指認程序，皆不得以同一份指認犯罪嫌疑人紀錄表實施指認。

（二）老舊相片或模糊影像，辨認失敗案例

　　某分局警員許○○於民國98年2月20日23時許，執行取締酒後駕駛勤務，攔查民眾鄧○○疑有酒後駕車，經吹氣檢測酒測值高達1.09 mg/l，乃依涉嫌公共危險罪帶返所內偵辦。由於鄧嫌自知涉有詐欺、公共危險兩案通緝在身，為掩飾已是通緝身分，遂以渠兄名義冒名應訊；承辦員警因為鄧嫌並未攜帶任何證件資料可供查對，乃依規定調閱「口卡片」以資辨識，惟口卡上照片「過於陳舊」，且經傳真後更是「影像模糊」，致許員對其身分未能正確辨識清楚，而遭矇騙過關[10]……。

10　員警執勤怠惰，未落實搜身程序，致使嫌犯脫逃（內政部警政署，警察案例教育教材，2009/2）。

指認解析與判決函釋

一、警察之指認要領屬於法定正當程序

　　目前司法警察（官）調查犯罪所為之指認，係依內政部警政署107年修正施行之「警察機關實施指認犯罪嫌疑人注意事項」為之；又法務部於93年修正發布之「檢察機關辦理刑事訴訟案件應行注意事項」，其第99點亦有指認犯罪嫌疑方式之相關規定，資為偵查中為指認之準據，其具有補充法律規定不足之效果；且為內政部警政署及法務部依其行政監督權之行使所發布之命令，作為所屬機關人員於執行指認犯罪嫌疑人職務之依據，自有拘束下級機關及屬官之效力，應認屬於「具有法拘束力之法定正當程序」，如有違反，即屬實施刑事訴訟程序之公務員「違背法定程序[11]」。

二、指認程序欠符並非全無證據能力

　　按現行刑事訴訟法並無關於指認犯罪嫌疑人、被告程序之規定，而如何經由被害人、檢舉人或目擊證人，以正確指認嫌犯，自應依個案具體情形適當處理；若員警偵查過程未遵守「警察機關實施指認犯罪嫌疑人程序要領」，但如指認時可能形成之記憶污染、誤導判斷均已排除，且其目擊者亦未違背通常一般日常生活經驗之定則或論理法則，指認人於審判中，並已依人證之調查程序，陳述其出於親身經歷之見聞所為指認，自不得僅因指認人之指認程序與上開不具法拘束力之要領未盡相符，遽認其無證據能力[12]。

三、指認正確與否之認定

　　有關被害人指認嫌犯，最高法院判例認為：指認正確與否之認定，尤須綜合指認人對事實之陳述、其於該事件中所處之地位以及當時之周遭環

---

11 最高法院96年台上字第404號刑事判決（強盜案件）。
12 最高法院95年台上字第3026號刑事判決（強盜案件）。

境等情況，如足資認定其確能對被指認人觀察明白、確能認知被指認人行為之內容，且所述之事實復有其他證據佐證，並不悖一般日常生活經驗之定則及論理法則，始得採為判決被指認人犯罪之基礎。例如：本妨害性自主案A女指認並指訴上訴人性侵害之事實，若屬實在，其所陳稱被告係以拆開屋頂壓克力遮雨棚之方式侵入屋內一節，但卻查無A女或房東修復屋頂壓克力板之證據。另A女所稱上訴人係以水果刀割破其睡衣，於性侵害過程中並曾使用保險套等情節，然A女也未能提出所謂割破之睡衣或已使用過之保險套佐證，故最高法院認為原審未綜合指認犯罪之其他情節一併斟酌指認之憑信性，復有違經驗法則及論理法則[13]。

四、指認方法與法理解析

國內偵查實務對於嫌疑人之指認有真人指認、相片指認、錄影帶指認和聲音指認等方式，一般以真人指認為多、相片指認次之，錄影帶指認和聲音指認較少。而真人指認係指有嫌犯在場的對人指認；相片、錄影帶、聲音指認，乃無嫌疑人在場的影音物品指認，有關兩種指認類型之法理，分別探討如下：

（一）真人指認

1. 一對一指認易生錯誤

此種方法乃讓證人直接面對嫌疑人做指認，因只有被告和證人，故學說上批評此方式已暗示證人即為犯罪者，實務上為確保該指認的「可信性」，所要求者，常為證人之背書，而非證人之指認本身，證人或因受執法者之暗示，或無勇氣做出與執法者相反之決定，亦可能因證人的潛意識偏見（如白人常認為犯罪者即為黑人）而做出錯誤的指認。實務上93年台上字第6761號判決即指出：「一般證人於犯罪現場，因突然發生刑案，為確保指認程序能符合心理學之認知及記憶原理，提高指認的正確性，宜以列隊指認為主，且不應對目擊者有任何不適切之暗示等有要求有別。」

---

13 最高法院97年台上字第1356號刑事判決（妨害性自主案）。

認為一對一指認容易產生指認錯誤的情形，宜以列隊指認為主。

2. 成列指認亦有錯誤之危險[14]

列隊指認即將犯罪嫌疑人與其他為數不等與本案無關之人，站在一列，被害人自此一列人群中，挑出其所認知的嫌犯，此目的在防止「一對一指認」可能造成的強烈暗示性。而成列指認亦有以下錯誤危險：

(1) 證人可能自人群中挑一位「最像」的嫌犯，但未必是正確的答案。

(2) 成列指認常見於強姦、搶劫等案件，此類被害人常有憤怒、恐懼的心理，甚至於會產生報復或惡意的動機，有強烈的慾望自行列中挑出一名對象。

(3) 證人以外的其他因素影響，如警察自認該嫌犯就是犯人，不管是有意或無意，像警察的音調、表情等都會干擾、影響證人的指認。

(4) 被逮捕的嫌疑犯本身，也會有不同於他人之情緒反應，如緊張、恐懼等，但嫌犯的上述情緒反應，未必是因犯案被揭穿所致，也有可能實為無辜，但一般人易受突如其來的逮捕而惶恐害怕，並因此影響指認的正確性。

（二）影音物品指認

係指執法人員將一張相片、多張相片、錄影帶放映、錄音帶播放等以供證人確認是否為犯罪嫌疑人，如只有一張相片指認，則類似一對一指認；若是數張相片交與證人來認，即類似成列指認的情形。

（三）成列指認優於一對一指認

如前述我國93年台上字第6761號判決所示，蓋一對一指認有強烈的暗示性，具有相當高的誘導並造成證人錯誤指認的危險，不管是學說上或實務上，皆認為執法機關應盡可能的避免以一對一指認方式，而應優先適用成列指認（選擇式指認）。

---

14 王兆鵬，刑事訴訟講義（2009），812頁。

五、謹守指認原則與要領

　　目擊證人查訪，是刑案現場處理很重要之一環；嫌疑人到案後，讓被害人指認，及現場人證協辦佐認，係偵查中不可或缺之辦案過程。然而偵查實務一句名言：「人證不盡可靠」，正提醒著所有警務人員：一位偵查工作者，若過分迷信「人證」，不能慎思明辨、反覆查證，「指認」將是警方「重複破案」抑或「冤獄事件」之元凶。承辦人員除了將受到良心道德譴責，更可能遭受刑事、民事、行政……等責任追究，故不可等閒視之，應以戒慎態度，去面對這個嚴肅而多變的問題。

　　尖端儀器、新穎設備、精湛鑑識技術……是刑案偵辦的主流，但多元而複雜的犯罪偵查問題，不是只有依靠某項作為就可取代一切而達成任務；相對的，一些傳統辦案技巧或嫌犯指認等方法，不論古今中外或現在與未來均仍無法偏廢；故而有關人犯之指認，必須相當小心謹慎，不可因績效壓力或為破案而讓把關原則寬鬆，必須切實避免上開可能發生誤認原因，且強化指認作為三大步驟，並謹守偵查手冊規定之要領，則類似「舔耳認錯人事件」或「抓錯人破錯案」的醜劇、笑話，才不會一再重演！

附錄9-1　指認犯罪嫌疑人紀錄表

指認犯罪嫌疑人紀錄表	
執行時間	中華民國　　　　　　年　　月　　日　　時　　分
執行單位	
執行人員	
執行地點	
詢問事項	一、虛偽指認可能涉及偽證及誣告之法律責任，指認人如欲拒絕指認，請先敘明。簽名欄：＿＿＿＿＿＿＿＿＿＿（簽名捺印） 二、現因＿＿＿＿＿＿案件，須請您指認犯罪嫌疑人，方式為： 　　□真人列隊指認 　　□照片指認 　　□監視錄影畫面指認 　　□其他資料指認 　　□本案另符下列事由，故以單獨指認進行之（因對象：□係社會知名人士□與指認人互為熟識親友□與指認人曾長期近距離接觸□具顯著特徵□為現行犯、準現行犯）（可複選） 二、請您針對下述事項分別詳述： （一）您與犯罪嫌疑人之關係： （二）您與犯罪嫌疑人實際接觸經過與時地： （三）請敘述犯罪嫌疑人之特徵，包括容貌、外型、衣著或其他明顯特徵： 三、被指認人員共有＿＿＿名，但犯罪嫌疑人未必存在於被指認人隊列中。 四、經您指認結果： 　　□嫌疑人不在指認相片內。 　　□確定筆錄所附犯罪嫌疑人指認表中，編號＿＿＿＿＿為犯罪嫌疑人，並自認確信程度達百分之＿＿＿＿，始簽名捺印。（註：確信程度不一定要達百分之百） 五、您於本次指認過程 □有 □無 遭暗示或誘導？（請勾選） 　　　　　　　　　　指認人：　　　　　　　　　（簽名捺印） 　　　　　　　　　　詢問人： 　　　　　　　　　　記　錄：

第1頁，共2頁

犯罪嫌疑人指認表

應注意事項：真正犯罪嫌疑人未必存在於本指認照片內。

編號一	編號二
編號三	編號四
編號五	編號六

第2頁，共2頁

第十章　犯罪手法之運用

壹　犯罪手法的意義

一、犯罪者常有固定的犯罪手法

犯罪偵查學與犯罪心理學的研究認為：犯罪者常會有固定的犯罪手法，並且常常會在做案時留下犯罪手法的蛛絲馬跡；並常常重複同一犯罪手段與模式。因之司法單位於犯罪偵查之際，如果能夠確實掌握犯罪者之犯罪手法，根據這些犯罪習性和痕跡，將能更有效地追緝罪犯。犯罪偵查的專家因此建議司法單位建立犯罪者的手法檔案，以便在發生犯罪案件時作為比對、縮小偵辦範圍之用。

二、研究犯罪者的之人格類型，可協助破案

近年來，「犯罪手法」在偵查犯罪時，更因為犯罪心理學的發展而有了更進一步的應用。這種改變乃是心理剖繪技術與犯罪手法的結合，所謂「心理剖繪」是對於犯罪的心理評量，它的目的是藉由認知與詮釋在犯罪現場的有形物證，以顯示犯罪者人格類型，此項技術目前已成功運用在系列殺人、縱火及性犯罪等偵查過程。這種在傳統刑事偵查技術之外另闢蹊徑的創新發展，乃是將犯罪心理學與司法精神醫學對犯罪人的心理研究，予以整理、比較、分析、歸納、分類並標準化各種罪犯的類型，俾提供實務人員在偵辦刑案時，除借重傳統之物理與化學痕跡的蒐集與鑑識外，更能蒐集到犯罪人之「心理痕跡」，且能藉此過濾人犯，縮小偵查範圍，而提高破案比例。

三、犯罪模式、手法、簽名之差異

從犯罪心理學文獻得知，犯罪模式、犯罪手法與犯罪簽名在心理描繪上之意義有所差異，犯罪模式為在特定時程內，某一社會內某類犯罪之固

定共有特徵與趨勢；犯罪手法則較諸犯罪模式為個人化，係特定時程內，某一社會內某類犯罪群組織共有特徵與操作方式；犯罪簽名則為完全個人化之犯罪特徵，係某一犯罪者獨特之犯罪習癖，且其犯罪簽名與犯罪之完成並無必要性。

四、犯罪模式、手法、簽名之理論基礎

犯罪心理學家指出犯罪模式、犯罪手法、犯罪簽名與心理剖繪有以下理論基礎：

（一）犯罪者的人格不會改變

人格的核心基本上不會因時間而改變，一個成年人或許可以改變他年幼時的外貌，但是人格的核心成分是定型的。犯罪者經年累月才成為他後來的樣子，他們不可能在短時期內有澈底改變，這不單是他們不想去改變，也難以改變、無從改變。

（二）犯罪現場反映人格

心理剖繪的基本描述，是犯罪現場會反映出犯罪者人格特質，因此詳細勘查犯罪現場，將會協助警察並提供他們偵查犯罪的方向，包括縮小偵查範圍；而其他物證及非物理證據，也對謀害者人格之評估非常有價值，剖繪人員必須將整個犯罪現場列入考慮，以便形成犯罪人格的心理影像。

（三）做案手法都很類似

犯罪現場包含有很多線索，剖繪者可據以判定為犯罪人的行為簽名特徵，就如同指紋沒有第二個犯人會是完全相同；同樣地，也沒有兩個犯罪現場是完全相似。此外犯罪現場也會反映凶手之人格，和病理情形。

（四）特徵將會維持不變

犯罪者的特徵是其犯罪之獨特方式，嫌疑人會在其所犯下案件留下相同特徵，而辦案人員要有能力警覺發現到這些跡證或許是同一個人所犯

下，進而協調通報曾發生類似案件之轄區警察單位據以調查或協同偵辦，以促進案件調查，進而強化積案之清理。

貳　犯罪手法之研究探討

一、犯罪手法的特徵

犯人犯行時間、處所，犯罪行為之手段、方法……等可顯示嫌疑人個人獨有的特徵、習癖，尤以慣犯更常有反覆做案手法；這些不變的犯罪模式，常見於竊盜、強盜、詐欺、縱火、性犯罪、偽造貨幣、恐嚇取財等犯罪，其表露之特徵約略有以下幾點：

（一）犯罪時間：選擇凌晨、尤愛下雨天、颱風夜……。

（二）犯行處所：在地下室、樓梯間、電梯內、公車上……。

（三）侵入方法：螺絲起子撬開、油壓剪剪斷、鑿壁鑽牆……。

（四）目的物：肉體淫慾、鑽石金飾、胸罩內褲……。

（五）物色方法：網路交往、金錢利誘、金光黨詐騙、業務接觸……。

（六）暴力手段：刀槍控制、爆裂物放置、潑灑硫酸……。

（七）犯案用語：溝通聯絡密語、做案示意手勢、信號……。

（八）有無共犯：獨行盜、鴛鴦檔、三人行、四人幫……。

（九）特殊習癖（特異手段）：如偏好口交、窒息式性愛、隔空抓藥詐騙……。

二、犯罪手法實例介紹

（一）民國90年間，橫行中南部洪○○等強盜集團，於破獲後發現渠等有下列固定犯罪手法，及不變的做案特徵：

1.犯罪時間：選擇深夜或凌晨、尤愛下雨天、颱風夜。

2.犯行處所：地方名人、巨賈富商、或銀樓珠寶業。

3.侵入方法：蒙面持專用日式油壓剪，剪斷屋後或廁所鐵窗。

4.目的物：金飾、金錶、鑽戒、勞力士錶。

5.暴力手段：將被害人手腳、臉部以黃色膠布綑綁、黏貼，持開山刀控制脖子。

6.犯案用語：入門進屋就不講話，彼此呼喚冠以代號、綽號。

7.共犯結構：三人行或四人幫，都是同學、同鄉或獄中室友。

8.聯絡方式：分開前就約定下次會面點，平常不打電話聯絡。

9.特殊習慣：犯前定多次勘查地形，必關室畫圖沙盤推演。

（二）南部某分局在民國94年間偵破嫌犯蕭○○連續性侵幼童案，經查其習慣性的犯罪模式為：

1.犯罪時間：早晨6-7點上學時段。

2.物色方法：於超商或量販店附近。

3.犯案對象：國小4-6年級學童。

4.得逞方法：以學童多拿東西、未付帳或找錯錢為由，騙學童上車回店核點。

5.犯罪地點：將學童強載至無人居住空屋、建築物。

6.目的物：肉體淫慾。

7.現場特徵：鋪地毛毯、毛毯及周邊血跡斑斑……。

（三）民國92年底一名對白襪子有特殊癖好的某國立大學生成○○，多次在臺北捷運站尾隨放學回家之高中女學生，以尖刀強迫猥褻，並攝影拍下整個犯行過程；經查嫌犯以相同手法猥褻被害少女至少七名以上，案經警方查獲移送後，檢察官依妨害性自主起訴求刑七年，地方法院一審判決九年[1]。

本案嫌犯重複不斷的犯罪手法，特徵如下：

1.犯行時間：下午放學時段。

---

1 捷運白襪之狼　檢起訴求刑七年（TVBS news，2003/12/18，社會新聞），http://www.tvbs.com.tw/news/news_list.asp?no=alisa20031218180019（上網時間：2009/4/15）。

2.物色方法：在捷運站尋找穿制服之高中女生。

3.侵入方法：騎機車尾隨。

4.犯罪處所：被害人住家樓梯間。

5.目的物：肉體洩慾。

6.暴力手段：以尖刀控制。

7.特殊習癖：強迫被害人換黑色褲襪和白色泡泡襪用腳幫他自慰，且全程用攝影機拍下帶回家欣賞。

（四）98年2月20日某分局偵破某醫學院輟學生徐○○，搭高鐵行竊全省校園乙案，破案因素除了重視刑案現場之勘查採證，而及早掌握在逃可疑嫌犯身分外；更重要的是破獲單位能夠把「犯罪手法」之運用有效發揮，而將其重複同一做案手法、嫌犯特徵，印製校園安全通報，告知各校師生提高治安警覺，共同查察可疑對象，並防犯類似案件再發生；警方這個做法果然奏效，某醫事大學教官在上記時日，發現有行跡可疑男子於校園附近徘徊，乃向轄區派出所報案，經攔查到案後，坦供犯罪事實，讓全省多起之大專院校失竊案，順利偵破[2]。

本案嫌犯的之犯罪手法及固定特徵為：

1.交通工具：搭乘高鐵做案。

2.犯罪地點：全省各大專院校。

3.侵入方法：假冒學生混入。

4.目的物：學校或學生之3C電子產品及隨身財物……。

5.犯行方法：伺機行竊。

6.共犯結構：屬於獨行盜。

三、犯罪手法運用於刑案偵辦之做法

只要各警察單位轄內所發生殺人、強盜、搶奪、妨害性自主……等案件，其被害之手法、特徵相符者，依規定報請檢察官核發偵查指揮書，將

2　輟學醫學院生搭高鐵行竊全省校園　警民合作終逮慣竊（臺南縣警察局案例教育教材，2009/3/25），南縣警訓字第001號。

嫌犯借提外出追查，往往均能使嫌犯俯首認罪，而順利擴大偵破積案抑或他轄所發生之刑案。

四、犯罪手法實務探討

（一）未破刑案或積案事後的清理追查，固然可從嫌犯犯罪手法、犯罪模式……等特徵著手運用，而裨利刑案偵辦，不過「它」的前提要件是：發生刑案必須落實通報機制，不可擔心破案壓力而有吃案情事，因匿報刑案則無法填輸刑案發生紀錄，有關「犯罪手法」的統計、分析、比對運用，將無法有效發揮其應有作用與效果。

（二）犯罪手法之研究，除可強化積案之清理，裨益擴大偵破，有助預防犯罪外，其在犯罪矯治上，亦有其意義。事實上對嫌犯做案手法的瞭解如同前述：犯罪手法是犯罪者人格之反應，故透過犯罪手法也能瞭解犯罪者人格的問題，因此即可提供矯治單位瞭解犯罪人，而據以擬定矯治計畫，進而達到獄政教化之功能。

（三）因刑案之偵破與否，與犯罪手法攸戚相關，故而研判「犯罪模式」在犯罪偵查占有重要之功能；當案件發生後，除了禁止匿報外，更重要的為筆錄之製作，應注意以下二點：1.刑案發生後受理報案時，報案筆錄須詢明案發狀況。2.刑案破獲時，筆錄之製作，須查明犯罪方法、犯罪工具、嫌犯如何犯罪？俾能提供記錄作業人員填輸上傳完整之刑案紀錄，以為日後犯罪手法之研究運用。

（四）凡事有原則就有例外，當然大部分刑案發生，有其固定模式或軌跡可尋，但也有不按牌理出牌的，因為犯罪原因迄今仍眾說紛紜，何況案件無奇不有，更沒有不可能之刑案；諸如91年10月間美國一對父子「連續殺人狂」，受害對象就不分種族、性別、年齡，也沒固定做案時間、地點……。85年間臺北縣板橋「割喉之狼」多名受害女性中，有長髮、短髮，有時髦短裙、長褲打扮者……，由這些案例顯見嫌疑人犯案，並無常見固定之犯罪手法、模式或類型，因而任何民眾隨時均有可能遇襲受害。故刑案之偵辦，觸角必須多所延伸，研判需要多元，思慮更應縝

密，隨時修正調整偵查方向，以免陷入教條式窠臼，而貽誤破案先機。

　　（五）依實務經驗所得，一般臨時起意、病態性（如憂鬱症、妄想症、精神官能症……）、藥物性（如使用毒品、酗酒、迷幻藥、抗瘧疾、治感冒等藥）引發之副作用，所造成之犯罪，則較無固定之手法與模式。

第十一章　搜索扣押法令與執行要領

壹　搜索扣押法令

一、搜索之客體

（一）刑事訴訟法第122條：「對於被告或犯罪嫌疑人之身體、物件、電磁紀錄及住宅或其他處所，必要時得搜索之。

對於第三人之身體、物件、電磁紀錄及住宅或其他處所，以有相當理由可信為被告或犯罪嫌疑人或應扣押之物或電磁紀錄存在時為限，得搜索之。」

（二）警察偵查犯罪手冊第154點：「搜索係為發現被告或犯罪嫌疑人或犯罪證據物件及可得沒收之物，而對人身、物件、電磁紀錄、住宅或其他處所所實施之強制檢查處分。」

二、搜索之限制——搜索婦女

（一）刑事訴訟法第123條：「搜索婦女之身體，應命婦女行之。但不能由婦女行之者，不在此限。」

（二）警察偵查犯罪手冊第158點：「搜索婦女之身體，應由婦女行之。但不能由婦女行之者，不在此限。」

三、搜索之應注意事項

（一）刑事訴訟法第124條：「搜索應保守秘密，並應注意受搜索人之名譽。」

（二）警察偵查犯罪手冊第157點：「搜索應保守秘密，並應注意受搜索人之名譽。」

四、搜索證明書

刑事訴訟法第125條：「經搜索而未發見應扣押之物者，應付與證明書於受搜索人。」

五、搜索票之聲請與無令狀之搜索

（一）令狀搜索

刑事訴訟法第128條：「搜索，應用搜索票。

搜索票，應記載下列事項：

一、案由。

二、應搜索之被告、犯罪嫌疑人或應扣押之物。但被告或犯罪嫌疑人不明時，得不予記載。

三、應加搜索之處所、身體、物件或電磁紀錄。

四、有效期間，逾期不得執行搜索及搜索後應將搜索票交還之意旨。

搜索票，由法官簽名。法官並得於搜索票上對執行人員為適當之指示。

核發搜索票之程序，不公開之。」

（二）搜索票之聲請

刑事訴訟法第128條之1：「偵查中檢察官認有搜索之必要者，除第131條第2項所定情形外，應以書面記載前條第2項各款之事項，並敘述理由，聲請該管法院核發搜索票。

司法警察官因調查犯罪嫌疑人犯罪情形及蒐集證據，認有搜索之必要時，得依前項規定報請檢察官許可後，向該管法院聲請核發搜索票。

前二項之聲請經法院駁回者，不得聲明不服。」

（三）無令狀搜索

1.刑事訴訟法第130條：「檢察官、檢察事務官、司法警察官或司法

警察逮捕被告、犯罪嫌疑人或執行拘提、羈押時，雖無搜索票，得逕行搜索其身體、隨身攜帶之物件、所使用之交通工具及其立即可觸及之處所。」

2.刑事訴訟法第131條：「有左列情形之一者，檢察官、檢察事務官、司法警察官或司法警察，雖無搜索票，得逕行搜索住宅或其他處所：

一、因逮捕被告、犯罪嫌疑人或執行拘提、羈押，有事實足認被告或犯罪嫌疑人確實在內者。

二、因追躡現行犯或逮捕脫逃人，有事實足認現行犯或脫逃人確實在內者。

三、有明顯事實足信為有人在內犯罪而情形急迫者。

檢察官於偵查中確有相當理由認為情況急迫，非迅速搜索，24小時內證據有偽造、變造、湮滅或隱匿之虞者，得逕行搜索，或指揮檢察事務官、司法警察官或司法警察執行搜索，並層報檢察長。

前二項搜索，由檢察官為之者，應於實施後三日內陳報該管法院；由檢察事務官、司法警察官或司法警察為之者，應於執行後三日內報告該管檢察署檢察官及法院。法院認為不應准許者，應於五日內撤銷之。

第1項、第2項之搜索執行後未陳報該管法院或經法院撤銷者，審判時法院得宣告所扣得之物，不得作為證據。」

3.刑事訴訟法第131條之1：「搜索，經受搜索人出於自願性同意者，得不使用搜索票。但執行人員應出示證件，並將其同意之意旨記載於筆錄。」

（四）警察偵查犯罪手冊第155點

司法警察官或司法警察執行搜索之原因及應遵守之程序如下：

1.協助法官或檢察官實施搜索，或受檢察官依刑事訴訟法第131條第2項規定指揮執行。

2.依刑事訴訟法第128條之1第2項規定，聲請該管法院核發搜索票而執行。

3.有刑事訴訟法第130條之情形，雖無搜索票，得逕行搜索被告或犯罪嫌疑人之身體、隨身攜帶之物件、所使用之交通工具及立即可觸及之處所。

4.有刑事訴訟法第131條第1項各款情形之一，雖無搜索票，得逕行搜索被告、犯罪嫌疑人之住宅或其他處所。但應於執行後三日內報告該管檢察官及法院。

5.依刑事訴訟法第88條之1第1項及第3項規定，因情況急迫而逕行拘提犯罪嫌疑人到場，雖無搜索票，得準用同法第130條及第131條規定執行搜索。但應於執行後即報告該管檢察官及法院。

6.依刑事訴訟法第131條之1規定，經受搜索人出於自願性同意者，得不使用搜索票。但執行人員應出示證件，並將其同意之意旨記載於筆錄。

六、搜索強制力之使用

（一）刑事訴訟法第132條：「抗拒搜索者，得用強制力搜索之。但不得逾必要之程度。」

（二）警察偵查犯罪手冊第159點：「受搜索人抗拒搜索者，得用強制力搜索之。但不得逾必要之程度。」

七、扣押之客體

（一）扣押客體

刑事訴訟法第133條第1項：「可為證據或得沒收之物，得扣押之。」第3項：「對於應扣押物之所有人、持有人或保管人，得命其提出或交付。」

（二）附帶扣押

刑事訴訟法第137條：「檢察官、檢察事務官、司法警察官或司法警察執行搜索或扣押時，發現本案應扣押之物為搜索票所未記載者，亦得扣

押之。

第131條第3項之規定，於前項情形準用之。」

八、扣押之處置

（一）刑事訴訟法規定

1.刑事訴訟法第133條第3項：「對於應扣押物之所有人、持有人或保管人，得命其提出或交付。」

2.刑事訴訟法第138條：「應扣押物之所有人、持有人或保管人無正當理由拒絕提出或交付或抗拒扣押者，得用強制力扣押之。」

3.刑事訴訟法第134條第1項：「政府機關、公務員或曾為公務員之人所持有或保管之文書及其他物件，如為其職務上應守秘密者，非經該管監督機關或公務員允許，不得扣押。」

4.刑事訴訟法第139條：「扣押，應制作收據，詳記扣押物之名目，付與所有人、持有人或保管人。

扣押物，應加封緘或其他標識，由扣押之機關或公務員蓋印。」

5.刑事訴訟法第140條：「扣押物，因防其喪失或毀損，應為適當之處置。

不便搬運或保管之扣押物，得命人看守，或命所有人或其他適當之人保管。

易生危險之扣押物，得毀棄之。」

6.刑事訴訟法第141條第1項：「得沒收或追徵之扣押物，有喪失毀損、減低價值之虞或不便保管、保管需費過鉅者，得變價之，保管其價金。」

7.刑事訴訟法第142條：「扣押物若無留存之必要者，不待案件終結，應以法院之裁定或檢察官命令發還之；其係贓物而無第三人主張權利者，應發還被害人。

扣押物因所有人、持有人或保管人之請求，得命其負保管之責，暫行發還。

扣押物之所有人、持有人或保管人，有正當理由者，於審判中得預納費用請求付與扣押物之影本。」

8.刑事訴訟法第142條之1：「得沒收或追徵之扣押物，法院或檢察官依所有人或權利人之聲請，認為適當者，得以裁定或命令定相當之擔保金，於繳納後，撤銷扣押。

第119條之1之規定，於擔保金之存管、計息、發還準用之。」

9.刑事訴訟法第143條：「被告、犯罪嫌疑人或第三人遺留在犯罪現場之物，或所有人、持有人或保管人任意提出或交付之物，經留存者，準用前五條之規定。」

（二）警察偵查犯罪手冊第170點

執行搜索時，得命所有人、持有人或保管人提出或交付應扣押之物，如無正當理由拒絕提出交付或抗拒扣押者，得用強制力扣押之。但扣押物係政府機關、公務員或曾為公務員之人所持有或保管，且為職務上應守秘密者，非經該管監督機關或公務員允許不得扣押。

被告、犯罪嫌疑人或第三人遺留在犯罪現場之物或所有人、持有人或保管人任意提出或交付之物，經留存者，應依刑事訴訟法第139條至第142條之規定處理。

九、夜間搜索、扣押之禁止

（一）刑事訴訟法第146條：「有人住居或看守之住宅或其他處所，不得於夜間入內搜索或扣押。但經住居人、看守人或可為其代表之人承諾或有急迫之情形者，不在此限。

於夜間搜索或扣押者，應記明其事由於筆錄。

日間已開始搜索或扣押者，得繼續至夜間。

第100條之3第3項之規定，於夜間搜索或扣押準用之。」

（二）警察偵查犯罪手冊第162點：「有人住居或看守之住宅，或其他處所，不得於夜間入內搜索。但經住居人、看守人或可為其代表之人承

諾或有急迫情形時，不在此限。執行夜間搜索時，應記明其事由於搜索扣
押證明筆錄。

　　日間已開始搜索者，得繼續至夜間。」

十、夜間搜索、扣押禁止之例外

　　（一）刑事訴訟法第147條：「左列處所，夜間亦得入內搜索或扣
押：

　　一、假釋人住居或使用者。

　　二、旅店、飲食店或其他於夜間公眾可以出入之處所，仍在公開時間
　　　　內者。

　　三、常用為賭博、妨害性自主或妨害風化之行為者。」

　　（二）警察偵查犯罪手冊第163點：「下列處所，夜間亦得入內搜
索：

　　（一）假釋人住居或使用者。

　　（二）旅店、飲食店或其他於夜間公眾可以出入之處所，仍在公開時
間內者。

　　（三）常用為賭博、妨害性自主或妨害風化之行為者。」

十一、夜間搜索、扣押之在場人

　　（一）刑事訴訟法第148條：「在有人住居或看守之住宅或其他處所
內行搜索或扣押者，應命住居人、看守人或可為其代表之人在場；如無此
等人在場時，得命鄰居之人或就近自治團體之職員在場。」

　　（二）刑事訴訟法第149條：「在政府機關、軍營、軍艦或軍事上秘
密處所內行搜索或扣押者，應通知該管長官或可為其代表之人在場。」

　　（三）警察偵查犯罪手冊第156點：「在有人住居或看守之住宅或其
他處所內行搜索或扣押者，應命住居人、看守人或可為其代表之人在場，
如無此人在場時，得請鄰居或就近自治團體之職員在場，並出示搜索票。

　　前項搜索執行完畢，應迅將搜索票連同搜索結果報告，繳還法

院。」

（四）警察偵查犯罪手冊第161點：「搜索政府機關、軍事處所，應通知該管長官或可為其代表之人在場。搜索軍事處所，應以會同該管憲兵單位執行為原則。」

（五）刑事訴訟法第150條第2項：「搜索或扣押時，如認有必要，得命被告在場。」第3項：「行搜索或扣押之日、時及處所，應通知前二項得在場之人。但有急迫情形時，不在此限。」

十二、另案扣押

（一）刑事訴訟法第152條：「實施搜索或扣押時，發見另案應扣押之物亦得扣押之，分別送交該管法院或檢察官。」

（二）警察偵查犯罪手冊第168點：「搜索發現可為證據或得沒收之物，得扣押之。

扣押不動產、船舶、航空器，得以通知主管機關為扣押登記之方法為之。扣押債權得以發扣押命令禁止向債務人收取或為其他處分，並禁止向被告或第三人清償之方法為之。

依刑事訴訟法所為之扣押，具有禁止處分之效力，不妨礙民事假扣押、假處分及終局執行之查封、扣押。」

十三、非附隨於搜索之扣押

（一）法官保留原則及應記載事項

現行法關於搜索，原則上應依法官之搜索票為之，即採法官保留原則，附隨搜索之扣押亦同受其規範。而非附隨於搜索之扣押與附隨搜索之扣押本質相同，除僅得為證據之物及受扣押標的權利人同意者外，自應一體適用法官保留原則。故刑事訴訟法第133條之1第1項規定，非附隨於搜索之扣押，除以得為證據之物而扣押或經受扣押標的權利人同意者外，應經法官裁定。

第1項之同意，執行人員應出示證件，並先告知受扣押標的權利人得拒絕扣押，無須違背自己之意思而為同意，並將其同意之意旨記載於筆錄。（第2項）

第1項裁定，應記載下列事項：（第3項）

1.案由。

2.應受扣押裁定之人及扣押標的。但應受扣押裁定之人不明時，得不予記載。

3.得執行之有效期間及逾期不得執行之意旨；法官並得於裁定中，對執行人員為適當之指示。

核發第1項裁定之程序，不公開之。（第4項）

（二）檢警聲請程序及緊急扣押

刑事訴訟法有關於非附隨於搜索之扣押，原則上採法官保留原則，故偵查中，檢察官認有聲請前條扣押裁定之必要者，應先聲請法院裁定後始得為之；惟於情況急迫時，應得逕行扣押以資因應。又為慎重其程序，且使法院知悉扣押之內容，聲請扣押裁定，應以書狀為之，並記載應扣押之財產及其所有人。又，為避免檢察官濫用逕行扣押，對人民權利造成不必要之侵害，應課以陳報法院進行事後審查之義務，以維程序正義。至於未依法定程序即逕行扣押及扣押後未依法陳報者，如扣押物係可為證據之物，則有本法第158條之4（權衡理論）規定之適用。

依本法第133條之2第1項規定，偵查中檢察官認有聲請第133條之1扣押裁定之必要時，應以書面記載該條第3項第1款及第2款之事項，並敘述理由，聲請該管法院裁定。

司法警察官認有為扣押之必要時，得依前項規定報請檢察官許可後，向該管法院聲請核發扣押裁定。（第2項）

檢察官、檢察事務官、司法警察官或司法警察於偵查中有相當理由認為情況急迫，有立即扣押之必要時，得逕行扣押；檢察官亦得指揮檢察事務官、司法警察官或司法警察執行。（第3項）

第3項之扣押，由檢察官為之者，應於實施後三日內陳報該管法院；由檢察事務官、司法警察官或司法警察為之者，應於執行後三日內報告該管檢察署檢察官及法院。法院認為不應准許者，應於五日內撤銷之。（第4項）

第1項及第2項之聲請經駁回者，不得聲明不服。（第5項）

貳　搜索扣押應注意事項

實施搜索工作，為防步驟紊亂失序，使行動落空無功而返，致影響刑案偵辦，特別將搜索應遵守及注意事項，分成三個階段以條例式逐一說明：

一、搜索前

（一）實施搜索前對搜索之目的、標的之基本資料、特性應有充分之瞭解，妥為計畫部署，備妥文書、器材、車輛、破門或突入工具等，並注意安全防護措施及行動保密。

（二）執行搜索員警，須慎重選派，於出發前實施勤教及分工，並指定帶班人員。

（三）執行搜索、扣押時，應攜帶搜索扣押筆錄、相關文件表格及照相機、錄影機等蒐證器材。

（四）行動前應準備手套、照明設備……，避免將自身跡證遺留應扣押物品上；或於死角處所、陰暗地帶時，無法發揮搜索功能。

（五）為防範湮滅標的物，順利搜得犯罪證物，事前應充分掌握對象生活作息、交往人物出入情況，依現場時空因素，運用偵查技巧，合法適時進入搜索。

（六）有關搜索地點建物內部結構、附近地形地物，周遭環境位置……，必須確實探查、詳細履勘、深入瞭解，並依案況於處所外圍，適當部署警力監控；萬一對象乘機逃匿，或將標的丟棄、藏匿，可做及時有效之攔查處置。

二、搜索中

（一）執行搜索時，應迅速把握現場情形，確實辨識身分、專人警戒，防止犯罪嫌疑人脫逃、串供及湮滅證據。

（二）搜索進行時，應注意被搜索人之表情，並觀察其心理反應、目光注視方向，配合適度偵訊以便發現其贓證可能藏匿處所。

（三）搜索以智取非力取，並應具空間概念，依順序進行，注意場所內外、物件表徵，任何可疑表徵、偽裝，鉅細靡遺。

（四）爭議案件、身分特殊、狡黠對象或特殊刑案之搜索，應請被搜索者或在場人緊隨，且全程連續錄影，以免事後誣陷警方栽贓抑或失落貴重物品……，引發不必要之困擾與紛爭。

（五）搜索或扣押暫時中止者，於必要時，應將該處所閉鎖，並命人看守。

（六）當事人及審判中之辯護人得於搜索或扣押時在場。但被告受拘禁，或認其在場於搜索或扣押有妨害者，不在此限。

搜索或扣押時，如認有必要，得命被告在場。

行搜索或扣押之日、時及處所，應通知前二項得在場之人。

有急迫情形時，不在此限。

（七）實施搜索、扣押時，如須被害人、告訴人、告發人或證人辨識指認者，得許其在場。

三、搜索後

（一）扣押物品收據（無應扣押之物證明書）及扣押物品目錄表，當場製作2份。

（二）執行搜索、扣押後，應製作筆錄，將搜索、扣押過程、執行方法、在場之人及所扣押之物記明於筆錄附卷移送檢察官或法官，並應製作扣押物品收據或無應扣押之物證明書，付與扣押物所有人、持有人、保管人或受搜索人。

搜索執行完畢後，如有扣押之物，應將搜索票正本與搜索扣押筆錄

影本連同扣押物品目錄表影本，以密件封緘註明法院核發搜索票之日期、文號後，儘速函報核發搜索票之法院，不得無故延宕。如未查獲應扣押之物，應於搜索扣押筆錄內敘明，連同搜索票正本，一併函報核發搜索票之法院。其因故未能執行者，應以函文敘明未能執行之事由，並將搜索票繳還核發之法院。

警察人員依刑事訴訟法第131條第1項之規定執行逕行搜索，或第137條第1項之規定執行附帶扣押，應於執行後三日內，將搜索扣押筆錄（如有扣押物須連同扣押物品目錄表）影本，以密件封緘註明「逕行搜索」字樣，同時分別函報該管檢察署檢察官及法院。但第88條之1第3項之規定逕行搜索住宅及其他處所，應即陳報該管檢察署檢察官及法院。

檢察官自行聲請搜索票交付警察人員執行搜索或依刑事訴訟法第131條第2項後段之規定指揮執行逕行搜索，警察人員於執行完畢後，應於12小時內以密件封緘回報，俾檢察官陳報法院。

（三）執行搜索時，除有不得已之情形外，不得損毀房屋及器物，搜索完畢後，應盡可能恢復原狀。

（四）扣押物應加封緘或其他標識，由扣押執行人簽證，並由在場人、受搜索人會同簽證或加蓋印章、指紋，扣押物如係貴重物品（如金飾、珠寶），應記明其重量、特徵（如美鈔號碼或其他牌名等），必要時照相或錄影備查。

（五）扣押物，應以防其喪失或毀損之方式，為適當之保管，如不便搬運或保管者，得命人看守或交所有人或其他適當人保管，將保管單一併移送檢察官或法官。

（六）扣押物為危險物品，無法保管時，得照相或錄影後毀棄之。又得沒收之扣押物，有喪失毀損之虞或不便保管者，得照相後拍賣之，保管其價金，但均應先報告檢察官或法官。

應扣押之物品可能藏放處所

一、屋外：1.前、後陽臺盆栽；2.鞋櫃、鞋內、鞋跟；3.冷氣框架；4.洗衣機；5.烘乾機。

二、屋頂：1.陽臺鐵皮屋；2.陽臺水塔；3.雜物堆。

三、客廳：1.沙發；2.地毯下；3.辦公桌；4.神桌、神像；5.壁櫥、酒櫥、特製櫥櫃；6.茶几、茶葉罐、茶水桶；7.魚缸、水族箱；8.樓梯間；9.花瓶、花盆；10.電視機、錄放影機；11.唱片、影帶、光碟盒；12.電器總控箱；13.畫像裱框。

四、臥房：1.床鋪；2.衣櫥；3.枕頭；4.床頭櫃；5.梳妝臺；6.化妝盒；7.背包；8.手提袋；9.行李袋；10.針線盒；11.除溼機；12.保險櫃；13.棉被櫥櫃；14.衣褲內（外）袋、暗袋。

五、廚房：1.米桶；2.碗籃；3.冰箱；4.烤箱；5.微波爐；6.烘碗機；7.流理臺；8.果汁機；9.置物（收納）櫃；10.各種鍋類；11.廚餘桶。

六、書房：1.書本、畫冊；2.書櫥、抽屜；3.書桌、抽屜；4.公仔、各項玩偶；5.相簿、集郵冊；6.各種收藏品。

七、盥洗室：1.浴盆；2.盥洗鏡；3.肥皂盒；4.馬桶、水箱；5.衛生紙盒；6.垃圾桶。

圖2-11-1　模擬搜索：書本內夾藏毒品

圖2-11-2　模擬搜索：廁所馬桶水箱藏放槍彈

圖2-11-3　模擬搜索：天花板藏放毒品

八、天花板。

九、儲藏室。

十、新修補處。

十一、所有的瓶瓶罐罐。

十二、各處的凹凸坑洞。

十三、物與物的夾層縫隙（包含牆壁地板）。

十四、各種傢俱、陳設之交界、上面或底部。

十五、其他。

肆　搜索扣押實例探討

一、搜索要全面深入

　　某分局曾經偵辦一件重大的槍枝及毒品販賣案件，於主嫌王○○家中實施搜索，幾乎翻遍屋內所有可能藏匿處所，就是搜找不到標的物；正當搜索快結束而大家準備離開時，隊長詢問：「客廳大型水族箱搜了沒？」

同仁回答：「有檢查但沒發現……。」當下即再指示：推開水族箱，瞭解覆蓋掩蔽及與牆壁交接處有無問題？當大夥合力推開後，赫然發現水族箱下面有一包重達50公克之海洛因，讓大家頓悟：歹徒心思之細密真是無法想像！如果員警在執行搜索工作時，面對目標欠缺縝密的推敲，檢查「只看表面」而「無法深入」，那就只有自嘆「道高一尺，魔高一丈」了。

二、搜索觸角應多所延伸

　　某分局偵查隊，有天夜裡9點多，值日小隊突然接到民眾報案指稱：轄區某旅社○號房間有人攜帶多把槍枝，即將與地方黑道火拼……，隊長接到報告後，馬上召集備勤及勤餘人員五人趕往旅社臨檢。房間內有可疑住宿旅客三人，經詳細盤問檢查後，並未發現投宿對象或房內有槍械彈藥等情，大家原以為又是一件烏龍謊報事件。但該際，一位機警幹練的偵查員，突然攀爬翻越窗戶，伸手往水泥基座「冷氣框架」之後一摸，探得一物，隨即抓出一個帆布袋，內有不明硬體物，打開一看，驚見袋內竟然藏放一把制式手槍、兩把改造槍枝及子彈數十發；事後經查明，這是一個強盜集團，也因而擴大偵破渠等持槍搶奪及侵入住宅強盜十多起……。經由這起實務案例，可給警察辦案一個啟示：搜索檢查要能「無限想像」，觸角應多所延伸，確實做到猶如水銀洩地「無所不達」，就不致因疏察遺漏而「無功而返」！

三、搜索猶如大海撈針，切忌急躁

　　有殺人未遂前科嫌犯李○○，以經營「工藝社」為掩護，實際暗中從事槍械、子彈的改造及販賣，轄區分局偵查隊長帶隊前往實施搜索：

（一）垃圾堆裡搜尋標的物

　　執行該案搜索時，只覺一進工藝社，各式工具散置各地，機器零件隨處擺放，工藝廢料堆積如山，加上桶罐、雜物……夾雜堆置，放眼望去，簡直就像一座垃圾山或資源回收場，讓人眼花撩亂、頭暈腦脹，一時之間不知應從何下手？隊長為了安撫同仁心中莫名的煩躁，請大家必須先冷

靜、鎮定，不要未搜卻先亂了自己的方寸；接著依現狀劃分搜索責任區，並叮嚀面對這個困境更應詳細檢查，不可草率，否則將難以達成任務。

經過2個多小時辛苦的搜查仍無所獲，隊長發現情況不對，趕緊投入支援複搜，且刻意挑選其中一區已搜過，但堆放最多、最雜亂的某堆廢料，動手翻找……，皇天不負苦心人，突然在凌亂片斷似垃圾堆積物中，蹦出一把成品四五手槍，內裝有子彈八發；在此眾人皆汗流浹背、有氣無力正想放棄之際，無疑是給同仁打了一針振奮劑，更以此告訴大家：情報正確！應還有其他槍彈或造槍工具，在這混亂成一團的屋內，希望能乘勝追擊，再接再厲！不久，各責任區紛傳捷報，半成品槍枝、彈殼、彈頭及製槍機具……等逐一在雜亂無章的工藝社內被挖搜出來。

（二）成果雖豐，但仍尚有缺憾

搜索結束，共查獲成品四五手槍一支、彈匣一個（內有八發子彈），半成品鋼筆手槍二支、彈殼十四個、彈頭四十個、未裝火藥子彈、底火一大包，槍枝圖鑑一本、鋼鋸、鑽頭、磨砂輪、槍枝零件、製造機具……等一批，儼然是一座小型造槍兵工廠。

嫌犯帶案偵辦後，經訊坦供已賣出三把制式點三六史密斯轉輪手槍，並經分別追查到案；而令人不可思議的，乃尚有一把制式手槍藏放於工藝社一個大桶子底下，於翌早將郭嫌押往取回扣案併辦。這次搜索在長達3個多小時的「搬」、「翻」、「尋」……，那麼辛苦用心的搜檢，竟然還有一把制式手槍未搜獲，而賴「事後偵訊」才彌補「現場搜索」的不足，可見搜索工作之不易。

（三）給搜索人員經驗之分享

諺云：「歷史不可遺忘，經驗必須記取。」從上記搜索案例，可給辦案人員重大的省思與啟發，乃搜索工作猶如大海撈針，故必須不疾不徐，切忌急躁；應「慢慢察」、「細細看」、「不停翻」、「反覆摸」、「耐心找」，不畏繁瑣、不辭艱辛，循序漸進、逐步逐吋的找尋，如此搜索之標的物才不致落空，搜索任務方能克竟全功。

四、搜索無法找到標的物之原因

搜索實務無法找到標的物之因素如下：

（一）缺乏積極、專業的精神

只顧室內，忽略外面走道或陽臺之搜尋；藏放高處標的物，竟只蹬腳伸頭探望，卻未墊高桌椅甚或以階梯爬上查看，當然難以發現搜索標的物。

（二）投機取巧，怕髒怕亂

只查看乾淨處所，不看骯髒地方，像廚房廚餘桶、廁所垃圾桶等；看到桶內垃圾很髒，就棄之不顧，乃搜索無功主因。宜知愈髒、愈不順眼之處，可能就是關鍵證物所在，因藏污才會納垢。

（三）不夠細心與用心

搜索未能涵蓋全面而只看一邊，例如電視架後兩邊都有凹槽，看左邊沒問題，右邊就不看了，但真正毒品卻可能即藏在右邊凹槽；室內垃圾桶有若干個，很專注找左邊桶子，卻漏了中間與右邊或其他之桶子，而其實重要證物（凶刀、手槍……）就在某邊垃圾桶。

（四）被直覺、自信所誤

搜索只看表面，未能深入核心，如櫥櫃打開了，但裡面的瓶罐或小盒子等，竟沒動手去翻找，而細小證物，像海洛因、安非他命……，可能就藏在其中；現場若干個垃圾桶其中有一桶藏放凶器，雖然所有桶子都搜查，但只檢查上層，而底部竟未翻找……，這樣的搜索方式將會錯失破案良機。

五、搜索的不二法門

（一）只要「看得到」、「摸得到」、「想得到」、「聞得到」的地方，均不可缺漏或輕易放棄。

（二）以自己立場將心比心，你認為犯罪者會把贓證物藏在哪裡，就朝哪裡去落實搜索。

六、搜索須恪遵法律分際

為確保搜索程序合法性及執行同仁合法權益，避免違失破壞警察形象、影響人民對警政之信賴，甚或誤觸法網，茲提供以下案例以為大家殷鑑：

（一）臺北憲兵隊執行「同意搜索」爭議[1]

1.一位魏姓女網友在網站驚報：其父因收藏白色恐怖時期文獻，於106年2月間遭臺北憲兵隊假借買普洱茶名義約出，再強押回家搜索，扣押相關文獻，因憲兵隊並未持搜索票進入魏家搜索，引爆憲兵違法搜索爭議。

2.本案憲兵隊稱：約魏男在蘆洲捷運站見面，然後到他家請其交付文件之過程，魏某全程都能與憲兵正常對談，並無遭強制動作控制……，且魏某在憲兵隊車上簽署「搜索同意書」；進入屋內，是其自行開門讓憲兵進入，扣押文件，亦為其自行從防潮箱中取出；有關「搜索同意書」是在魏某同意下，於前往他家之路途時在車上簽署的，絕無大眾質疑「事後簽署」一事……，且執行經過全程錄影並無非法搜索情事。

3.搜索爭議案據瞭解：憲兵隊雖全程錄影，但唯獨魏某在車上簽下自願同意書的關鍵畫面，並無錄影？……此外，偵辦過程使用釣魚方式，無票搜索、扣押等爭議手法，因引發社會譁然，故魏姓民眾有無遭強行帶走、是否同意搜索等問題，士林地檢署分案展開調查。

4.按刑事訴訟法第131條之1：「同意搜索」，僅規定搜索時，經受搜索人出於自願性同意者，得不使用搜索票，惟執行人員應出示證件，並將其同意之意旨記載於筆錄。惟鑑於臺北憲兵隊執行同意搜索，因衍生違法

---

1 憲兵濫搜爭議　同意搜索關鍵畫面又沒錄到（蘋果即時新聞，http://www.appledaily.com.tw/realtimenews/article/new/20160307/810289/，上網時間：2017/5/5）。

爭議，警察人員為避免遭遇類似情形，於執行「同意搜索」時，應依現行規定事先「徵得同意」，並於製作搜索扣押證明筆錄時，請受搜索人簽名；另「自願搜索」同意書，宜事先簽署，並採同步錄音、錄影方式，俾為事後佐證，使執行程序更為周延；另，同意受搜索人，若於執行中「撤回同意」，自應「中止搜索」之進行，以確保搜索之合法性。

（二）桃園市警察局員警「附帶搜索」爭議

1.民國98年間中壢分局某派出所執行擴大臨檢，於賓館查獲彭○○、吳○○鴛鴦大盜，警詢吳○○供述：贓物置放於中壢市環中東路陳○○之母住處，所長乃命警員郭○○、吳○○、吳○○、楊○○等四人前往取贓，到達現場後，經警方多次敲門，無人應聲，嗣後突然有人開門並大喊：「警察來了，快跑！」隨之，用力關回大門時彈開，郭員等人眼見眾人逃竄立即衝入，其際，發現有人從二樓跳下，嫌犯吳○○又趁亂逃逸，四名員警乃衝上二樓進行搜索，於桌下及衣櫥裡查扣安非他命吸食器及改造槍枝、子彈。

2.嫌犯陳○○非法持有槍械，經最高法院判刑確定後，具狀向桃園地檢署指控郭員違法搜索，桃園地檢署原予不起訴處分，但陳嫌聲請再議，經臺灣高檢署撤銷原不起訴處分，發回桃園地檢署續偵，後卻追加警員吳○○、楊○○、吳○○為被告，案經檢察官偵查終結，認警員郭○○等人有妨害自由事證，乃依法提起公訴[2]。

3.員警遭提起公訴後，桃園地方法院判處四名員警共同假借職務上的機會，故意犯非法搜索罪，各處拘役二十日[3]。

4.查本案員警依嫌犯吳○○供述，前往另嫌陳○○住處查贓……。認係符合「附帶搜索」範圍，惟檢方、法院認為員警依線報前往陳嫌住處追查贓物及槍枝，其拘提逮捕對象應為陳○○；而附帶搜索既以合法逮捕、拘提作為法定要件，縱使陳嫌確實持有贓物、槍枝，然搜索當時員警尚未

2　桃園地檢署102年度偵續字第227號、103年度偵字第4013號起訴書。
3　桃園地方法院103年度易字第1143號判決書。

逮捕、拘提嫌犯，即與附帶搜索要件未合，基此員警四人當日所為搜索，顯非刑事訴訟法第130條所規範之「附帶搜索」。

5.本案經上訴，纏訟多年，後雖無罪判決在案，惟身心已受重創。故而執行搜索須謹守法令分際，在「緊急搜索」要件欠缺明確狀況下，可依證人所指線索，製作證人筆錄，先行勘查蒐證……再向法院聲請搜索票。

（三）所長翻牆闖民宅，遭告違法搜索[4]

106年3月間，基隆市某派出所所長率員前往新北市金山區查捕李姓通緝犯，員警穿著便服，直接翻牆到二樓，進入屋內後，卻只見到通緝犯友人羅女與蔡男，羅女驚喊：「你們是何人？」警方不予理會，便忙著四處搜找通緝犯，羅女再高喊：「你們再這樣，我要報警了。」結果李姓通緝犯未找到，卻於其臥房查獲一包毒品，另在蔡男身上搜出吸食器，而將兩人帶返偵辦。

之後，羅女向媒體投訴：其無前科，四名員警闖入李家時，並未出示證件及搜索票，待找到毒品後，才表明警察身分，說明來意……因員警未持有搜索票即入屋搜索，明顯違法；因而提告所長有妨害自由情形。

依刑事訴訟法第87條規定：發現通緝犯時，司法警察可逕行拘提；且按刑事訴訟法第131條規定：司法警察執行拘提時，足認為被告或犯罪嫌疑人確實在內，可以不用搜索票即逕行搜索；然因執行拘提而搜索，其僅止於對象身體、隨身攜帶物品、所使用交通工具及其可立即觸及之處所。

惟本案因李姓通緝犯躲於民宅，司法警察根本無法執行逕行拘提，故不能逕行「附帶搜索」；況「附帶搜索」之要件，並未包括通緝犯藏匿之民宅。[5]

4　翻牆闖民宅搜索通緝犯　派出所長涉違法被告（蘋果即時新聞，2017/3/31，http://www.apple-daily.com.tw/realtimenews/article/new/20170331/1088201/，上網時間：106/5/5）。

5　參考資料：1.刑事訴訟法第一篇第十一章－搜索及扣押；2.警察偵查犯罪手冊第六章第八節－搜索及扣押；3.警察機關執行搜索扣押應行注意要點。

（四）無搜索票查獲職業賭場，裁定不具證據能力

1.109年2月20日桃園市某分局接獲民眾報案，指桃園市南平路「有人經營職業大賭場」，經派員到場查處後，發現一樓經營夾娃娃機店，裝設多支監視器，二樓人員進出頻繁，有事實足信有人在內賭博，故認定「情況急迫」乃逕行進入查察取締，當場查獲林姓、楊姓男子涉嫌經營推筒子賭場，扣得賭金及賭具。

2.桃園警方於逕行搜索後，依規定報告法院，而審查法官認為：該賭場沒有經常更換地點跡象，不見嫌犯及賭客試圖滅證或逃逸，不符「情況急迫」要件，何況警方也未先搜證或訪查，若容許搜索，形同「架空」刑事訴訟程序，故裁定撤銷搜索，扣得賭金及賭具不具證據能力。

3.按刑事訴訟法第131條第1項第3款：有明顯事實足信為有人在內犯罪而情形急迫者，司法警察官或司法警察，雖無搜索票，得逕行搜索住宅或其他處所；但法院調查，該賭場並非流動、臨時賭場，且有賭客稱：「半個月前就去過」，並無跡象顯示，員警因聲請搜索票，或陳報檢察官指揮所花費時間，會讓賭場消失；由於查取過程未見警方遭受攻擊，也無急迫受侵害危險之虞，因此認定該案不符合「逕行搜索」要件。

4.故而，員警一旦獲得賭博犯罪情資後，為符合刑事訴訟法程序，需採取相關偵查作為，並備妥下列聲請搜索資料：

(1) 搜索票聲請書。

(2) 偵查報告。

(3) 檢舉筆錄。

(4) 現場勘察照片。

(5) 左鄰右舍查訪紀錄。

(6) 搜索地點現場圖。

(7) 搜索對象刑案紀錄。

然後依刑事訴訟法第128條之1第2項，依法報請檢察官許可後，向該管法院聲請核發搜索票；唯若有明顯事實足信為有人在內賭博犯罪，且情

形急迫者，可先行報請檢察官指揮後進入查察取締；切勿連事前蒐證、查訪作為均無，僅在樓下或周遭略做查看，即貿然進入查緝，俾免查獲犯罪事證被裁定不具證據能力，甚或遭控違法搜索。

　　5.有關本案，承審法官認為：以警察取締職業賭場之情況，若容許警方搜索，「等於容許只要警察自認某民宅可疑，即可強行闖入搜索，置其他依法定程序費時蒐證員警，及人民居住安寧自由於何地？」[6]因此，凡我警察人員需「戒之、慎之」，並確實引以為鑑。

6　抄賭場　警無搜索票　法院拒背書，網址：https://udn.com/news/story/7321/4380166（聯合新聞網，2020/3/1，社會新聞）。

第十二章　查捕逃犯方法與要領

壹　逃犯之種類與作業規定

一、前言

　　各類通緝犯或經查緝（查尋）有案而另涉重要刑案之逃犯，於刑事偵查上大致分為一般通緝犯與查緝要犯兩類，而渠等可能隨時再犯，影響民眾生命、財產安全，正是社會潛在的極大危險因子。而這些逃犯（通緝犯）逍遙法外也影響政府威信，故為了確保社會治安，維護法律尊嚴，查捕逃犯（通緝犯）一直是警察工作的重要項目之一。

二、逃犯種類範圍

　　（一）查緝逃犯：

1.司法機關之通緝犯。

2.軍法機關之通緝犯。

3.國軍部隊函請通緝之逃亡官兵。

　　（二）查尋逃犯：

1.技能訓練所函請協尋之受處分人。

2.矯正學校函請協尋之脫逃學生。

3.少年法院或地方法院少年法庭函請協尋之少年。

4.各監所或其他機關函請協尋之脫逃人犯。

5.國軍部隊通報協尋違紀離營之官兵。

　　（三）經查緝或查尋有案而另涉嫌重要刑案之逃犯。

三、查捕作業規定

　　（一）各警察分局、分駐（派出）所，應將設籍轄內未緝獲之逃犯，分別編造本轄逃犯名冊，以為查捕之基本資料。

（二）分駐（派出）所所長應指定適當人員，保管、整理及註記逃犯異動情形，按戶籍地轉知各該轄警察勤務區佐警登入警勤區手冊及家戶聯絡記事簿，並經常督促所屬佐警查捕掌握逃犯異動情形，嚴密查捕與清理。

（三）分局由主管刑事業務單位指定專人負責保管、整理、隨時註記逃犯異動情形，並按其戶籍地分別轉知各該刑事責任區偵查員（佐）登入刑事責任區手冊「本轄逃犯名冊」內，隨時注意查捕及清理。

（四）設有電腦端末機之分局刑事業務主管，應每三個月派員攜帶電腦通緝通報（或逃犯名冊）與所轄分駐（派出）所核對一次，如有不符或漏列者，應即更正補列，經常保持逃犯資料之正確。

（五）分局接獲電腦通緝通報時，應即影送所轄分駐（派出）所，將本轄逃犯資料過錄或剪貼於逃犯名冊，並按日期先後順序裝訂成冊，作為所轄逃犯名冊之用。

（六）分駐（派出）所接獲分局傳送之電腦通緝或協尋通報影本時，應按日期先後順序裝訂成冊，保管屆滿一年，自行依規定銷毀。

貳　查捕要領與事前準備工作

一、查捕要領

（一）分駐（派出）所接獲電腦通緝通報時，應登記於所轄逃犯名冊，交由該轄警勤區佐警查捕。警勤區佐警無法查捕時，應即報請所長運用組合警力，予以查捕。

（二）警勤區佐警對於交查之逃犯，經查無所獲或戶籍業已遷徙，應將未查獲情形登錄於家戶聯絡記事簿或警勤區手冊，如係一時逃匿者，應繼續布線偵監，隨時注意查捕及清理。如查悉逃犯確實藏匿處所，即應報告所長以一般陳報單陳報分局，依查捕逃犯作業規定第18點核處。

（三）警察人員執行職務時，均應隨時注意發掘逃犯身分，如發現可

疑，應即進行追查，並向電腦端末機查詢有無通緝或查尋紀錄；如係逃犯者，則依查捕查尋規定辦理。

（四）警勤區佐警及刑責區偵查員（佐），應就轄內逃犯可能活動或藏匿之處所，多方布置，蒐集情報，並嚴密查察，獲有逃犯情資時，隨時報請組合警力支援，執行查捕。

（五）分局、分駐（派出）所，接獲上級通報查緝要案人犯時，其主官（管）應審酌與所轄有關人、地、事及物等資料，切實運用組合警力執行查捕，嚴禁個別執行查捕，以防逃脫及反擊。

（六）各分局、分駐（派出）所，查悉轄內列冊逃犯確實藏匿處所時，應以藏匿他轄逃犯通報傳真單，通報逃犯藏匿地分局查捕或自行派員前往查捕之。受請求協助查捕之分局，應於十日內回覆，其係自行派員前往查捕者，應事先會同當地分局或分駐（派出）所，受會警察機關應即時派員會同查捕，不得拒絕。

（七）警察人員於執行查捕時，應遵循法定程序，講求方法與技巧，注意逃犯及本身之安全，並避免以利誘、詐欺或其他不正之方法達到緝捕歸案之目的。

（八）各級警察人員查悉具有民意代表身分之逃犯時，其處理單位如下：中央級民意代表為警政署；直轄市級民意代表為直轄市政府警察局：縣（市）級民意代表為縣（市）政府警察局，鄉（鎮、市）級民意代表為警察分局。

二、事前準備工作

（一）落實情報諮詢布置

情報布線無論在過去或現行辦案實務，均是一項極為重要的偵查作為，藉由情報線索可提供辦案人員研判案情、釐清方向，展開偵查之依循。而布線工作可分為平時布線與專案布線兩種：

1. 平時布線

警察機關之分布建制，從縣警察局到分局、派出所、警勤區、刑責區，深入地方民間，員警若能依署頒警察偵查犯罪手冊第三章第一節「情報諮詢重點及原則」作業要領落實執行，要掌握逃犯（通緝犯）動向並非難事。過去查緝重要逃犯，例如張錫銘等人時，專案小組之基本線索，乃來自各基層警察同仁所提供，尤以第一線警察人員，常與民眾接觸，情報諮詢之深度、密度、廣度，涵蓋社會點、線、面，當能有效反應治安狀況及案件情資。

2. 專案布線

一般指的是「要犯」，乃重要且遭通緝之被告，即重要（大）之通緝犯。逃犯之成為要犯，多數具備靈敏警覺性與豐富逃避追查經驗，其為避免被捕，自然竭盡所能躲藏，甚或有共犯暗中奧援、協助藏匿，故非一般布線可達成目的，而必須實施「專案布線」。而每個要犯之人格特質、生活習性不同，是以，要犯查緝之專案布線，需以對象之出身、背景、交往、習性、經濟來源等，尋找切入點打入拉出，惟專案布線須以平日布線累積之人脈、經驗做基礎，故這仍賴偵查人員長期工作、投入、經營，方克致之。

（二）基本資料清查分析

「知己知彼，百戰百勝」，有關基本資料之彙整分析為查緝逃犯（通緝犯）最基本步驟，偵查人員須將通緝犯所有資料，例如：親屬關係、黑道背景、交往關係、刑案資料、犯罪模式、獄中室友、坐監會客等資料逐一清查、建檔、分析、比對，始能理出緝捕切入罩門；尤以對重大逃犯（通緝犯）所有親屬、同案共犯、共犯居住所、使用電話、交通工具、職業工作、往來關係、信用狀況、醫療狀況、子女就學等，均分別列冊清查，以鞏固基本盤，進而有效掌握對象之動態、去向。

（三）現地勘查訪視

1.經由情報中得知通緝犯居住地時，就必須進行現場勘查，訪問左鄰右舍，瞭解地形地物及通緝犯是否在家？或可能去處？探訪時第一要務就是要掩飾身分、側面查訪，因只要警察身分曝光整個任務就是失敗了（必要時可以稍微變裝，例如穿著搬家工人、快遞員等服裝，或佯稱通緝犯同事友人……），因為逃犯的家人、鄰居、朋友都有可能幫助嫌犯，只要他們說一句：「外面好像有警察來了」，嫌犯就會心生警惕，有可能就跑掉了。

2.通緝要犯之查緝以鎖定行蹤為目的，要鎖定行蹤須靠平時之蒐證，而蒐證重點以聯絡管道、交通工具、通訊器材等為主，必要時範圍則擴及可能出入場所、路口，其概念則須採取主動做法，例如：於這些場所、路口適當地點架設相關監視器材等，裨利動態資訊之蒐集掌握。

3.查緝逃犯時儘量要不著痕跡，未親眼見到通緝犯本人時，務必不能透露來查緝的目的，有時到逃犯家中查訪時，其剛好不在家，或本身還不知道自己被通緝時，可以向其家人表示自己是法院的人員，或稱因某人有某案件，所以法院請我們先過來做瞭解，是否要重新寄發通知書或是變更司法文書寄發地址等等藉口，必要時可留下聯絡電話，請嫌犯本人跟員警做聯繫，總之就是不能讓嫌犯知道，有警察來找過他，才不會打草驚蛇。查遇嫌犯本人時，首先要先讓嫌犯放鬆心防、降低戒心，一方面防止對方做出激烈的反抗舉動，再表明自己是警察的身分，請其協助案件調查；一方面震懾對方避免發生肢體上的衝突，待嫌犯完全在警方的控制下時，始向嫌犯出示通緝文書。

（四）決定查緝順序

每日早上8點過後（週日及週一除外），各警察機關電腦資訊中警用系統均有來自全省各級法院前　至二天所發布的通緝犯名冊；因全國各地檢署上傳資料時間不一，復經法務部轉檔作業，故發布於警用資訊系統之通緝名冊，其通緝時間分別會有一至二天的時間差（例如：7月31日發布

通緝的，要於8月1日或8月2日才能從電腦資訊中獲得），可以逐一分析研判比較有機會抓到人的個案，再加以過濾。目前各法院發布的通緝名冊內會顯示逃犯姓名、戶籍地址（或有通緝地址）、案類等，就實務上簡略來說，最難抓的案類順序分為：1.槍砲、殺人案；2.毒品案；3.竊盜案；比較好抓的案類順序分為：1.違背安全駕駛案（也是數量最多的）；2.傷害案；3.詐欺案。

先做初步分類並不是表示難抓的就不去抓，而是該類案件需要花更多的時間去分析及部署，對於剛起步經驗不太夠或是偵查時間不夠的，可以先從比較簡單的做起。

（五）研判藏匿處所

當鎖定目標時，就要從嫌犯身上蒐集相關資料，凡指通緝犯的前科素行、戶籍地址、車籍地址、交通工具等做進一步瞭解，詳記嫌犯容貌更是首要，找出逃犯最有可能的現住地址或藏匿處；另逃犯之生活作息亦須掌握，尤以其身體外表、容貌特徵更應熟記，避免與逃犯擦身而過，而生失之交臂之憾！

參　查捕術略之運用

一、方術與謀略之善用

（一）落實各項例行性勤務

舉凡巡邏、路檢、交整、臨檢……等例行性勤務，若能針對可疑人物、車輛認真盤查，並善用警用電腦資訊系統，仍能查獲各類通緝犯。

（二）清查流動、失蹤、行方不明人口

平日從清查流動、失蹤、行方不明人口之作業，亦有機會發現逃匿中之要犯、通緝犯。

（三）受理、偵辦刑案中去發掘

受理報案曾發現報案人即是嫌疑人之案例，亦有些報案人經查詢登錄其身分時發現是為通緝犯；尤以查獲各類刑案，細心做人別詢問時，也常發覺嫌犯併有通緝身分。

（四）強化戶政、憲調、法警單位之聯訪

有些民眾遭通緝而不自知，或誤以為戶政單位不知其為通緝犯，故前往辦理戶籍異動申請，而為戶籍員發覺；憲調單位亦具有司法警察身分，與警察人員是既競爭又合作的夥伴，可互換治安情報；法警人員亦有機會提供一些通緝情資。故若能加強這些單位聯繫訪問，也有助於逃犯之查緝。

（五）家戶訪查獲得資訊

家戶訪查是警勤區例行性勤務，可技巧性地由家中老人、小孩口中探詢通緝犯下落，或由左鄰右舍以聊天方式不經意查知逃犯下落。

（六）加強治安要點場所之查察

轄區各治安要點場所，尤以容易藏匿人犯之旅社、賓館、飯店、民宿、出租套房、汽車旅館……等，應加強查察，並核對過濾住宿旅客名單，則可查獲各類逃犯。

（七）保險名單之過濾

在不違反個資法的情況下，透過保險業者，尤以新加入勞工保險名冊之過濾清查，頗具實效。

（八）特殊節慶之布建、埋守

善用人性心理，每逢佳節倍思親的情懷，強化布建、埋守勤務；因舉凡年節假日、祖先祭祀、廟會活動、親人婚喪……等時候，通緝人犯常會暗中潛回，停留片刻即又迅即離去，尤以深夜、凌晨時刻尤應注意，故警察人員應加強通緝對象鄰舍及周遭之布建、埋伏、守望工作。

（九）偽裝身分探索情資

假稱係逃犯（通緝犯）國中（小）同學，藉召開同學會、謝師聯誼等活動名義，向家屬打聽下落，取得聯絡電話、住址或工作地點。

（十）假道伐虢、提籃假燒金

帶著水果、禮品，佯裝過去老同事或失聯多年之摯友前往探視，從不知情家屬探知對象藏匿處所或其他聯絡方式……。

（十一）優先取得通緝資料

一般基層警察每日早上8點以後，才能從警用電腦系統中取得最新（前一天）發布之通緝名冊，而此新名冊各地區檢察署早於前一日下午即已發布，為掌握先機，有效緝獲逃犯，可逕至地檢署執行股先行洽拿。

（十二）心戰制敵術

查捕通緝犯之方法很多，但是妙用存乎一心，其實心戰喊話也是技巧之一，實務上以其矛攻其盾，不費吹灰之力，查現行犯、獲通緝犯者亦常有所見，例如：102年春安期間桃園有一則「『國慶』抓『國慶』，警賊同名賊『獻聲』」的案例，這齣膾炙人口之捉賊劇，亦足堪查捕逃犯之重要借鏡：員警據報到場後受限環境找不到嫌犯，於欲離去時向廠房喊話：「國慶！你人在哪？我要走了！」沒想到名字也叫「國慶」的嫌犯竟然主動回答說：「我在這裡」，當場洩露行蹤被逮個正著。

（十三）子女就讀學校之布建埋守

通緝對象因平日不敢回家，基於骨肉天倫之情，有時也會利用下課、放學時段去看子女；另跟蹤子女回家方向，亦可能查知狡兔三窟，故有效從子女就讀學校布建、埋守或跟蹤，或許能有所斬獲。

（十四）巧勸策動投案

輕微之通緝案件，若屬罰金者，可策動家屬勸其自動投案，然後向地

檢署申辦分期付款方式歸案；需服徒刑者仍能透過親人、好友道德勸說：「儘快到案服刑，早日出獄更生」，確有部分理性對象會自動前來派出所投案。

（十五）詢問技巧之運用

查獲各類案件時，若能有效發揮詢問技巧，亦可能得知逃犯（通緝犯）之去向；尤以先落網同案共犯，可供述在逃要犯接濟友人、窩藏居所、聯絡方式、交通工具、電腦帳號、新結合之共犯……等，頗裨益重要逃犯之查緝，例如當年查緝惡龍張○○，起初始終無法鎖定其行蹤，然二名親信共犯李○○、林○○到案後，因詢問技巧之運用奏效，乃讓多處藏匿處所逐一曝光，再加上現場採獲遺留物證……故對後續查緝張○○到案，具有極大的幫助。

（十六）堅壁清野，剪除羽翼

查捕重要逃犯之方法與技巧甚多，而當諸法皆空，逃犯資訊杳然時，動員大批警力，採堅壁清野、剪除羽翼、切其金援、斷其後路，讓其走投無路主動出面投案，亦不失為方法之一。例如，101年發生全國矚目之富少李○○性侵淫照外洩案，在檢警全力查緝下仍找不到李嫌，最後仍在警方堅壁清野、斷其奧援後主動出面投案。

（十七）誤打誤撞，意外查獲

偵辦刑案時，其實也常會意外查獲重要逃犯或各類通緝犯，例如：取締職業賭場賭徒中有逃犯（通緝犯）；查緝強盜集團卻發現案外之殺人通緝犯；偵破販毒案而逮捕槍炮彈藥刀械管制條例通緝犯；偵辦竊盜集團查獲詐欺通緝犯……等，這些誤打誤撞、案外查獲之實例不勝枚舉。

（十八）其他方法

查捕逃犯（通緝犯），其實並沒有一套絕對的緝捕公式，只要能將渠等順利安全查獲歸案，其實都是一種好方法。例如，過去就曾發生「女

警花好美！通緝犯主動搭訕」而緝獲通緝犯之趣聞：民國99年間在高雄縣（改制前）鳳山分局服務之女警王○○，因長相甜美，身材高姚，某日到立委競選總部巡查時，一名男子看到漂亮的執勤女警，主動上前搭訕，並對她「訴苦」，機警的女警覺得男子形跡可疑，把他請回派出所瞭解狀況，一邊陪他聊天，一邊查詢其身分，赫然發現是一名妨害自由通緝犯，而予當場逮捕……。類似這種案例，在基層實務迭有所聞，然而「它」亦不失為查獲方法之一。

二、逃犯（通緝犯）容易藏匿之處所

經由過去實務經驗發現各警勤區內下列地點或場所，比較容易為逃犯（通緝犯）匿藏：1. 車站；2. 港口；3. 機場；4. 空屋；5. 涵洞；6. 草（工）寮；7. 旅社；8. 賓館；9. 茶肆；10. 飯店；11. 民宿；12. 酒店；13. 舞場；14. 網咖；15. PUB；16. KTV；17. 理容院；18. 電玩店；19. 三溫暖；20. 遊藝場；21. 溫泉澡堂；22. 汽車旅館；23. 出租套房；24. 衣櫥；25. 天花板；26. 床鋪下；27. 水塔間；28. 地下室；29. 置物間；30. 陽臺樓梯間；31. 牆壁夾層；32. 其他。

肆 實務案例之探討

一、成功案例

（一）計誘毒品通緝犯

101年2月間，文山一分局員警前往毒品通緝犯住處查緝，埋伏近二日均未發現對象，也未發現有其他人進出該處，正當不知道要如何突破時，靈機一動將其住處附近所有汽機車過濾一遍，很幸運地在隔壁巷子發現其自小客車，該車擋方玻璃上恰巧有放置手機號碼，乃假扮路人告知該自小客車車燈未關，若不下來關閉電源，可能因電力耗光而無法發動，不知情之通緝犯下樓欲關車燈時，旋即趨前表明警察身分而順利查獲。

（二）智取公共危險罪通緝犯

101年5月間，文山一分局員警查緝一名公共危險罪通緝犯，經查其係被法院判新臺幣12萬元罰金，准其分四期繳納，須在四個月完納，但只繳第一期便避不見面，且因長期在外地工作，並未收到法院的開庭通知致遭通緝，某日員警前往對象住處查訪時僅其妻子在家，便不動聲色留下電話，請丈夫返家時回電，俾約定時間到府重新送達分期繳款單，不久通緝對象果真回電，而順利將其逮捕到案。

（三）報案人竟是賭博罪通緝犯

101年12月間松山分局員警受理基隆釣客袁姓男子報案稱：於基隆河畔發現浮屍卡在消波塊……，員警獲報後趕往現場，詢問狀況後要登記其身分，袁男出示健保卡，警方慣常性將其身分證字號輸入電腦查詢，發現竟是賭博罪通緝犯，告知原委後依法將其逮捕。

（四）誤打誤撞意外查獲通緝犯

101年9月某搶嫌犯案後，將做案機車及安全帽棄置，臺北市警方找到安全帽並從上採得指紋，經比對後查知係嫌犯唐○邦，乃前往唐宅緝捕，詎料本就是詐欺通緝之大哥唐○華，以為是警方找上門，急忙爬窗往下跳而受傷，警方於查證後識破其身分，乃將之逮捕。

（五）通緝犯游泳上工遭查獲

在臺中港區工作之蕭姓男子係竊盜及懲治盜匪案通緝犯，於101年10月間某日上午，其為避開臺中港陸上出入證查驗，從中南一路中南二橋旁，攀爬鐵欄杆，走到橋下西側下海，隻身游過管制區後爬上岸，赴「中龍鋼鐵」公司工作……，因有釣客見其跳海，以為自殺而報警，警方獲報後與消防隊聯合展開搜救，而現場卻不見人影，乃擴大範圍赴對岸搜尋。

2小時後在中龍公司靠海的大樓中，發現一名只穿內褲、全身溼透之男子，當場盤問卻不吐露姓名，乃帶回派出所查證，蕭某承認他即為下海

男子，說並非自殺；警方多次詢問始終無法獲知游泳上班原因，最後於指紋、證件比對之下，赫然發現竟是懲治盜匪與竊盜兩案之通緝犯！

（六）通緝犯鑽糞坑照逮

逃犯為躲避追緝，其匿逃方式很多，而警察為順利查獲逃犯，則須絞盡腦汁與渠等鬥志，有時為確悉對象動態，避免打草驚蛇，還得長期埋守，員警在荒郊野外遭蚊蟲叮咬亦為常事；有些人犯為了逃脫，更採取跳樓、跳河……等方法，在在考驗著員警的智慧與勇氣。98年間更聞員警深入糞坑緝獲通緝犯的英勇事蹟：

彰化縣員林分局某日探知一名黃姓煙毒通緝犯躲在埔心鄉，埋伏多日後在埔心鄉經口村攔下黃的汽車，員警忙著逮捕他時，車上一名女子箭似地衝出，不要命地跳下排水溝逃走，大夥發覺有異隨後尾追，但卻不見對方蹤影，終在路人指點下，於村內一處養豬場糞坑裡發現一名女子蹲在糞水中，只露出頭呼吸，連忙將其抓上來，員警弄得一身髒臭，經查其乃黃之太太，剛遭臺北司法單位通緝，如果她不逃，員警還不知對方是通緝犯！

（七）巾幗不讓鬚眉，例行勤務仍能查獲通緝犯

查捕通緝犯是所有警察共同責任，只要執勤認真，機警靈敏，就能查獲各類逃犯，並不侷限於「緝逃專案」，即便男警也不能專美於前，例如：101年間臺北市寧夏派出所女警吳○○與替代役男執行夜間巡邏，行經蘭州街時，發現前方一輛機車逆向而來，女警鳴笛示意攔停，騎士高○○佯裝停車，卻突然加速闖紅燈逃逸，二員隨後追逐，於重慶北路追上，高○○摔車倒地不起，經查才知係涉及竊盜與搶奪之通緝犯。

二、錯誤案例

警察機關查捕逃犯作業規定參、十九：各級警察人員於執行查捕工作時，應講求方法與技巧，並注意逃犯本身之安全，並避免以不實言詞達到「誘騙歸案」之目的。而臺北市過去曾有員警為緝逃績效，使用不當方

法，雖成功逮捕了通緝犯，但後來竟淪為被告，還遭法院判刑，是則案例堪供基層警察人員執行緝逃工作之殷鑑借鏡：

民國92年間臺北市某派出所一名員警，為了緝逃績效，想出一套緝捕通緝犯的方法，乃利用明信片蓋上派出所戳章，寄給一個拒絕到案的煙毒通緝犯，內容寫上：「受通知人之身分證遭強盜集團盜用，請出面澄清，否則將列為被告」。受通知的對象不疑有他，信以為真來到派出所，結果卻被依煙毒通緝逮捕；這名通緝犯不滿員警以不實內容誘騙其到案，乃憤而提告[1]。

此案經最高法院認定：員警所寄發之明信片是使用「派出所戳章」，屬於公文書，但內容卻與事實不符，影響公文書的公信力，構成偽造文書罪，該員警也因此被處以六個月的徒刑，緩刑兩年。

三、結語

警察偵查犯罪手冊第141點提示：通緝犯、逃犯之拘提逮捕應顧及逃犯及本身之安全……視情況運用策略誘捕或策動投案；警察機關查捕逃犯作業規定參、十九：各級警察人員於執行查捕時，應講求方法與技巧，並注意逃犯及本身之安全，並避免以不實言詞達到「誘騙歸案」之目的。綜觀其意乃有關查捕通緝犯，為達成任務，固須使用各種方法及不同伎倆，但「它」仍須在「合法」下為之，嚴禁以諸如上列非法手段去達成目的。而合法與非法之分際，則在於「技巧」與「要領」的運用，更是「謀略」和「藝術」之活化昇華，這或許仍賴不斷學習及經驗之累積才能發揮極致效用。

1　黃育杉，警員誘捕通緝犯計畫，涉嫌偽造文書罪（臺灣法律網，2002/7/16）。

問題思考與討論

1. 除了本章節臚列逃犯（通緝犯）可能活動或藏匿處所外，你認為還有哪些地點容易被躲藏？

2. 查緝逃犯時，其在屋內若拒不開門，員警該如何因應面對？

3. 查捕逃犯時，有哪些方法可讓其應聲開門，順利進入屋內查緝？

4. 逃犯家中養有惡犬，你認為有哪些方法可以既不嚇跑通緝犯，又不遭犬咬，而順遂進屋查緝？

第十三章　新興詐欺犯罪——電話詐騙

「又有名人栽在詐騙老梗！詐騙集團以監管金融帳戶的手法行騙屢見不鮮，沒想到連中央研究院前副院長劉翠溶也受害，帳戶內2,000萬被領光光，直到對方消失神隱，才驚覺上當，她報警時不禁哭訴『怎麼有這麼壞的人？』」[1]

這樣的新聞，在臺灣社會是層出不窮的，受害人的驚恐、無耐、憤怒，實在令人心酸！這些詐騙罪嫌的犯行，更令人髮指！

什麼時候開始有了這樣的電話詐騙犯行呢？我們且從基本的緣起、手法談起。

壹　電話詐騙犯罪的緣起

一、為了錢財，寧可行騙

勸世歌謠中一句十分有意義的箴言：「鳥為食亡啊人為財啊兮，想真做人閣著海海，死將何去生何來咿！」唱出了人性的通病，也給少數貪婪者最好的註解。眾云：「有錢萬能，沒錢萬萬不能。」這倒是芸芸眾生所面臨的困境，沒有錢財確實難以在這個社會生存，然而「君子愛財，取之有道」，這是千古不變的哲理。為了錢財，以自己的能力，無論是勞心、勞力的去經商或者務農、工作、上班……，這是無損於社會秩序的好公民。但是，偏偏就有人想不勞而獲，期能一夕致富，於是選擇犯罪的不法手段來達成目標。這些不法侵害他人財產法益的行為，又分成好幾種：像有以竊盜、強盜，恐嚇、擄人等較暴力手段的；有些則採狡點型的詐欺手法而為之。

1　自由時報，http://news.ltn.com.tw/news/society/breakingnews/1324021（上網時間，2015/5/21）。

二、詐欺模式的演變

有關詐欺案件，在農業時期，只是一些人與人間為了生活互騙的小道技倆，後來才有藉著掌握人性貪念的金光黨及虛設行號等詐欺犯罪竄起。然而工商社會不停的在進步，歹徒犯罪手法也隨之提升，從民國86年起臺灣治安史興起「刮刮樂」詐財後，從此「新興詐欺犯罪」在這個社會風起雲湧，不但產生犯罪學習作用，更是一發不可收拾；嫌犯假借各種名義，寄發中獎信函郵件，利用民眾無知與貪婪，騙取中獎者須先付15%所得之稅金……，持續以降，詐騙方式隨著社會與治安環境之變化，而不斷推陳出新。早期的詐騙技倆只是冒充搖獎部報明牌的小員工，後來又隨著時空因素的變化，假扮角色不停的跟著更換，如今竟然變成了民眾心中敬畏的大檢座……。這中間之轉折，其犯罪手法已由原來「郵寄信函」，發展到當前「電話詐騙」類型，其改變之快令人咋舌，也猶如齊天大聖的七十二變，著實令人眼花撩亂，也讓民眾每每接到不明來電就膽戰心驚，更令打擊犯罪之警方應接不暇，而疲於奔命！

三、詐欺犯罪案件已凌駕其他刑案

國內詐騙犯罪的持續升高，其發生率已凌駕其他刑案，目前已成為我國僅次於竊盜及毒品的第三宗刑事案件。依據警政統計查詢網，詐欺犯罪由早期民國82年發生的665件，大幅成長至民國105年的23,175件，二十年間成長三十多倍。

另依據警政統計查詢網，詐騙案件於104年的21,172件，在105年已增為23,175件，顯示維持高發生數。有關全國民眾防制詐騙滿意度，過去一直維持在五成以上滿意度，而本次中正大學犯罪防治中心105年上半年度全國民眾犯罪被害及政府維護治安滿意度調查[2]，「防制詐騙」部分雖仍保持五成以上滿意度，但近七年來首次跌落五成五……顯見民眾期盼政府

2　105年上半年度全國民眾犯罪被害及政府維護治安滿意度電話問卷調查，國立中正大學犯罪研究中心（上網日期：2017/8/9）。

全力防制詐騙犯罪的殷切！故而，政府為展現反詐騙之決心，提升打擊詐欺犯罪能量，乃於105年8月24日在內政部警政署刑事警察局成立「打擊詐欺犯罪中心」[3]。

四、政府跨單位共同防制詐騙

　　有關詐騙犯罪的橫行、泛濫，已讓全民無奈、焦慮、恐慌，從上述警政統計查詢網顯示：詐騙犯罪長期之居高不下，已是不爭的事實；尤其被害對象包含士、農、工、商，不分族群、階級、身分、地位……均同蒙其害，甚且連高級知識分子也無法倖免。這些年來，詐騙集團更轉為跨境犯罪，於境外架設非法電信機房，並利用各種資、通訊技術進行遠端遙控，隱藏於大陸地區詐騙臺灣民眾，以躲避警察機關查緝；復以詐騙問題涉及網路安全、個資保護等議題，並非單靠警政機關能因應，故政府有關部門為了遏阻詐欺犯罪，除規劃、執行「反詐欺專案」、「靖頻專案」，動員全國警力大力查緝外，並由內政部、交通部、法務部、金融監督管理委員會等單位，共同成立「反詐騙跨部會協調會議」、「反詐騙聯防平臺會議」；另國家通訊傳播委員會與相關單位也共同成立「跨部會防制詐騙電話平臺」，分由電信監理、金融管理、教育宣導、媒體宣導、警政偵防等面向規劃、推動各項防詐作為來因應。其間雖然偵破多起集團性詐欺案件，然而詐騙事件並未因而銷聲匿跡，且發生件數還不斷升高，手法更推陳出新，有些甚至不經由金融轉帳匯款，直接派遣假事務官、書記官到府收錢，膽大妄為囂張狂妄的事例，讓人有「道高一尺，魔高一丈」之憾！

　　細究詐騙犯罪為何層出不窮、不勝其抓？嫌犯為何不忍釋手、樂此不疲？其故不外有下列幾項因素：

（一）偵破不易，風險低

　　電子通訊詐欺犯罪，是科技時代新型的犯罪模式，嫌犯透過手機、網

3　CIB局長室，歷史上的今天，https://m.facebook.com/story.php?story_fbid=1628549960496914&id=952786218073295（上網日期：2017/8/9）。

路，不必像傳統類型犯罪須親自現身，他們躲在見不到的地方，甚至隱身地球另端，而操控遠在天邊的詐騙案件；並把提款及接聽電話之地點，移至大陸地區逃避查緝，讓辦案人員難以溯源追查。

（二）成本低，報酬高

嫌犯只需租個小房間、擺放幾張桌椅、申請幾支電話、購買幾個人頭帳戶……，就可展開詐騙行為，只要無知倒楣民眾一上當，渠等不法所得動輒數十萬、上百萬甚至上千萬元……。

（三）易得逞，量刑低

歹徒掌握人性貪婪、害怕的心理，加上資訊不足，很容易就取信於被害人，讓被害人任其指示，任其宰割；即便不小心被警查獲，移送法辦後，所判刑期也不高，故而難以產生嚇阻功效。

（四）立即性、速度快

被害人只要在電話中聽信嫌犯聳動之語，必匆忙慌張，立即跑至郵局、銀行、自動櫃員機……等金融機構，或以電話語音、網路銀行等進行劃撥、匯款、轉帳，只要手指輕按、劃撥（匯款）單一填，被騙金錢立即轉到嫌犯人頭帳戶中而難以追回，不法錢財到手速度或被害人就範之立即性，非其他犯罪可以比擬。

（五）方便性、效果佳

臺灣自從民營銀行開放後，目前各公、私立銀行、郵局、農會、合作社……等金融機構林立，到處可見ATM自動櫃員機；另相關便利客戶存款轉帳措施亦不斷推出，諸如電話語音、網路銀行、網路ATM……等，渠等工具固然嘉惠了客戶，有益工商繁榮發展；但其實無形中，也替嫌犯闢建一條斂財捷徑，讓被害人可很方便地找到匯款地點，或在家就能辦理轉帳，金融機構似乎變成電話詐騙者附生的犯罪工具，經從被害案例中發現操作上述方法，除方便性外，且效果佳、失敗率不高。

貳 常見的詐騙犯罪類型[4]

一、假借報六合彩明牌詐騙

假冒香港彩金局員工，大量發簡訊或打電話給民眾，稱可提供當期兩個開獎碼，詐騙集團分別提供不同人，且全數涵蓋所有號於取信中獎民眾後，再要求加大籌碼，並事先支付打點金等費用。

詐騙關鍵字
【電話詐騙】 公司舉辦抽獎活動，要您到場共襄盛舉！ 恭喜您已中獎！提供海外銀行電話可查證獎金已入帳！ 要交入會費、所得稅，才能領回獎金！ 【網路詐騙】 網友在海外是六合彩、賽馬會、投資顧問公司職員！提供投資機會！電話通知您已獲利，快去匯款贖回獲利！海關查獲地下匯兌，要付關說費！ 反制之道： 1. 中獎電話、公司地點、匯款銀行都在國外，查證不易，勿輕易匯款。 2. 165反詐騙專線數位資料庫，可協助查詢冒名詐騙公司名稱。

二、假冒地檢署、地方法院電話語音詐騙

假借法院、地檢署、行政執行處名義，利用電話語音或寄送假書函，通知被害人欠款未還……，因涉及官司屢傳不到，將強制執行等云，使人緊張去電詢問，再由假警察、假官員告知其個資外洩，遭盜用辦卡，將危及存款安全，表示可提供「安全帳戶」暫存，要求被害人向銀行申辦「電話語音轉帳」，或「網路轉帳設定」，然後將錢轉入嫌犯帳戶，乃至

---

4 盧俊光、廖有祿，新興詐欺犯罪型態、模式及中介物之分析（中央警察大學，2006年犯罪偵查學術研討會論文集，2006/10/13），13頁。

存款全數遭騙。

❖ **詐騙關鍵字** ❖

銀行通知有人來領你的存款！
警察通知你個人資料被冒用！
檢察官說你是詐欺人頭戶！
去超商收法院公文傳真！
要將存款領出來監管帳戶！

三、假退稅、退費、發老人年金，真詐財

假冒國稅局、健保署、社會局……等機關名義，以發簡訊、打電話或拜訪被害人，佯稱要核退溢繳稅款、保費、補發老人年金……，騙取被害人帳號密碼或要求其去ATM依其指示操作提款機，而因被害人不諳操作程序，反將帳戶內存款轉匯到嫌犯虛設人口帳戶。

圖2-13-1　詐騙手法大公開

```
┌─────────────────────────────────────────────────────┐
│ ❖                    詐騙關鍵字                    ❖ │
├─────────────────────────────────────────────────────┤
│ 自稱是健保署，你溢繳保費可申請退費！                │
│ 自稱是退輔會，關懷榮民訪問！                        │
│ 自稱是社會局，老人居家訪視！                        │
│ 可以申請生活津貼，補發老人年金！                    │
│ 自稱是國稅局，佯稱要核退溢繳稅款！                  │
│ 騙取存摺帳號密碼，或請被害人去ATM操作提款機！       │
│                                                     │
│ 反制之道：                                          │
│ 一關！將大門關上，以防歹徒侵入家中。                │
│ 二問！隔著門問來者姓名、單位、何事來訪。            │
│ 三查！快撥165反詐騙專線查證！可查明來者身分以及到訪是否屬實。 │
└─────────────────────────────────────────────────────┘
```

四、假借催繳欠費，利用電話語音詐騙

　　假冒中華電信、監理站、瓦斯或電力公司等機關，以催繳電話費或檢查更換管線為由，聯絡民眾後，又謊稱其身分被盜用去申請車牌或人頭電話……等，並把電話逕轉假稱的「警察局」報案，由假冒之警察要求民眾應配合調查，請被害人辦理網路銀行，並設定開啟「網路轉帳」，以監控帳戶的異動，然後再騙取代號、密碼，把存款轉提一空。

五、營造知心朋友情境，再借錢詐騙

　　事先取得民眾個資，由異性成員主動打電話藉故聊天（以男性接獲女性電話居多），開始時不會有所求，但她天天來電，表示身世可憐，或在特種行業上班，對談間不時透露傾慕，甚至色誘之語，讓被害人從陌生到熟識而難以自拔情境，然後虛構一串理由與事故要求借款。

　　此類手法有共通特性：（一）之前與被害人多次閒聊已漸取得被害人信任；（二）營造情況急迫令被害人倉促間不及查證；（三）利用被害人意欲幫助親友之同情心施詐。

六、猜猜我是誰，乘機借錢騙財

　　嫌犯到處蒐集畢業紀念冊、公司機關通訊錄或盜用民眾LINE、臉書等帳號，於取得被害人電話及親友資料後，直接打電話要民眾「猜猜我是誰」？然後順著對方的話，套用角色、打開話題、濫攀交情，佯稱是昔日同學、同事、親友……，再謊騙發生事故，進而開口借錢，要求親友匯款救急（嫌犯與被害人對話範例請參閱附錄13-1）。

❖　　　　　　　詐騙關鍵字　　　　　　　❖
自稱是您的親人（兒女、兄弟、叔伯、姐妹）！ 自稱是同事、同學、軍中弟兄！ 先問候話家常！ 再藉口處理緊急狀況，或正在醫院向你借錢！ 反制之道： 1. 歹徒會以各種手段取得個人資料，再假冒親友熟人借錢，民眾務必妥善保護Line、臉書、電郵信箱等帳號資料。 2. 接到親友來電，並提出借錢要求，且不斷來電表示非常緊急，請以現在不方便接聽電話，先掛斷這通電話。 3. 一定要當面或電話確認身分，或用舊有的聯絡方式再次查證是否需要借錢？

七、假冒公務機關、金融人員通知遭盜刷或資料外洩

　　佯稱是警政、戶政、金融人員等，以電話或發簡訊通知民眾，騙其金融卡遭盜刷，有人持冒用身分提款或其資料外洩等，誘導被害人匯款轉入特定銀行帳戶保管，因而被騙上當（嫌犯與被害人對話範例請參閱附錄13-2）。

圖2-13-2　請小心電話詐騙陷阱

八、假擄人、假擄車，真詐財

夕徒來電謊稱綁架小孩，配合播放背景音效，讓「假兒子」或「假孫子」和被害人對話，以取信對方；或尋找違規被拖吊車輛，將警方留下地上粉筆資料擦去，再設法與車主聯絡……，要求被害人到自動櫃員機轉帳贖人、贖車（嫌犯與被害人對話範例請參閱附錄13-3）。

九、電話恐嚇詐欺

事先取得民眾家中成員資料，打電話給被害人，謊稱家人發生事故或

有借貸糾紛等，須立即處理，否則對其不利……，要求被害人馬上進行匯款。如某詐騙集團成員自稱是輔導長，電話告知軍中服役兒子不假外出，酒後駕車肇事，已被押至憲兵隊，須立刻賠對方12萬元，否則將受軍法審判，讓受害人信以為真而匯款受騙[5]。

十、以匯款方式設定錯誤，要求重新更正詐財

嫌犯鎖定網路購物商店，於取得買賣雙方交易資料後，自稱是金融機構員工或假冒賣家公司，打電話給被害人，謂以：當時因匯款方式「設定錯誤」為分期付款，如不進行更正，將會定期連續扣款，遂要求買家持金融卡至ATM按指示操作，因嫌犯來電顯示號碼與客服專線相同，且相關交易內容詳盡吻合，致被害人深信不疑而前往更改設定，在不懂英文介面與操作程序下，帳戶內金額便詐轉至歹徒人頭帳號內而遭騙。

※相關案例※

高雄市的廖小姐（70年次，百貨業）今年7月中在電視購物頻道購買一套機能型內衣，採貨到付款方式順利完成交易，沒想到過沒幾天就接到詐騙集團冒充這家購物頻道來電表示，公司把簽收單貼錯了，導致會多購買其他商品，他們會將取消購買商品的文件傳真給銀行。隔5分鐘，另一名自稱銀行專員的人來電，說取消手續正在辦理中，要廖小姐將戶頭的錢全部領出，存入其指定的銀行帳戶來確定沒有被扣款。廖小姐不疑有他，前後兩次共匯了120萬元給對方，直到最後一次對方食髓知味，竟要求廖小姐領100萬元到指定地點交給「銀行專員」，廖小姐起疑報警，員警陪同前往，當場逮捕兩名年輕車手。

---

5 「假輔導長」電話詭稱役男發生車禍，家長被騙（司法院政風處／政風案例／反詐騙宣導）。

詐騙關鍵字

向您核對購買商品日期、金額！
說您收商品時簽單錯誤！
帳戶設定錯誤，變成分期付款！
晚間12點後開始扣款！
要去自動提款機取銷分期付款設定！

反制之道：
一聽！聽清楚這個電話說什麼？是否有以上關鍵字？
二辦！ATM只能（提款）和（匯款），不具有退款、解除設定、身分驗證之功能。
三掛！聽完後，立刻掛斷這通電話，不讓歹徒繼續操控你的情緒。
四查！快撥165反詐騙專線查證！將剛才聽到的電話內容告訴165。

十一、假冒警察檢察官，謊稱民眾涉案行騙

　　歹徒於掌握民眾個資後，假冒警察、檢察官、地檢署監管科官員等身分，以被害人之資料受冒用，遭詐騙集團申請人頭電話、帳戶……，有涉嫌幫助詐欺、洗錢等罪嫌，又恐嚇民眾因屢傳不到，將被拘提、收押，且凍結、管收帳戶；另帳戶中有不少詐騙所得贓款，指示被害人速將帳戶內儲金轉入檢方的「安全帳戶」，或領出錢後，檢方會派員到家收款以暫時保管；殊不知詐騙手法不斷翻新，嫌犯為防取款易遭查覺，改採「多元支付方式」，民國108年首見指定當面交付「黃金條塊」案例，因對方明確指出自己姓名、年籍、帳號……等資料，讓被害人誤以為真的涉案，嚇得不由自主乃任憑嫌犯擺布指使而受騙。

　　※相關案例※（一）

　　日前曾發生歹徒冒充檢警打電話給一名已經退休、有身心障礙的魏姓男子，佯裝高雄市警局「林警官」、「廖科長」的電話，指魏男詐領健保費，還因帳戶涉及洗錢案洗了3,000多萬元卻未到案，必須「拘提禁見」及「凍結資產」，並且派「神秘的便衣警察」監視其行動以免魏男潛逃出境，讓魏男非常

驚恐。接著一名「吳檢察官」打來說要監管洗錢帳戶，叫他解除一筆存款並存入自己的兩個戶頭，由一名「地檢署專員」持「臺北地檢署監管科收據」到府收取這兩個帳戶的存摺、提款卡及密碼，就這樣連錢帶戶頭被騙走了100多萬元。接下來連續近一個月，「吳檢察官」每天早上10時30分準時打電話給魏男「討論案情」，除叫他把剩下的50多萬元匯入自己的帳戶，更可惡的是還要他到壽險公司借最高額的貸款近50萬元，同樣匯入自己的戶頭，前後騙走了200萬元。直到一個月後，魏男致電金管會詢問何時能拿回自己被監管的帳戶，始知遭詐。這是詐騙集團過去慣用的假檢警手法要求被害人將現金全部提領出來後，直接交給假冒地檢署人員的取款車手，或是匯款到人頭帳戶，但近來疑似為躲避金融機構櫃檯人員起疑心進行關懷提問或報警，有大膽直接騙取被害人的帳戶再持續騙取匯款的情事。

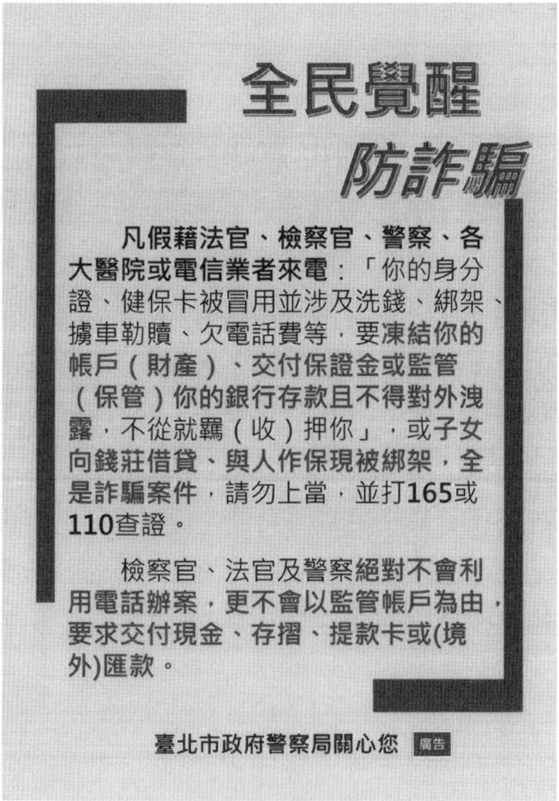

圖2-13-3　請大家提醒大家「防詐騙」

※相關案例※（二）

新北市79歲婦人，民國108年8月起在住家陸續接到詐騙電話，嫌犯假借臺北地檢署主任檢察官之名，謊稱蔡婦涉及洗錢防制法，為清查其名下財產，要求她至銀行購買黃金，再前往指定地點與假扮檢察官之車手見面。

蔡姓婦人慌張的到銀行購買價值140多萬之金條，翌日依詐騙集團指示面交給27歲吳姓車手，吳嫌並出示偽造的「台北地檢署監管科」公文取信婦人[6]，還以偵查不公開為由，威脅婦人保密，不得告知家人。

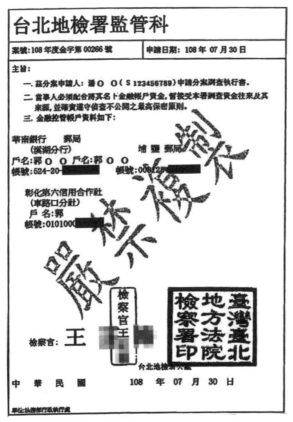

圖2-13-4　歹徒利用假地檢署公文詐騙，被害人超過七成為50歲以上。（記者窩用紅翻攝）

6　假檢警詐騙老梗老梗　首見騙走1900萬元金條，https://news.ltn.com.tw/news/society/paper/1343068（自由時報，上網時間：2020/1/4）。

　　蔡婦信以為真，後來又陸續接到嫌犯來電指示，共計面交黃金條塊給車手10餘次，受騙金額高達1,900萬元。去（108）年12月中，該婦人又接到詐騙嫌犯來電，要求再交付金條，因其手邊已無現金購買金條，便到銀行欲解除1,000多萬元定存，正巧友人來電詢問近況，一聊才驚覺遇到詐騙集團，而趕緊報案。[7]

　　經此案例得知，嫌犯已查覺指示被害人匯款或面交現金方式易為警方查獲；而每公斤黃金價值超過百萬，比起等值紙鈔、體積小、重量輕、便於攜帶，且不少民眾喜愛黃金儲蓄，故較不易為行員過濾、查覺而報警。因為詐騙手法已經走向多元，民眾必須覺醒，更謹慎小心！

圖2-13-5　臺北市警察局預防假冒檢警詐騙宣傳海報

7　公廁轉手黃金　老婦遭詐1900萬，http://m.match.net.tw/pc/news/local/20200102/5148866?source=email（match生活網，上網時間：2020/1/4）。

十二、購物個資外洩詐財

第一階段：事先與被害人確認之前電視或網路購物交易紀錄，再佯稱被害人因作業疏失或誤勾選分期付款方式，由一次付清變為分期付款，向被害人套取其金融卡、信用卡片背後的客服電話，據以後續竄改前述客服電話，以取信被害人，另外假冒的歹徒會以關懷語氣表示會代為向銀行聯繫處理。第二階段：向被害人確認開戶資料、存款，藉取消分期付款之名義，指示操作提款機轉帳。

❖ 詐騙關鍵字 ❖
購物平臺總機電話可能遭竄改。 提款機只有「轉帳」與「提款」功能，並無取消分期付款功能。 要求「到提款機操作」就是詐騙。

十三、網路交易詐財

第一階段：歹徒先以社交工程、駭客手法、蒐購方式取得網路拍賣帳號與密碼，再開立賣場，吸引不知情買家下標購物。於網拍平臺，以低於行情價刊登熱門商品，如高單價3C電子產品（液晶電視、數位相機、攝影機）或一次大量購買用品（尿布、奶粉），誘使網友下標購買。第二階段：買家下標後騙徒即聯繫買家，要求私下交易或先交付購物款項或訂金（金額多為標購物品價格一半），之後表明不願意面交。如買家付款後表示未收到貨品，即以種種藉口應付，拖延買家報案。

❖ 詐騙關鍵字 ❖
偏離市價行情，堅持私下交易，不願貨到付款就是詐騙。 反制之道： 民眾應選擇具有安全交易機制網拍平臺，避免私下交易，並保留所有交易對談資料。

十四、色情應召詐財

第一階段：先利用網路聊天室、即時通（並附上年輕美女相片）等和民眾搭訕，套取基本資料（如工作、電話及姓名），再謊稱可外出援交，待民眾答應後，要求民眾至提款機操作，謊稱可辨識是否具有軍警身分。第二階段：指示被害人操作提款機，如被害人不察而匯款，即遭詐騙；如被害人當下拒絕或不從時，歹徒即會自稱是黑道兄弟並加以恐嚇，脅迫被害人操作ATM匯款。

詐騙關鍵字
網路世界照片、人名皆虛擬造假，只要談到金錢就是詐騙。網友約見面，要求操作提款機，即屬詐騙。

十五、求職詐財

第一階段：騙徒先在報章、雜誌或網路上刊登廣告以「高薪」、「工作輕鬆」，徵求「公主」、「男公關」或「司機」為餌，在廣告上留電話，讓應徵者聯絡。第二階段：約被害人在公共場所或其虛設之公司面試，再以置裝費、訓練費、就業保證金，要求被害人先交付金錢或以薪資轉帳需要為由，要求繳交身分證及帳戶、提款卡，或以工作需求名義替被害人申辦行動電話。

詐騙關鍵字
正派公司徵才，不會要求民眾預支額外費用，且會負擔員工培訓費用。 辦理薪資轉帳僅需提供帳號或存款簿影本，如要求提供存款簿、金融卡、身分證之正本，必為詐騙。 應徵時，應於公司設址處應徵並會告知職務、薪資，如約在外面試均屬詐騙。

十六、Call客剝皮店詐財

第一階段：歹徒先在大陸設立發話機房，並設定撥號電話組致電民眾（一次可自動撥出30個門號）；待來電鈴響一聲即掛斷，誘使民眾回撥，或直接來電以嬌柔音調問候受話者。接著再表示曾於某處認識、因故至當地工作或很久沒見等語，希望能常聯絡，經多次聊天及甜蜜口語誘使當事人陷入溫柔鄉。第二階段：通話期間騙徒即以家庭困難向被害人借錢或直接要求匯款，然後誘使民眾前往酒店消費，要求買全部鐘點或包出場（可刷卡付費）。第三階段：到場後即要求先付費或以不合理方式計價，如被害人不願付錢，則予以恐嚇，不讓被害人離開，其後再誘使被害人替酒店女子贖身，但已有簽訂合約為由，要求付出高額違約金，如被害人不願意，則稱該女子將由其他客人帶出場，接著被害人遭榨乾或識破後便失去聯繫。

❖	詐騙關鍵字	❖

酒店係以營利為目的，更為是非之地，酒店女子上班亦為求財，說詞不可輕信，應避免金錢來往。
接獲陌生女子來電邀約前往酒店消費即屬詐騙。

詐騙事件警方及民眾應對之道

一、民眾為何容易上當受騙？

（一）貪念弱點

不是貪財就是貪色，嫌犯就掌握人性「貪」之弱點，於行騙手法上巧加運用，讓民眾非常容易就落入其所精心設計的詐騙情境中。

（二）害怕心理

歹徒以民眾的「個人資料外洩」、「身分請領異常」、「家中成員遭

綁」、「親人發生事故」等欺騙恐嚇；故說：將危及存款安全、會對家人不利或涉及幫助「詐欺罪」、「洗錢罪」，故要民眾把存款轉到「安全帳戶」、「匯款贖人」或「提供保證金」等，否則存摺的錢就不保、將發拘票抓人、要凍結民眾帳戶、強制處分民眾財產、會危及家人安全。

（三）來不及思考反應

電話鈴響拿起話筒後，是嫌犯與被害人一對一的對話，不管對方是利誘、色騙的驚喜，或家人被綁、涉及幫助犯罪等刑案官司，這些突如其來之意外與驚嚇，被害人在恍神還來不及思考，或與家人商討，抑或向警方及有關單位查證之際，不少人一時心急就誤信歹徒之語，結果就上當受騙了。

（四）盲目聽從指示

1. 把自己帳號、密碼隨便告訴別人。
2. 按陌生人指示或提供的帳戶，去辦理轉帳匯款。

二、詐騙集團最容易得逞之手法

詐騙方式百百種，而哪種詐騙手法最容易得逞呢？

依據刑事警察局統計105年度詐騙發生情形，發現民眾最常受騙之方法依序為：「假冒親友名義」、「ATM解除分期付款設定」、「假網拍」三種。

「假冒親友名義」是詐騙集團最常用之手法，歹徒使用各種方法於取得民眾個資後，以發信息方式，要求親友匯款救急；或亂槍打鳥，隨機打電話要對方「猜猜我是誰」？然後順勢假冒其人，再向被害人借錢，有關這方法，雖已是老梗，但被騙人數卻從104年的第三名，躍升為105年的第一名。

「ATM解除分期付款設定」排名第二，民眾上網購物、訂票後，因部分網站防護措施不足，遭駭客入侵竊得個資與交易資料，在竄改來電號碼後，再冒充客服及銀行人員，謊稱交易誤設為連續多次扣款，要求民眾

去ATM操作「解除分期付款」之設定，而藉機詐財得逞。

　　「假網拍」名列第三，歹徒看準民眾撿便宜心態，在拍賣網站或臉書社團，推出低於市價商品，等買家下訂匯款後，就斷絕聯絡。

三、民眾遇到詐騙事件該如何面對？

（一）冷靜

　　接獲不明電話務應冷靜、戒急勿躁，因一慌就亂，心亂就不知所措，所做決定必然錯誤，就落入歹徒的陷阱中。

（二）查證

　　陌生人的話不可全然聽信，必須存疑、查證、確認；查證時，切勿在電話中直接按鍵轉接或依不明人士告知之電話號碼去撥打，應向中華電信局「104」、「105」查號臺查詢。

（三）報案

　　接到可疑、陌生或來電顯示號碼開頭有「＋」（境外來電）之電話，最安全的方法就是打「110」報案專線，或「165」防詐騙專線電話報案，由警方去做調查處理。

圖2-13-6　反詐騙三步驟

四、警察及相關單位對於詐騙案件防處之道

(一) 政府相關單位結合便利商店、購物網站、電視購物臺等

　　民間業者共同推行防詐騙宣導,提高民眾防衛警覺及應變之道:行政院所轄政府機關,各有其職司,每個單位應依自己任務職掌,竭盡所能去做廣告或宣導工作,例如:電話總機、入口網站、電子(平面)媒體、LED電子牆、莒光日教學、後備刊物、警語簡訊、上課教學、集會演講、校園刊物、各式海報標語、社區管理委員會、守望相助組織、垃圾車音響播放……等,均能提醒告知民眾有關嫌犯各種詐騙手法……;另結合民間業者配合防詐騙宣導,只要全國上下大家都能動員起來,必可廣收預防宏效,因防範犯罪單靠警察的力量是不夠的!

（二）金融、電信單位應發揮第一線把關功能

金融機構及各電信公司，除了隨時提示防詐警語外，更應依「反詐騙跨部會協調會議」、「反詐騙聯防平臺會議」及「電信詐欺技術諮詢小組會議」，作成必須配合辦理事項，落實執行、嚴格把關，讓犯罪人無法僥倖。更重要的，在與民眾第一道接觸時，從資料證件有異不符、經驗發覺申請客戶可疑，若能馬上立即處理、制止、反應，並與「165」專線或轄區警方取得通報聯繫，則嫌犯的技倆就難以得逞，當事人即可保住錢財，避免受害。

成功把關案例：臺北市王小姐接到語音詐騙電話，因相信假的警官、檢察官及中央存款保險局謊言，陸續匯出380萬元，後因臺中市郵局黃經理發現某帳戶內資金進出可疑，且有二名騎機車男子準備提領95萬元，立即通報「165」防詐專線。臺中市警方立刻派遣警力逮獲一名顏姓

圖2-13-7　如何加入165防騙宣導

車手，成功攔截詐騙款95萬元……[8]。故金融機構若能負責盡職，落實執行「臨櫃作業關懷客戶機制」，發現帳戶資金進出可疑等狀況時，立即通報「165」專線或聯繫轄區警方處理，必能給貪婪狂妄的歹徒一個當頭棒喝！

（三）落實勤務，從執勤中把即將受騙之民眾找回來

有關警察勤務，從警察局直屬隊，分局偵查隊、警備隊，以迄基層分駐、派出所，每天有無數、各項的勤務在轄境內活動，而金融機構之「安全維護」，是勤務規劃與執行不能偏漏的「治安要點場所」；欲遂行詐騙犯罪又需賴金融機構及附屬之ATM作為工具，不管嫌犯或被害人於施行詐騙、被騙過程，均得出現上開處所，因此外勤警察人員若能落實各項勤務，且發揮警察職業敏感與看家本領，必能識察該兩者行止間異常端倪與徵候，進而可防止詐騙事件發生，甚或當場逮獲嫌犯……。過去員警在執勤中亦有不少當場成功攔阻受騙之優良事蹟，均殊堪基層警察之學習借鏡。

執勤落實攔阻受騙事例：臺北市某員警執行巡邏勤務時，於漢口街郵局突然聽見有婦人急呼：警察先生，請幫忙操作一下櫃員機轉帳……，警覺性很高的警員聞及，直覺反應與職業敏感認為：又是一件詐騙案件正在發生。在儘速瞭解狀況及查證後，發現的確是電話詐騙，乃勸阻婦女急欲匯款之動作，旋其先生適從大陸打手機回報平安……。本案由於這名警察「執勤落實」加上「職業警覺」，故成功攔阻即將受騙的50萬元，讓被害人有說不盡的感謝[9]。由前述之優良事例印證，只要基層員警肯認真落實執勤，並對神情慌張、焦慮……等可疑民眾，能夠善加盤問，相信嫌犯詐騙技倆就不易達成，警察忠勤可嘉事蹟將在社會發光發熱不斷為人所稱頌！

8　「警方、郵局」聯手成功攔截詐騙款95萬、逮1車手（內政部警政署刑事警察局犯罪預防最新犯罪手法宣導，2006/12/20），http://www.cib.gov.tw/crime/crime02_2.aspx?no=311（上網時間：2009/5/1）。

9　張木榆，完美的結局：詐騙之徒常趁虛而入，切莫自亂陣腳（刑事雙月刊第22期，2008/1-2），69頁。

（四）透過基層員警利用巡邏、家戶訪查、各項勤務及集會之際，加強防範常識宣傳

前揭詐騙問題提到不少有關預防或應變之道，政府機關、警察單位也都能共同合力反制這個新興犯罪；但仍難以讓其銷聲匿跡或降低下來，可見單賴政府、警察力量是不夠的，只有全民覺醒才是具體有效之道。然天下之大，且民眾事不臨頭似不關己的心態，復又為生活奔忙……，忽略此項社會問題的嚴重，故十多年來，固有無數受騙之教訓和案例，但還是喚不醒社會大眾，甚且如出一轍的犯罪手法重複不斷再發生，受騙的對象還不乏社會中堅、甚或重要人士。

而之所以如此，不外與文盲、老弱婦孺、勞工階層、低收入戶、無電腦或不諳電腦操作的族群仍然居多，適政府宣導資料又普遍架設在網站上；另有些電腦使用者或高級知識分子又因忙於工作或學術研究，而疏於關心社會亂象，這些才是問題真正關鍵所在。像98年3月間，某著名醫院女姓醫師遇到詐騙集團，歹徒冒充警察、檢察官，指她涉及洗錢等案，雖然詐騙過程破綻很多，連環騙還是得逞。女醫師領了十幾次錢給歹徒，一共被騙走3,300萬元[10]。案件偵破後，98年3月26日刑事警察局犯罪預防專家常金蘭電視受訪稱：著名女醫師被僅國中畢業之四嫌犯詐騙案，一般嫌犯反而認為「高級知識分子」比較好騙，因他們根本與社會脫節、社會常識不足；主要的是他們生活在鑽研自己學術專業領域的象牙塔裡，不會也無暇去瞭解、關心社會問題。以民國104年5月中國時報報導：學歷愈高愈容易受騙？警政署165反詐騙專線分析，今年前四個月詐欺案件被害人中，研究所以上學歷竟高達765人，大學以上更占43%，比學歷低者容易受騙。[11]之外，另一種受騙被害高風險族群為「高齡者」，依刑事局統計民國108年全年度「假冒機關公務員詐財」之行騙手法，受害者多為50歲以上者，其比例高達71%，平均財損金額居然高達百萬元以上；故警方提

---

10 長庚醫師洪悠紀　被詐3300萬（聯合報，2009/3/27，國內要聞）。
11 今年前4月　假檢警騙到765碩博士（中國時報，2015/5/25）。

醒民眾應隨時多關心家中長輩，與他們討論「假檢警」詐騙之模式，以免損失一生的血汗錢[12]。

為了彌補這方面的闕漏，透過全國各地分布最廣、散布面最均勻的基層分駐、派出所，藉由員警各項勤務、集會，尤以家戶訪查之際，全面普遍、甚至挨家挨戶的去教育宣導，如此方克補救其他宣達之不足，而收預期功效。例如，依據98年4月12日電視媒體報導：花蓮縣警察局花蓮分局有感電話、網路詐騙案件之持續增加，且集團大多選擇藏身中國大陸，為了防止民眾受騙，乃責成員警走入社區、學校進行反詐騙宣導，並教育民眾遇到不明電話，及詐騙事件的注意方法和應變之道……[13]。基層警察能深入社區、學校、住戶去指導轄民如何避免受騙，這個做法是正確、值得各警察單位效法學習的。

近些年來防詐騙問題，雖然傾全國力量去防制偵辦，但詐騙事件仍時有所聞，尤以104年中研院前副院長劉翠溶、藝人俞小凡等知名人士先後遭「假檢警」老梗詐騙，損失高達數千萬元。無獨有偶地，一名長期旅居美國的楊姓女子，回國期間也遭假檢警行騙，楊女信以為真，不但去銀行領錢，甚至去辦理壽險貸款，即使楊女已返回美國，仍陸續耍詐，導致楊女三個月內總共被騙十次，詐騙金額高達2,800多萬元……。為此，165專線檢討反詐宣導作為改採「分眾策略」，依銀髮、網拍、宅男等各式被害人，做不同宣導。此外警政署也要求基層員警落實勤區訪查，加強宣導，結合銀行實施領取鉅款的關懷提問，全面防詐。

（五）提升破案能力，因偵破也是好預防

警方要再提升破案能力，因偵破可產生嚇阻作用，間接達成預防功能：處理犯罪問題不是靠著事前預防，就是依賴事後之偵查；而最理想的治安目標當然是做好預防而讓犯罪不會發生，人民就可生活於幸福快

---

12 刑事局統計2019年全年度「假冒機關公務員詐財」，這類詐騙案受害者年齡多為50歲以上者高71%，https://www.ettoday.net/news/20200101/1615141.htm（ETtoday新聞雲）。
13 花縣／詐騙花招百出　員警深入社區加強宣導（NOWnews，2009/4/12，最新新聞）。

樂而免於恐懼的日子。不過預防工作範圍廣、工程大、較抽象，推廣起來
曠日廢時，短期又難見成效；故在預防同時更應全力投入詐騙事件之偵
辦，因偵破可產生遏阻效果，間接達成預防作用。不過新興電話犯罪有其
特殊性，諸如：以人頭帳戶、電話作為犯罪工具，誘騙被害人至ATM轉
帳，以多重電話轉接或架設電信詐騙機房，把提款及發話地點轉移到大陸
地區……，讓警方難以溯源追查，增添偵辦工作困難；但還是要想辦法迎
戰面對，突破困境。因為若警方對於是項犯罪束手無策，無異宣告民眾與
警察均失去警戒和監控能力，從情境犯罪理論而言，等於是一項「沒有風
險」的犯罪，無形中將助長詐騙嫌犯氣焰，鼓勵歹徒繼續選擇這項犯罪！
至於員警應如何追查詐騙集團內部核心，以有效向上溯源，詳如後附「詐
欺案件金流查緝作業程序」。

（六）適度修法提高刑責，以收震懾之效

　　古老法家的基本思想分成三派，若從「重法派」思想而論，不外為
著重法律條文制定與嚴刑峻法的執行；而集法家思想大成的韓國公子韓非
認為，人性本惡，須制之以法。當然此觀點是站在君主立場講求統治的專
制方法，其與今日民主憲政的社會必然有所扞格，尤以在這民主法治、人
權高漲、見解多元的社會，「亂世用重典」這句老話能否適用當今社會，
固值得商榷，於法曹、學界亦有諸多不同看法和見解；但畢竟新興的詐騙
犯罪情況嚴重，而刑責卻偏低是件事實，既然犯罪不能或難以他法有效監
控，甚至有日漸惡化之狀，此乃特別時期某階段的「特殊犯罪」，為了不
影響人心安定，不衝擊社會治安，政府相關行政、立法部門可斟酌修法，
適當提高刑責，或施予必要強制工作，俾讓詐騙犯罪可收震懾之效！

　　有鑑於近年來詐欺案件頻傳，且趨於集團化、組織化，甚至結合網
路、電信、通訊科技，每每造成廣大民眾受騙，此與傳統犯罪型態有別，
若僅論以第339條詐欺罪責，實無法充分評價行為人之惡性。參酌德國、
義大利、奧地利、挪威、荷蘭、瑞典、丹麥等外國立法例，均對於特殊型
態之詐欺犯罪定有獨立處罰規定，於民國103年5月增訂刑法第339條之4

的加重詐欺罪:「犯第339條詐欺罪而有下列情形之一者,處一年以上七年以下有期徒刑,得併科一百萬元以下罰金:一、冒用政府機關或公務員名義犯之。二、三人以上共同犯之。三、以廣播電視、電子通訊、網際網路或其他媒體等傳播工具,對公眾散布而犯之。前項之未遂犯罰之。」

為了抑阻詐騙犯罪之發生,雖然增訂刑法第339條之4加重詐欺罪,但因罪則刑期仍然不高,故詐騙案件並未因而減少,相對的卻呈現逐漸增加趨勢……迫使政府只好再祭出重典,於106年4月19日修正「組織犯罪防制條例」,將過去犯罪組織須有「內部管理結構」等字樣刪除,改為只要三人以上實施「強暴、脅迫、詐術、恐嚇等手段」或犯「最重本刑逾五年有期徒刑之罪」,其組成具有「持續性」及「牟利性」之有結構性組織,即屬「犯罪組織」。因以往查獲詐騙車手,僅依刑法詐欺罪移送法辦,常有車手只判六月以下徒刑,於易科罰金後又再次犯案;而以後之詐騙嫌犯,則改依「組織犯罪防制條例」送辦,主嫌最高可以處十年以下徒刑、併科1億元以下罰金;參與者也改處五年以下徒刑、併科1,000萬以下罰金,期能發揮遏阻效用。

然而,在增訂刑法第339條之4「加重詐欺罪」,及修正「組織犯罪防制條例」後,因詐騙集團車手首次涉犯刑法、組織犯罪條例,依想像競合從一重論以加重詐欺罪,但嫌犯究竟要不要「強制工作」,法界爭議許久;車手是否仍適用組織犯罪強制工作三年規定,連最高法院也有不同見解,故最高檢察署乃聲請提案大法庭裁定。最高法院大法庭受理後,在109年2月13日宣示裁定,認為既參加集團性犯罪組織,又參與其集團「車手」之詐欺犯行,觸犯組織犯罪防制條例第3條第1項後段之參與犯罪組織罪及刑法第339條之4第1項第2款之加重詐欺取財罪,依想像競合犯論以後罪科刑時,有預防矯治其社會危險之必要,且符合比例原則之範圍內,由法院依組織犯罪防制條例相關規定,一併宣告刑前強制工作。[14]

---

14 最高法院刑事大法庭108年度台上大字第2306號加重詐欺案件,網址:https://www.judicial.gov.tw/tw/cp-1888-165795-3e01a-1.html(司法院新聞,109/2/13)。

五、預防詐騙案件最直接有效的方法

　　拒接來歷不明電話，對於陌生來電，或反問對方無法具體回答者，要有當機掛斷電話的決心。尤以電話中談到「你中獎了、銀行金融卡……」、聽到「檢察官、執行署、稅務司、公務機關……」等，應立即掛斷電話。

六、防詐騙相關法令與常識參考

　　（一）金融機構辦理國內匯款作業確認客戶原則實施規定：自95年8月1日起匯款新臺幣3萬元以上者，要帶身分證件憑辦；另金融卡非約定帳戶之轉帳，其單日限額為新臺幣3萬元。

　　（二）依據洗錢防制法第8條規定：銀行、金融機構發現疑似洗錢交易，須向指定單位申報。

　　（三）民眾如提供帳戶給詐騙集團使用，將涉幫助詐欺罪及幫助洗錢罪嫌。須注意的是，民國94年2月，配合第56條連續犯之修正，刪除原刑法第340條常業犯之規定，故若涉犯幫助詐欺之情事，依現行規定，應一罪一罰。

　　（四）擔任車手屬於詐騙集團共犯之一，應單獨對被害人之損失負全部責任；103年間，屏東一名陳姓老婦遭電話詐騙，破案後，陳婦轉向年僅16歲車手及其父求償，法院審理認定只要是集團共犯，均應單獨對被害人負全部賠償責任，判賠老婦157萬元[15]。

　　（五）勞保局核撥勞、農、就保給付及繳交保費，均不會要求民眾以提款機操作轉帳，民眾若有消費問題可撥1950全國消費者服務專線洽詢，以免受騙上當。

　　（六）網路購物、電視購物臺等，為防詐騙事件發生，不會請客戶做ATM轉帳交易或於自動櫃員機處理變更帳務問題，若有疑問可洽詢公司

15　16歲車手分得2千　家長判賠157萬（自由時報，2016/5/23），http://news.ltn.com.tw/index.php/news/society/breakingnews/1705286（上網時間：2017/5/5）。

客服專線或電話報案。

（七）稅務、健保等政府機構，不會以電話或語音通知辦理退稅、退費。如需退稅，會以掛號郵寄退稅憑單存入帳戶，若超過一個月，將作廢再寄發一次，絕對不會退回銀行或法院。

（八）警方、院檢等單位不會用電話、簡訊、語音……告知民眾涉案，請求接受調查或繳交保證金抑或提供安全帳戶。

（九）法院、行政執行署、警察機關等，有下列幾個「不會」：

1.不會電話語音通知出庭。

2.不會要求匯款或派員收錢。

3.不會監管帳戶或存款。

4.不會傳真傳票或公文書。

5.不會電話中做筆錄。

（十）「不要相信被轉接的電話」：

來電：你好，你身分遭到「冒用」，涉及「洗錢案」，要釐清案情，我們幫你「轉接」電話給警察～

來電：你的資料被冒用，疑似被作為「人頭帳戶」，「電話中幫你製作筆錄」，待會再幫你「轉接」給本案檢察官～

來電：為了證明你的清白，請清空帳戶，我會派書記官「監管」你的帳戶，等案子結束再發還。

切記切記：

1.千萬別相信轉接電話。

2.聽到關鍵字：身分遭冒用、涉及洗錢、監管帳戶、電話製作筆錄等，應立即掛掉電話。

3.警察機關不會轉接地檢署或法院電話，如有疑問，直撥165專線查詢。

（十一）警政署為提升民眾防詐騙意識避免被詐，自104年8月起協同民間社團製作防詐騙系列專刊，相關電子檔可掃描專刊內QRcode取得，各級學校、機關、團體多加運用，共同防範詐騙事件。

　　（十二）警政署為向民眾宣導防範相關犯罪手法，並提升自我保護意識，已規劃建置「犯罪預防宣導資料庫」，存置網路雲端；該資料庫可從165反詐騙專線官方網站或輸入網址「https://goo.gl/7zazB5」連結入口頁面（透過智慧型手機連線者請至Google Play商店下載免費的Chrome瀏覽器使用較穩定），並點選頁面下方按鈕即能進入。資料庫內依照宣導素材屬性不同分為「動畫」、「廣播帶」、「微電影」、「文宣（含手冊）」、「海報」等五大主題區，點選相關檔案即可觀看及下載。

　　（十三）刑事局為防止詐騙集團繼續以電話行騙，逐周統計嫌犯使用之詐騙電話，公布於165全民防詐網，供民眾查詢；警方並結合民間業者，每天更新詐騙電話門號結合來電APP，協助使用者辨識詐騙電話。

　　（十四）刑事局網站目前也設置「詐欺車手專區」警方提供取款車手影像供民眾指認，並提供獎金1萬元鼓勵民眾指認詐騙車手；刑事局並呼籲：民眾如果來電顯示號碼開頭出現「002」、「009」、帶「+」號等，均是國際電話，政府機關不會用國際電話聯絡民眾，大家應提高警覺，民眾有疑問可撥打「165反詐騙專線諮詢」。

附錄13-1 「猜猜我是誰」電話詐騙──嫌犯與被害人對話範例

一、未掌握名冊資料之類型

被害人	嫌疑人
1.電話鈴響：喂、喂、喂……	不出聲。 （在思考應對之道，要先瞭解被害人的背景身分，是本省或外省人？為老弱或婦孺？然後順著場景現狀出擊，以免洩露底牌）
2.繼續：喂、喂……是誰？	答話：(1)你猜啊！你猜啊！ (2)是我啦！ （因已知被害人是本省人或外省人，故會以國語或臺語回答）
3.追問：那你是誰？	答話：(1)你猜啊！你猜啊！ (2)是我啦！（臺語）
4.又問：那你是誰？	答話：喔！就是我啊！（臺語）我的聲音你甘聽嘸？
5.再問：(1)你是誰？ (2)此刻若你隨便猜個名字，如阿美、阿惠……	答：(1)開口叫：阿姑！我是老二啦！ (2)就是我啊！你看，你貴人多忘事，都忘記我了。 （只要你隨便猜個名字，他就會順著你套接下去）
6.對方突然叫「阿姑！」且自稱是「老二」，被害人一頭霧水，故又問：老二是誰？	嫌犯警覺到被害人腦袋清醒，且窮追不捨，不易就範，就自動掛電話了。

二、已掌握名冊資料之類型

被害人	嫌疑人
1.電話鈴響：喂、喂……	不出聲。 (1)先瞭解被害人底細？ (2)再思考出擊方式？
2.繼續：喂、喂……	答話：是我啊！（國語）
3.追問：你是誰？	答話：(1)班代（張明裕），我是游屏山（副班代啦！） (2)明芬，我是怡慧啊！

被害人	嫌疑人
4. 雙方彼此就來一段簡單且莫名其妙的寒暄……	於取信對方後，就開始編故事，要借錢、要騙錢了： 例如： (1)母親重病在臺北住院開刀，要把部分負擔的醫藥費送到醫院，誰知真倒楣，在高鐵、捷運站……因人潮擁擠，錢包被扒竊了，糟糕！不知怎麼辦？ (2)你是否可先借我5萬元？我一回家馬上就匯還你。 (3)那我告訴你，我的存摺帳號是……，你馬上去就近金融機構先匯5萬借我。 (4)那你的帳號也告訴我，我一回家馬上匯還你。
5. (1)好、好、好……我馬上去匯款。 (2)一匯出去錢就被騙了。 (3)過了幾天不見動靜，經過查證才知受騙了。	

附錄13-2 假冒金融人員通知有人持冒用身分證提款之詐騙──嫌犯與被害人對話範例

被害人	嫌疑人
1. 在家中忙著家事，電話鈴響。來電顯示為0。	1. 喂！這裡是玉山銀行中和分行，請問李文子小姐在嗎？
2. 在，我就是。	2. 你就是李文子小姐嗎？
3. 是。	3. 你就是李文子小姐本人嗎？
4. 是。（幹嘛？問那麼多次？）	4. 我這裡是玉山銀行中和分行，有一位李中緯先生拿著你的印章和身分證，到本行要領90萬。
5. 你說你是哪個地方？（我才沒有玉山銀行的帳號！）	5. 玉山銀行中和分行，有一位李中緯先生拿著你的印章和身分證，到本行要領90萬。
6. 哦！	6. （重複）有一位李中緯先生拿著你的印章和身分證，到本行要領90萬。
7. 哦！（差些笑出來）	7. 有人拿著你的印章和身分證，到本行要領90萬。這樣可以嗎？（口氣有些急）
8. 哦！	8. 有人拿著你的印章和身分證到銀行來，沒關係嗎？（略為大聲，甚至有些教訓的口氣）
9. 哦！	9. 這樣可以嗎？一位李中緯先生拿著你的印章和身分證，到銀行要領90萬。你沒有關係嗎？（簡直是氣急敗壞）
10.好啦！我會求證啦！	10.掛電話。

附錄13-3　假擄人真詐財──嫌犯與被害人對話範例

被害人	嫌疑人（假兒子）
1. 忙於工作（突然……）	1. 電話鈴響：（哭著叫）媽！媽！（那哭聲像極了兒子）
2. 怎麼了？怎麼了？ （聽到兒子悽慘的哭聲，感覺又怕、又心疼）	2. 我被打了啦！我被人打了，嗚……（聲音更悽慘！）
3.（著急）被打了？怎麼會被打了？	3.（很悽慘的哭著）我被打了……
4.（著急）那……那我和爸爸馬上趕到學校去看你。	4. 電話中斷。 （猜想歹徒因為家長要到校瞭解狀況，騙術將被拆穿，故而掛電話）

附錄13-4　詐欺案件金流查緝作業程序

詐欺案件金流查緝作業程序
(第一頁，共三頁)

一、依據：
(一)警察機關受理民眾刑案報案作業要點。
(二)警察偵查犯罪手冊。
(三)金融帳戶開戶查詢系統使用管理要點。

二、分駐(派出)所、分局流程：

流程	權責人員	作業內容

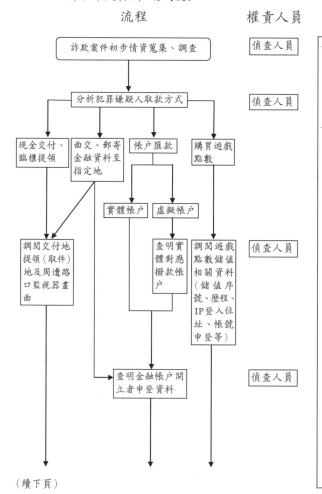

作業內容

一、準備階段：
(一)詐欺案件初步情資蒐集、調查。
(二)分析犯罪嫌疑人(以下簡稱犯嫌)取款方式，規劃後續偵查作為。

二、處理階段：
(一)現金交付、臨櫃提領：
調閱交付地、提領(取件)地及周遭路口監視器畫面，比對165專線反詐騙聯防平臺詐欺嫌犯資料庫，釐清犯嫌身分與使用交通工具。
(二)面交、郵寄個人金融資料(如存簿、金融卡、印章等)至指定地：
1. 調閱取件地與周遭路口監視器影像資料，比對165專線反詐騙聯防平臺詐欺嫌犯資料庫，釐清犯嫌身分與使用交通工具。
2. 查明金融帳戶開立者申登資料，確認該所有者與詐欺集團是否具關聯性。
3. 調閱金融帳戶交易明細紀錄，分析犯嫌活動區域及可能藏身處所。
4. 調閱帳戶內相關ATM提款影像及周遭路口監視器畫面，比對165專線反詐騙聯防平臺詐欺嫌犯資料庫，釐清犯嫌身分與使用交通工具。

(續下頁)

（續）詐欺案件金流查緝作業程序

（第二頁，共三頁）

流程	權責人員	作業內容

流程（由上而下）：

調閱金融帳戶交易明細紀錄　→　偵查人員

調閱 ATM 提款影像及周遭路口監視器畫面　→　偵查人員

釐清遊戲點數兌換管道　→　偵查人員

比對 165 專線反詐騙聯防平臺詐欺嫌犯資料庫　→　偵查人員

持續向上溯源查緝　→　偵查人員

處理情形填寫於工作紀錄簿　→　偵查人員

作業內容：

（三）帳戶匯款：
1. 查明金融帳戶開立人申登資料；如為虛擬帳戶，應先查明實體對應撥款帳戶。
2. 調閱金融帳戶交易明細紀錄，分析犯嫌活動區域及可能藏身處所。
3. 調閱帳戶內相關ATM提款影像及周遭路口監視器畫面，比對165專線反詐騙聯防平臺詐欺嫌犯資料庫，釐清犯嫌身分與使用交通工具。

（四）購買遊戲點數：
1. 投單165異常情資交換平臺調閱遊戲點數（智冠、橘子及網銀）儲值序號、歷程、IP登入位址、帳號申登等相關資料。
2. 清查遊戲點數轉儲歷程。
3. 釐清遊戲點數兌換管道。

三、結果處置：
　彙整相關卷證資料，據以報請檢察官簽發拘票或向法院聲請核發通訊監察書或搜索票，持續清查可疑資金流向，向上溯源查緝，以瓦解不法集團內部核心。

四、處理情形應填寫於工作紀錄簿。

（續下頁）

（續）詐欺案件金流查緝作業程序

三、使用表單：

(一)受理各類案件紀錄表。

(二)受理刑事案件報案三聯單。

(三)調查筆錄（詢問犯罪嫌疑人／詢問關係人）。

(四)員警工作紀錄簿。

(五)金融帳戶開戶查詢系統查詢單。

四、注意事項：

(一)各警察機關偵辦涉及帳戶匯款案件時，可先行透過財金資訊公司建制之金融機構帳戶開戶查詢系統，查詢金融帳戶申登人於各金融機構開戶明細資料，以追查可疑資金流向，向上溯源查緝。

(二)內政部警政署（以下簡稱本署）聯繫查詢窗口為刑事警察局經濟科；各直轄市、縣（市）政府警察局聯繫查詢窗口為刑事警察大隊業務組。

(三)各警察機關偵辦案件過程涉及調閱國外資料（如國外金融帳戶、IP申登資料等）者，得循兩岸共同打擊犯罪機制或國際司法互助模式，向本署刑事警察局兩岸科或國際刑警科查詢、調閱相關資訊，以利案件後續偵辦事宜。

(四)各警察機關針對涉及警示（詐騙）帳戶案件，除持續加強勤務部署查緝車手外，應針對犯嫌提款機臺地點**即時調閱影像資料**（於受理或偵破案件後七十二小時內，通報所轄警察機關派員調閱車手提款之監視器影像資料《含未偵破及已偵破案件》），並上傳 165 專線反詐騙聯防平臺詐欺嫌犯資料庫，以有效整合相關情資。

第十四章　偵查實作

壹　虛擬實作

凡事「豫則立，不豫則廢」，偵查工作要面對的是無奇不有或許多不確定情境，如能時時以社會既已發生之刑案，亦或虛擬狀況來自我磨練，久而久之，有案況發生時，即能從容以對、應付自如。

下列幾則是虛擬案例，也是基層員警執勤或偵辦刑案常需面對的問題，請你看完「案例情境」以後，先自行在空白處「擬出攻防策略」，再與第（三）項的「要領步驟」比對，然後找出自己不足或比第（三）項更好的地方，在第（四）項的地方寫下你認為「最正確完整的處理方式」。

一、發現贓車案

（一）案例情境

巡邏勤務發現一部贓車，但駕駛民眾告稱：該車「已尋獲」但可能警方未辦理「撤銷查尋」，請問遇此狀況該如何處理？

（二）請擬出策略步驟

1.

2.

3.

4.

5.

6.

（三）把你的策略與下列要領步驟比對

1.首先應查驗駕駛人之行（駕）照。

2.駕駛人為車主時，請其出示報案四聯單，並詢問哪個單位尋獲？何時、地尋獲？哪天領回的？接著再向尋獲警方查證確認。

3.上記狀況如果警方回覆車輛並未尋獲，車主可能涉及謊報失竊，應人車帶返調查處理；若該車已尋獲而尚未撤銷協尋，亦應帶回補辦銷案並照會已尋獲地警察單位。

4.駕駛人非車主時，現場如能聯絡到車輛所有人，可先行初步查證，經證屬無訛後，仍須再向尋獲單位查詢，並帶回補辦撤銷手續。萬一車主否認或根本找不到車主，則疑有偷竊之嫌，應立即帶案查辦。

（四）請寫下你認為最正確完整的處理方式

1.
2.
3.
4.
5.
6.

二、騎乘失竊機車

（一）案例情境

路檢勤務攔獲國中學生騎乘失竊機車，但告訴警方該車是向朋友借用，應如何處理？

（二）請擬出策略步驟

1.
2.
3.
4.
5.
6.

（三）把你的策略與下列要領步驟比對

　　1.在馬路上要做查證工作，有事實上之不便或困難，應將人車一起帶回調查。

　　2.就算路旁可聯絡上這名朋友，因電話訪問並未進入實質偵查程序，不具任何法律效力。尤其朋友若係竊賊，只要通話結束，小偷可能就已逃逸無蹤。

　　3.應經由國中生之指述，循線將其朋友通知或請到分駐（派出）所調查詢問；如果找不到這個人或其朋友否認，國中生應依竊盜罪隨案移送。至於到案卻否認之朋友，視調查之結果，決定列為嫌疑人或關係人函送地檢署處理。

　　4.若朋友證實該贓車係其提供借用，接著要查明車子是誰偷竊？國中生借用騎乘贓車時是否知情？

　　5.如機車是朋友行竊所得，應依竊盜罪函送；國中生借用時，若知情，要以贓物犯移送，不知情者，可列為關係人。

（四）請寫下你認為最正確完整的處理方式

　　1.

　　2.

　　3.

　　4.

　　5.

　　6.

三、妨害性自主罪

（一）案例情境

　　某女生昨日遭張三強姦，處理的方法如何？

（二）請擬出策略步驟

1.

2.

3.

4.

5.

6.

（三）把你的策略與下列要領步驟比對

1.既然是昨日就已非現行犯，故不應立即逮捕。

2.也不是所有的非現行犯均不可逮捕，若其符合刑事訴訟法第88條之1逕行拘提要件，仍可加以逮捕。

3.參考法條，例如：

(1) 刑事訴訟法第88條之1第1項第4款：所犯為死刑、無期徒刑、最輕本刑五年以上有期徒刑之罪……，有事實足認有逃亡之虞者，於情況急迫不及報檢察官下，得逕行拘提。惟執行後，應即報請檢察官簽發拘票，如檢察官不簽發時，應即將被拘人釋放。

(2) 檢察機關辦理刑事訴訟案件應行注意事項第14點：刑事訴訟法第88條之1第1項之「情況急迫」，係指如不及時拘提，人犯即有「逃亡之虞」或偵查犯罪「顯有重大困難」者而言。同條第2項之「其急迫情況不及報告檢察官者」，係指有上開「情況急迫」情事，而不及報告檢察官簽發「拘票」者而言。

第15點：刑事訴訟法第88條之1第1項所謂現行犯係指同法第88條「第2項」之現行犯，及同條「第3項」以現行犯論者而言。檢察官如認為犯罪嫌疑人所犯之罪，「情節輕微」或顯係最重本刑為「拘役」或專科「罰金」之罪，即令因現行犯之供述，且有事實足認為共犯嫌疑重大，「亦不得」逕行拘提。

第16點：刑事訴訟法第88條之1第1項「第2款」所謂在「執行中」脫

逃，係指依刑事法律指揮在「監獄」、「少年輔育院」或其他「保安處分」處所，執行中脫逃者而言（如臺東岩灣職訓總隊）。所謂「在押中」脫逃者，係指經依刑事法律「羈押」或「收容中」逃脫者而言（如看守所、少年觀護所）。

第17點：刑事訴訟法第88條之1第1項「第1款」、「第3款」、「第4款」所謂「有事實足認為」，係指必先具有「具體事實」之存在，且據此事實「客觀上」顯可認為才是。「第3款」所謂「有事實足認為」，尤注意先有具體之「犯罪事實」存在，不得僅憑「主觀認定」其「行跡可疑」或「未帶身分證」，即據以盤查及逕行拘提。

第20點：檢察官於司法警察官或司法警察，依刑事訴訟法第88條之1第2項（即情況急迫不及報告申請拘票）逕行拘提後，聲請簽發拘票時，應詳核其逕行拘提理由……如所陳報逕行拘提理由，與該條規定情形不合，或者「被拘人」為「未滿」「十四歲」之人者，「應不予」簽發，司法警察應即將被拘人釋放，並將釋放時間記明筆錄，交被拘人簽名、蓋章、或指印後附卷。

（四）請寫下你認為最正確完整的處理方式

　　1.

　　2.

　　3.

　　4.

　　5.

　　6.

四、典當之物為贓物

（一）案例情境

執行查贓勤務，發現某人手持典當之物為贓物時，該怎麼辦？

（二）請擬出策略步驟

1.

2.

3.

4.

5.

6.

（三）把你的策略與下列要領步驟比對

1.典當者手持贓物時，其是否為準現行犯，不是現場考慮衡量的主題，應先將「人」與「贓物」帶回調查。

2.在典當場所，警方一時也很難查明或認定其是為竊盜嫌犯或為贓物犯？

3.帶返分駐（派出）所應請嫌疑人交待贓物來源，若無法說明來向時，可認定係為竊嫌而隨案移送。

4.能夠說出贓物主人時，應通知或請其到案說明，詳細調查瞭解他是贓物的被害人，抑或行竊之嫌犯；如果查明典當人即是竊盜犯，當然應依現行犯移送法辦。

5.持贓者非竊盜嫌疑人，僅受人之託而前往典當，應詢明是否知道手持物品係為贓物？如若知情則依贓物罪嫌移送；若不知情可改列關係人函送。

6.參考刑法第349條：「收受、搬運、寄藏、故買贓物或媒介者，處五年以下有期徒刑、拘役或科或併科五十萬元以下罰金。

因贓物變得之財物，以贓物論。」

（四）請寫下你認為最正確完整的處理方式

1.

2.

3.

4.

5.

6.

五、KTV槍擊案

（一）案例情境

　　某KTV有毒犯在內交易，疑似發生買賣糾紛，房內有人開槍，你們若是線上巡邏勤務或備勤警力，奉命馳赴現場處理，請問該如何處理？

（二）請擬出策略步驟

1.

2.

3.

4.

5.

6.

（三）把你的策略與下列要領步驟比對

　　1.報案情資顯示係槍擊案件，嫌疑人手中應握有槍彈，員警到場處理需有發生槍戰的心理準備。

　　2.這是一樁危險也是考驗智慧的挑戰，員警應以戒慎小心的態度前去處理，故應攜帶（穿著）齊全防護裝備（如防彈衣、防彈頭盔、防彈盾牌等），並檢查槍枝是否為備用狀態。

　　3.抵達現場後，視警力狀況由一至二人負責攔檢正欲離去人車，對於身分不明或顯有可疑者，可集中大廳（或空房）候查，須有專人戒護。

　　4.其餘員警快速進入店內，對於地形熟悉、瞭解狀況者，可直驅案發廂房；狀況不明或房間過多者，宜先簡詢櫃檯人員，並請帶領或指引至事故地，以免亂闖瞎摸延宕時間而喪失先機，致嫌犯從容逃逸或湮滅隱藏相關跡證。

5.若為便衣員警進入廂房，應先出示證件表明身分；門口應有一人持槍警戒，以維護同仁安全並防範嫌犯趁隙開溜。

6.現場若有人受傷，應先通知119儘速派遣救護車，協助送醫救護。

7.房內客人逐一盤問，房間詳細檢查，期能找出嫌犯、槍彈、毒品，惟應特別注意自身安全。

8.槍彈、毒品可能藏放處：

(1) 車輛：備胎內、座椅下、遮陽板後、車上行李袋、腳踏板下、車內置物箱、引擎蓋下、後行李箱等。

(2) 人身：皮包、內（外）口袋、腰際腹部、長筒皮鞋等。

(3) 廂房：茶几、沙發下、沙發縫、點唱簿、電視下（後）、天花板、垃圾桶、所有大小桌櫃等。

(4) 廁所：鏡框、垃圾桶、天花板、衛生紙盒、馬桶水箱等。

9.嫌疑人若已逃離，應詢明體型、容貌、衣著特徵、交通工具種類、顏色、車號、逃逸方向，通報攔截圍捕。

（四）請寫下你認為最正確完整的處理方式

1.

2.

3.

4.

5.

6.

貳　員警執勤或案件處理標準程序

針對以上虛擬案例之演練，為讓同學瞭解更詳細執勤或案件處理程序，特摘錄警政署新修正之「逮捕現行犯程序」、「受理汽機車失竊（含車牌失竊案件處理程序）」、「查獲贓物處理程序」、「受理性侵害案件處理程序」、「執行職務使用槍械程序」等摘錄於後以供參考。

一、逮捕現行犯作業程序

逮捕現行犯作業程序

（第一頁，共三頁）

一、依據：
　（一）刑事訴訟法第八十九條至第九十三條。
　（二）提審法第二條、第七條、第十一條。
二、分駐（派出）所流程：

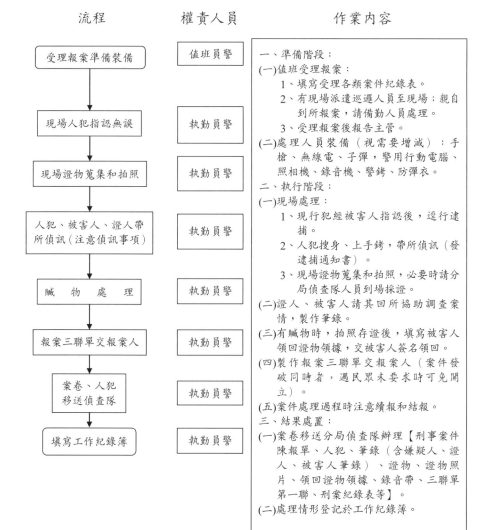

流程	權責人員	作業內容
受理報案準備裝備	值班員警	一、準備階段： （一）值班受理報案： 　　1、填寫受理各類案件紀錄表。 　　2、有現場派遣巡邏人員至現場；親自到所報案，請備勤人員處理。 　　3、受理報案後報告主管。
現場人犯指認無誤	執勤員警	（二）處理人員裝備（視需要增減）：手槍、無線電、子彈，警用行動電腦、照相機、錄音機、警銬、防彈衣。
現場證物蒐集和拍照	執勤員警	二、執行階段： （一）現場處理： 　　1、現行犯經被害人指認後，逕行逮捕。
人犯、被害人、證人帶所偵訊（注意偵訊事項）	執勤員警	2、人犯搜身、上手銬，帶所偵訊（發逮捕通知書）。 　　3、現場證物蒐集和拍照，必要時請分局偵查隊人員到場採證。
贓物處理	執勤員警	（二）證人、被害人請其回所協助調查案情，製作筆錄。
報案三聯單交報案人	執勤員警	（三）有贓物時，拍照存證後，填寫被害人領回證物領據，交被害人簽名領回。 （四）製作報案三聯單交報案人（案件發破同時者，遇民眾未要求時可免開立）。
案卷、人犯移送偵查隊	執勤員警	（五）案件處理過程時注意續報和結報。 三、結果處置： （一）案卷移送分局偵查隊辦理【刑事案件陳報單、人犯、筆錄（含嫌疑人、證人、被害人筆錄）、證物、證物照片、領回證物領據、錄音帶、三聯單第一聯、刑案紀錄表等】。
填寫工作紀錄簿	執勤員警	（二）處理情形登記於工作紀錄簿。

（續下頁）

（續）逮捕現行犯程序 (第二頁，共三頁)

三、分局流程：

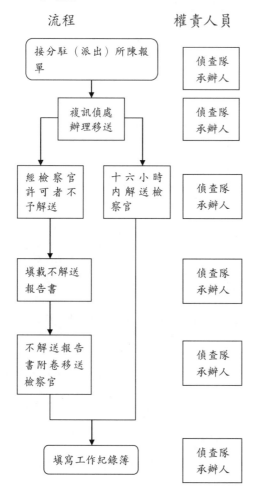

流程	權責人員
接分駐（派出）所陳報單	偵查隊承辦人
複訊偵處辦理移送	偵查隊承辦人
經檢察官許可者不予解送 ／ 十六小時內解送檢察官	偵查隊承辦人
填載不解送報告書	偵查隊承辦人
不解送報告書附卷移送檢察官	偵查隊承辦人
填寫工作紀錄簿	偵查隊承辦人

作業內容

一、逮捕後之處理：

(一)無偵查權者逮捕：

無偵查權限之人逮捕現行犯者，應立即送交檢察官或司法警察（官）；對逮捕現行犯之人，應詢其姓名、住所或居所及逮捕之事由。

(二)司法警察（官）逮捕：

1、訊問：

(1)逮捕現行犯應確定身分，進行告知、核發逮捕通知書等程序。

(2)製作筆錄應注意檢警共用二十四小時之時效，並錄音、錄影。

(3)遇夜間不接受訊問，或請辯護人及翻譯人員到場，得扣除時間。

(4)犯嫌所犯為本刑五年以上之罪者，得逕行拘提，於拘提到案後製作偵訊筆錄，並向檢察官報告。

2、解送：

除經檢察官許可者不予解送外，應於逮捕或拘提之時起十六小時內，將人犯解送檢察官訊問。

3、不予解送：

(1)要件：

A、依刑事訴訟法第九十二條第二項但書：

(A)所犯最重本刑為一年以下有期徒刑、拘役或專科罰金之罪。

(B)告訴或請求乃論之罪，其告訴或請求已撤回或已逾告訴期間者。

B、經檢察官之許可，得不予解送者。

（續下頁）

（續）逮捕現行犯程序（第三頁，共三頁）

流程	權責人員	作業內容

> (2) 填報告書：
> 填載不解送報告書，以傳真或其他方式報告檢察官許可後，逕行釋放。
> (3) 移送：
> 將上述已批示之不解送報告書，附卷移送檢察官。
> 二、處理情形登記於工作紀錄簿。

四、使用表單：
(一)員警出入及領用槍枝彈藥無線電機行動電腦登記簿。
(二)受理各類案件紀錄表。
(三)筆錄。
(四)受理刑事案件報案三聯單。
(五)證物領據。
(六)員警工作紀錄簿。
五、注意事項：
(一)提審法第二條：（第一項）「人民被逮捕拘禁時其執行機關應即將逮捕拘禁之原因，以書面告知本人及其本人指定之親友，至遲不得逾二十四小時」。
(二)提審法第七條第一項：「逮捕、拘禁之機關，應於收受提審票後，二十四小時內將被逮捕、拘禁人解交；如在收受提審票前已將該人移送他機關者，應即回復發提審票之法院，並即將該提審票轉送受移送之機關，由該機關於二十四小時內逕行解交；如法院自行迎提者，應立即交出」。
(三)提審法第十一條：（第一項）「逮捕、拘禁機關之人員，違反第二條第一項之規定者，科新臺幣十萬元以下罰金」。（第二項）「逮捕、拘禁機關之人員，違反第七條第一項之規定者，處三年以下有期徒刑、拘役或科或併科新臺幣十萬元以下罰金」。
(四)執行逮捕時，應注意本身安全，對人犯搜身時，注意有無致命物品，嚴防嫌疑人自殺、攻擊等情事，並視需要，加警銬、腳鐐、戴安全帽（注意不可有警鴿或警徽標誌）等防護器具。

修正說明：
一、依據行政院訂頒之「公文書橫式書寫數字使用原則」規定，法制制定、修正及廢止案之法制作業公文書規定，應使用中文數字，修正本作業程序中之阿拉伯數字文中文數字。
二、提審法業於一百零三年一月八日修正公布全文，並自公布後六個月施行，注意事項所列條文參據修正條文修正之，並增列該法第七條第一項條文內容，使之完備。

檢核表

「逮捕現行犯程序」檢核表

說明：
一、案件編號請填列分駐（派出）所移送至分局之號碼。
二、已完成之程序請註記☑。
三、本表完成後，請核章。
四、請附於卷宗之首，併案陳核。

案件編號：(請填列移送至分局之號碼) 犯嫌姓名：＿＿＿＿＿＿＿＿

受理員警（核章）：＿＿＿＿＿＿＿＿＿＿＿＿

　□現場人犯指認。

　□現場證物蒐集和拍照。

　□贓物處理。

　□報案三聯單交報案人。

　□填寫工作紀錄簿。

二、受理汽機車及動力機械車失竊（含車牌失竊）案件作業程序

修正規定

受理汽機車及動力機械車失竊（含車牌失竊）案件作業程序

（第一頁，共三頁）

一、依據：
(一)警察偵查犯罪手冊。
(二)警察機關受理刑案報案作業要點。
(三)警察機關受理刑事案件單一窗口實施要點。
(四)警察機關受理報案e化平臺失車資料處理系統作業規定。

二、分駐（派出）所流程：

流程	權責人員	作業內容

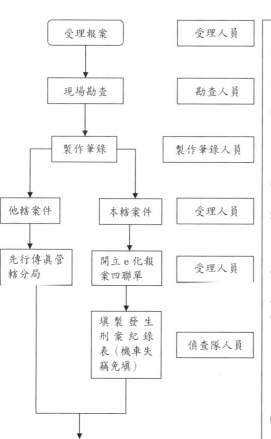

一、受理報案：
(一)填寫受理各類案件紀錄表，敘明時間和核對身分。
(二)通知備勤人員至現場處理。
二、執行階段：
(一)會同車主（報案人）到達現場勘查，製作失竊位置圖。（注意原停放地點跡證，遇有其他車輛停放，應通知該車主說明何時停放於該處）
(二)汽（機）車車牌失竊（遺失）時，務必詳加查證。
(三)受理動力機械車失竊報案，應查明是否持有「機械」○○（英文字母-○○（阿拉伯數字）之牌證。
(四)填寫現場履勘紀錄表，並請報案人簽名。
(五)返所製作報案筆錄。
(六)開立e化報案四聯單：
　1.第一聯送勤務指揮中心由執勤員或作業員輸入（先傳真再補送）或由受理人員線上輸入。
　2.第二聯送分局偵查隊。
　3.第三聯交報案人。
　4.第四聯受理單位存查。
(七)填寫刑案發生紀錄表及損失財物紀錄表（機車失竊案免填）。

（續下頁）

(續)受理汽機車及動力機械車失竊（含車牌失竊）案件作業程序

(第二頁，共三頁)

流程	權責人員	作業內容
全案移送分局偵處	受理人員 所　　長	三、結果處置： (一)將四聯單第三聯證明聯交報案人收執。 (二)將四聯單第一聯輸入電腦協尋，輸入電腦後列印新增車輛認可資料送分局偵查隊併案偵辦。 (三)將失竊位置圖、筆錄、四聯單第二聯移送分局偵查隊偵辦。 (四)將四聯單號碼補填入受理各類案件登記表。 (五)處理情形應填寫於工作紀錄簿。
填寫工作紀錄簿	受理人員	

三、分局流程：無。

四、使用表單：

(一)受理各類案件紀錄表。

(二)e化報案四聯單。

(三)現場履勘紀錄表。

(四)陳報單。

(五)員警工作紀錄簿。

五、注意事項：

(一)受理汽(機)車車牌失竊(遺失)時，請務必詳加查證。必要時，應打電話向汽車拖吊場或廢棄機車拖吊場確認是否被拖吊。

(二)民眾報案時，應核對身分，遇非車主時應於筆錄內載明與車主關係，並請報案人出示身分證明文件以供查驗。報案人行照或資料連同車輛被竊時，為利便民，對已出示證明（如國民身分證）者，經查詢車籍確為失車車主無誤，即可受理。

(三)受理報案時，不論民眾行照有無過期、車籍有無被監理單位註銷或欠稅未繳情形，經查屬實，均應依規定受理。

(四)受理他轄案件時，應以電話通知發生地管轄分局處理，依「單一窗口作業」規定，將報案人筆錄等相關資料傳真通報管轄單位填製（務必記載傳真時間、接收單位及接收人以明責任），並應於報案人簽名欄，加註說明。管轄單位務必於收到傳真二小時內輸入完竣，並將四聯單第三聯（車主聯），逕行寄發報案人收執。

(五)依內政部警政署一百零三年二月二十五日警署刑偵字第一○三○○○○九○九號函規定，受理動力機械車失竊案件，除依警察機關受理報案e化平臺失車資料處理系統作業規定，開立e化報案四聯單外，填輸刑案發生紀錄表時，一律勾選汽車竊盜並以該案類論計。

（續）受理汽機車及動力機械車失竊（含車牌失竊）案件作業程序

（第三頁，共三頁）

(六)受理民眾報案汽機車及動力機械車（牌）失竊（遺失），遇系統故障斷線
　　（電腦故障斷線，應另擇一電腦輸入，以維民眾權益）等因素，不能登載
　　資料時，受理人員應以手開單方式開立紙本四聯單給民眾，待電腦回復正
　　常後，於二小內補登輸入電腦，並於四聯單附註欄中輸入"紙本編號ＸＸＸＸＸＸ"，
　　再將四聯單列印後與紙本單一併歸檔存放。

三、查獲贓物作業程序

修正規定

查獲贓物作業程序

(第一頁，共三頁)

一、依據：
　(一)刑事訴訟法第一百三十三條至第一百五十三條、第四百七十五條。
　(二)警察偵查犯罪手冊。
二、分駐（派出）所流程：

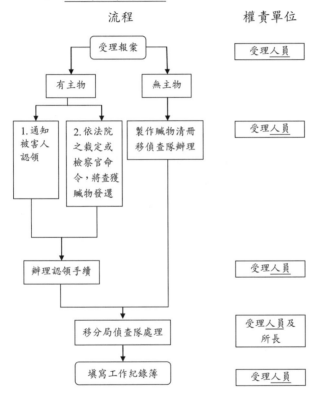

流程	權責單位	作業內容
受理報案	受理人員	一、準備階段： 　受理報案，填寫受理各類案件紀錄表。 二、處理階段： (一)有主物： 　1.因所有人、持有人或保管人之請求，且無第三人主張權利者，得暫行發還，並請其擔負保管責任。 　2.除上開情形外，應依法院之裁定或檢察官命令，將查獲贓物發還被害人。 　3.發還程序依刑事訴訟法第142條規定辦理。 　4.認領時，應製作被害人筆錄，填具贓物認領保管收據。 (二)無主物： 　製作贓物清冊，送分局偵查隊。 (三)查察贓物可利用本署查贓資訊處理系統進行搜尋比對，藉以增加比中機會。 三、結果處置： (一)將贓物呈報分局偵查隊，入庫前責由專人保管按日清點。 (二)處理情形應填寫於工作紀錄簿。 (三)所長及各層督導人員，應不定時督導、核對、抽查未移交贓物保管情形，並掌握呈報時效。 (四)管制情形應逐日填入工作紀錄簿，並由所長按日核閱。

（續）查獲贓物作業程序
（第二頁，共三頁）

三、分局流程：

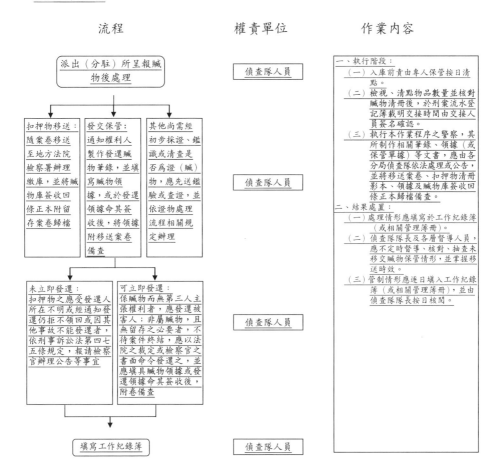

流程　　　　　　權責單位　　　　　作業內容

派出（分駐）所呈贓
物後處理

偵查隊人員

扣押物移送：
隨案卷移送
至地方法院
檢察署辦理
繳庫，並將贓
物庫簽收回
條正本附留
存案卷歸檔

發交保管：
通知權利人
製作發還贓
物筆錄，並填
寫贓物領
據，或於發還
領據命其簽
收後，將領據
附移送案卷
備查

其他尚需經
初步採證、鑑
識或清查是
否屬證（贓）
物，應先送鑑
驗或查證，並
依證物處理
流程相關規
定辦理

偵查隊人員

未立即發還：
扣押物之應受發還人
所在不明或經通知發
還仍拒不領回或因其
他事故不能發還者，
依刑事訴訟法第四七
五條規定，報請檢察
官辦理公告等事宜

可立即發還：
係贓物而無第三人主
張權利者，應發還被
害人；非屬贓物，且
無留存之必要者，不
待案件終結，應以法
院之裁定或檢察官之
書面命令發還之，並
應填具贓物領據或發
還領據命其簽收後，
附卷備查

偵查隊人員

填寫工作紀錄簿

偵查隊人員

一、執行階段：
（一）入庫前責由專人保管按日清
　　　點。
（二）檢視、清點物品數量並核對
　　　贓物清冊後，於刑案流水登
　　　記簿載明交接時間由交接人
　　　員簽名確認。
（三）執行本作業程序之警察，其
　　　所制作相關筆錄、領據（或
　　　保管單據）等文書，應由各
　　　分局偵查隊依法處理或公告，
　　　並將移送案卷、扣押物清冊
　　　影本、領據及贓物庫簽收回
　　　條正本歸檔備查。
二、結果處置：
（一）處理情形應填寫於工作紀錄簿
　　　（或相關管理簿冊）。
（二）偵查隊隊長及各層督導人員，
　　　應不定時督導、核對、抽查未
　　　移交贓物保管情形，並掌握移
　　　送時效。
（三）管制情形應逐日填入工作紀錄
　　　簿（或相關管理簿冊），並由
　　　偵查隊隊長按日核閱。

四、參考資料：
（一）警政署政風室一百年度政風工作計畫。
（二）一百年一月十日警署政字第一〇〇二一〇〇〇八二號函報內政部政風處「研修贓證物
　　　管理作業規定革新建議實施計畫」。

五、使用表單：
（一）受理各類案件紀錄表。
（二）贓物認領保管收據。
（三）員警工作紀錄簿。

（續）查獲贓物作業程序
（第三頁，共三頁）

（四）案件呈報單。

（五）刑事案件流水登記簿。

六、注意事項：

（一）非被害人對贓物有權利關係者，應依刑事訴訟法第一百四十二條規定辦理，不得認為應受發還之人逕行發還。

（二）執行搜索及扣押後，應立即依刑事訴訟法第四十三條之一規定制作筆錄，並詳細記載實施之年、月、日之時間、處所及其他必要之事項。於夜間搜索或扣押者，應記明其事由於筆錄內。有扣押者，並應於筆錄內詳記扣押物之名目，或製作目錄附後。必要時並得照相或錄影紀錄之。筆錄應令依法命其在場之人簽名、蓋章或按指印。其行訊問或搜索、扣押之員警並應在筆錄內簽名。

（三）執行人員對扣押之物，應有適度之保護措施，以防止處理人員遺留跡證或破壞文、物上之跡證，並應加封緘或其他標識，由扣押之機關或公務員蓋印。同時應製作收據，詳記扣押物之名目，付與所有人、持有人或保管人。

（四）槍彈、毒品、贓車及其他非竊盜、贓物案件類之搜索、扣押物，均應依現行各案類相關規定辦理送驗、領回及繳庫。

（五）另查扣其他尚需經初步採證、鑑識，或清查是否為證（贓）物時，應先送鑑驗或查證。證（贓）物之送鑑驗，應以證物清單格式併相關文、物交由該單位鑑識人員簽收作初步鑑識、採證。

（六）現場處理情形應以電話通訊，避免案情外洩；遇新聞記者欲進入現場者，應婉言勸阻；警戒地點務必在現場之外，不可隨意觸摸現場物品。

（七）通報勤指中心追緝嫌犯時，應儘可能描述嫌犯特徵、衣著、交通工具等。

（八）員警職務異動時，並同完整書面卷證交接，且落實每日清點贓證物數量，載明於工作紀錄簿，且落實代理人制度。

（九）如有尋回大陸來臺旅客失竊物品時，請依下列事項辦理：

1. 受理陸客報案失竊時，應於受理案件紀錄中註明其旅臺時程，並請其陳明在臺代為領回者資料（如旅行社或在臺親友等），俾尋回失竊物品後辦理發還事宜。

2. 如尋回物品之失主已離境，且無指定在臺親友代為領回時，得將尋獲的失竊物品交由臺灣地接旅行社代轉大陸組團社，再由大陸組團社轉交當事人。

四、處理性侵害案件作業程序

處理性侵害案件作業程序修正規定

(第一頁,共四頁)

一、依據:

　　(一)刑法第二百二十一條至第二百二十九條之一、第三百三十二條第二項第二款、第三百三十四條第二項第二款、第三百四十八條第二項第一款及其特別法。

　　(二)性侵害犯罪防治法第二條、第十五條之一。

　　(三)警察偵查犯罪手冊。

　　(四)警察機關受理刑事案件報案單一窗口實施要點。

　　(五)各級警察機關處理刑案逐級報告紀律規定。

　　(六)性侵害案件減少被害人重複陳述作業要點(以下簡稱減述要點)。

二、分駐(派出)所流程:

流程	權責人員	作業內容
受理報案	分駐(派出)所受理員警	一、受理報案: (一)受理民眾及其他單位報案。 (二)通知警察(分)局性侵害案件專責處理人員(以下簡稱專責人員)接案處理,同時知會防治組家庭暴力防治官(以下簡稱家防官)。 (三)必要時(如陌生人性侵害案件)派員協助現場戒護及證據保全。 (四)情況緊急時,應先協助被害人就醫,並同時通知警察(分)局專責人員及防治組家防官。 (五)被害人等候警察(分)局專責人員期間,應先安排至安全隱密處所,並由適當之員警陪同安撫其情緒或派員護送被害人至溫馨會談室,以保護被害人隱私。 (六)將處理情形填寫於「員警工作紀錄簿」,並注意被害人身分保密,避免個人資料洩漏。
初步人別詢問及案情瞭解,確認屬性侵害案件後,通知警察(分)局專責人員處理,同時知會防治組家庭暴力防治官(以下簡稱家防官)。	分駐(派出)所受理員警	
必要時,協助現場戒護及證據保全。	分駐(派出)所受理員警	

(續下頁)

（續）處理性侵害案件作業程序
（第二頁，共四頁）

三、警察（分）局流程：

流程	權責人員	作業內容

二、執行階段：

（一）必要時，得由被害人指定性別之專責人員著便服、攜服務證、開偵防車陪同驗傷；並於被害人筆錄製作完成後四十八小時內填報及輸入刑案（發生）紀錄表。

（二）刑法第二百二十一條及第二百二十二條之重大性侵害案件，應分別於被害（犯罪嫌疑）人筆錄製作完成後二小時內，於全國治安管制系統為重大刑案（發生及破獲）通報，經婦幼警察隊（含調查筆錄）審核後轉報內政部警政署刑事警察局（以下簡稱刑事警察局）偵防中心及刑事警察大隊。

（三）由警察（分）局專責人員於受理後二十四小時內，登入警政知識聯網選取「警政婦幼案件管理系統」，輸入「性侵害犯罪事件通報表」，通報當地性侵害防治中心。

（四）警察（分）局專責人員完成被害（犯罪嫌疑）人筆錄後，應填妥「性侵害案件被害（犯罪嫌疑）人調查表」，並交由業務承辦人（家防官）於三個工作日內輸入「性侵害防治處理系統」。

（五）警察（分）局專責人員判斷需緊急保全性侵害現場時（如加害人為陌生人、發生在公眾得出入場所、案發時間半日內等），立即派員協助現場戒護及證據保全，分駐（派出）所應派員配合辦理。

（六）減述流程依減述要點規定辦理；對於法官或檢察官未親訊兒童或心智障礙被害人案件，認有必要時，應通知專業人士到場協助詢（訊）問。

（七）專責人員宜到場照相及進行必要之採證（陌生人案件則應會同警察局鑑識科（中心）及婦幼警察隊）。

（八）被害人驗傷採證後無法聯繫或未報案，其證物（袋）盒之後續處理，依「未成案性侵害案件證物處理流程」規定辦理。

三、結果處置：

（一）分局偵查隊移送案件時，應簽會防治組家防官，移送書並副知分局防治組及婦幼警察隊。

（二）婦幼警察隊應就轄內發生之性侵害案件進行控管，以掌握偵辦進度及品質。

流程 / 權責人員：

- 必要時，著便服陪同被害人至醫院驗傷採證 — 警察（分）局專責人員

- 未滿十八歲之人、心智障礙者或被害人經申請適用減述要點者，應通知社工員到場進行減述作業詢（訊）前訪視；對於法官或檢察官未親訊兒童或心智障礙被害人案件，認有必要時，應通知專業人士到場協助詢（訊）問；被害人為聽覺或語言功能障礙者或語言不通者，應主動瞭解其有無傳譯需求，並視需要通知外事科或相關單位協助辦理 — 警察（分）局專責人員

- 登入警政知識聯網／警政婦幼案件管理系統進行通報 — 警察（分）局專責人員

- 向婦幼警察隊索取代號或至警政婦幼案件管理系統取號 — 警察（分）局專責人員

- 採證（袋）盒由婦幼警察隊派員送刑事警察局鑑驗 — 警察（分）局專責人員

- 偵查蒐證製作筆錄（涉外案件應會同外事警察偵辦，並指派適當人員擔任通譯） — 警察（分）局專責人員

- 採證（袋）盒及鑑驗書送地方檢察署或少年法院（庭） — 警察（分）局專責人員

- 製作調查筆錄、被害（犯罪嫌疑）人調查表等 — 警察（分）局專責人員

- 移送地方法院檢察署或少年法院（庭）偵辦 — 警察（分）局專責人員

（續下頁）

（續）處理性侵害案件作業程序

（第三頁，共四頁）

四、使用表單：

（一）通用表單

1. 性侵害犯罪事件通報表
2. 性侵害案件減少被害人重複陳述作業社工員訊前訪視紀錄表
3. 性侵害案件減少被害人重複陳述同意書
4. 性侵害事件被害人權益保障事項說明單
5. 性侵害案件驗證同意書
6. 疑似性侵害案件證物採集單
7. 員警處理性侵害案件交接及注意事項表
8. 藥毒物檢體監管紀錄表
9. 胚胎監管紀錄表
10. 刑事案件證物採驗紀錄表
11. 重大刑案通報單
12. 各類案件紀錄表
13. 性侵害案件被害（嫌疑）人調查表
14. 去氧核醣核酸採集單、通知書、證明書
15. 性侵害 DNA 證物送驗檢核表
16. 被害人代號與真實姓名對照表
17. 證人代號與真實姓名對照表

（二）特殊表單

1. 被害人證據一覽表
2. 處理性侵害案件作業程序檢核表
3. 報請地方法院/檢察署指揮傳真通知單

五、注意事項：

（一）對於性侵害被害人之姓名、出生年月日、住居所及其他足資識別其身分之資訊等應予保密，並恪守性侵害犯罪防治法及相關法律之規定。

（二）詢（訊）問被害人應以懇切態度耐心為之，並體察其陳述能力，給予充分陳述機會，使其能完整陳述，並提供「性侵害事件被害人權益保障事項說明單」。

（三）處理非本轄或他單位移辦本轄案件時，專責人員應依「警察機關受理刑事案件單一窗口實施要點」及「處理他轄性侵害案件作業程序」各項規定辦理，並副知分局防治組及警察局婦幼警察隊列管。

（四）告訴乃論案件，被害人不願提出告訴時，專責人員應告知被害人於告訴期間內仍可提出告訴，惟日後欲再提出告訴時，恐無法有效舉證等權益事項，並將上情載明於工作紀錄簿。

（五）非告訴乃論案件，被害人不願提出告訴時，社政人員與被害人取得聯繫，瞭解受害經過（時間、地點及案情概述等）及取得足供查緝加害人之相關資訊（年籍資料、聯絡方式、騎乘交通工作、電子郵件或網路使用者帳號資料等）後記明書面，併同性侵害犯罪事件通報表等函送警察機關調查蒐證；並為確保被害人權益，由社工人員續予關懷訪視被害人。專責人員以通知書通知被害人到場接受調查；被害人拒絕到場製作筆錄時，應於員警工作紀錄簿載明，並將性侵害犯罪事件通報表及社工訪視紀錄等相關資料函（移）請檢察機關或法院辦理。

（續下頁）

（續）處理性侵害案件作業程序
（第四頁，共四頁）

（六）處理刑法強制猥褻罪等案件時，應確實訊問告訴權人是否提出告訴並於筆錄載明。其告訴條件完備者，檢察官對於偵查或法官對於起訴犯強制猥褻罪之案件，經其審認係性騷擾防治法第二十五條之罪時，自得逕行變更法條為適當之起訴或實體判刑，以確保被害人權益。

（七）評估案發與採證時間之間隔是否逾七日，超過七日則不開啟「疑似性侵害案件證物盒」。屬陌生人性侵害案件，且恐有再犯之虞，應加註「緊急案件」，並請於證物盒右下角加貼粉紅色緊急案件貼紙優先送鑑。

（八）證物保存運送方式：證物袋應陰乾常溫保存。胚胎組織檢體二十四小時送驗者，置於攝式四度冷藏保存；至遲十五日內送驗者，置於攝式零下二十度冷凍保存，由婦幼警察隊派員於十五日內，檢具「刑事案件證物採驗紀錄表」使用冰桶送刑事警察局鑑定。藥物鑑驗採證袋（用藥已逾九十六小時無須採樣）置於攝式四度冷藏保存，至遲十五日內由婦幼警察隊派員檢具「性侵害案件藥物鑑定血、尿液檢體監管紀錄表」使用冰桶運送至專責鑑定醫院（臺北榮民總醫院、高雄醫學大學附設醫院）鑑定，並於前揭紀錄表註明鑑定書副知婦幼警察隊。

（九）犯罪嫌疑人到案應採集唾液檢體製作 FTA卡，並於十五日內檢具相關資料送刑事警察局。

（十）專責人員收受鑑定書或相關證物時，應於五個工作日內以公函送院檢機關，並副知分局防治組及警察局婦幼警察隊。

六、處理性侵害案件檢察機關及法院引用之證據種類參考：
（一）簡訊照片。
（二）現場照片。
（三）一一〇／一一三報案電話錄音檔。
（四）汽車旅館錄影光碟。
（五）汽車旅館之住宿旅客名單。
（六）現場錄影光碟及翻拍畫面照片。
（七）醫院受理疑似性侵害事件驗傷診斷書。
（八）創傷後壓力症後群之診斷證明書精神鑑定報告書。
（九）內政部警政署刑事警察局鑑定書。
（十）臺北榮民總醫院或高雄醫學大學附設醫院檢驗部藥劑毒物室臨床毒物科檢驗報告。
（十一）行動電話門號通信紀錄。
（十二）各種社群網站、論壇、即時通訊軟體及 e-mail 等相關資料及對話列印。
（十三）案發後被害人向第一位證人求助或陳述之筆錄。
（十四）被害人報案時之外觀、神情、表達時情緒之身心狀況等證人筆錄或社工心理衡鑑報告。

五、執行職務使用槍械作業程序

執行職務使用槍械作業程序修正規定
（第一頁，共三頁）

一、依據：

（一）警械使用條例第一條、第三條至第十條及第十二條。

（二）內政部警政署七十二年九月七日警署刑（司）字第三二二二○號函（不服交通稽查而逃逸之單純交通違規事件，不得任意開槍，以免造成人車危險）。

（三）內政部警政署九十五年十月二十七日警署刑鑑字第○九五○○○五七二五號函（使用警械致人傷亡，應一律比照重大刑案現場勘察採證）。

二、分駐（派出）所流程：

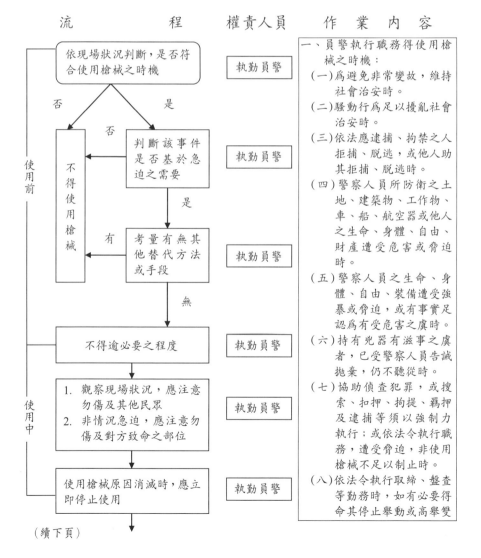

流　程	權責人員	作業內容
依現場狀況判斷，是否符合使用槍械之時機	執勤員警	一、員警執行職務得使用槍械之時機： （一）為避免非常變故，維持社會治安時。 （二）騷動行為足以擾亂社會治安時。 （三）依法應逮捕、拘禁之人拒捕、脫逃，或他人助其拒捕、脫逃時。 （四）警察人員所防衛之土地、建築物、工作物、車、船、航空器或他人之生命、身體、自由、財產遭受危害或脅迫時。 （五）警察人員之生命、身體、自由、裝備遭受強暴或脅迫，或有事實足認為有受危害之虞時。 （六）持有兇器有滋事之虞者，已受警察人員告誡拋棄，仍不聽從時。 （七）協助偵查犯罪，或搜索、扣押、拘提、羈押及逮捕等須以強制力執行；或依法令執行職務，遭受脅迫，非使用槍械不足以制止時。 （八）依法令執行取締、盤查等勤務時，如有必要得命其停止舉動或高舉雙

否　是

否

不得使用槍械

判斷該事件是否基於急迫之需要 執勤員警

是

有 考量有無其他替代方法或手段 執勤員警

無

使用前

不得逾必要之程度 執勤員警

1. 觀察現場狀況，應注意勿傷及其他民眾
2. 非情況急迫，應注意勿傷及對方致命之部位

執勤員警

使用中

使用槍械原因消滅時，應立即停止使用 執勤員警

（續下頁）

（續）執行職務使用槍械作業程序

（第二頁，共三頁）

流　　　　　程	權責人員	作業内容
使用後 將經過情形即時報告所屬長官 ↓ 填寫工作紀錄簿	執勤員警及單位主管 執勤員警	手，並檢查是否持有兇器。如遭抗拒，而有受到突擊之虞時。 二、發生上開各款情形之一，認爲以使用警棍制止爲適當者，得使用警棍制止之。於必要時，得併使用其他經核定之器械。 三、使用槍械應注意事項如下： 　（一）應基於急迫需要，合理使用槍械，不得逾越必要程度。 　（二）應注意勿傷及其他之人。 　（三）如非情況急迫，應注意勿傷及其人致命之部位。 　（四）用槍之原因已消滅時，應立即停止使用。 四、使用槍械後應將經過情形即時報告該管長官並填寫工作紀錄簿備查。

三、分局流程：

流　　　　　程	權責人員	作業内容
獲知所屬員警使用槍械或接獲使用警械報告 ↓ 1. 即時協助員警處理後續事宜 2. 如有致人傷亡情形，比照重大刑案現場勘察 ↓ 調查案件始末，釐清事件經過情形，層報警政署督察室彙辦	督察人員或業務承辦人 1. 督察人員或業務承辦人 2. 刑事鑑識人員 督察人員或業務承辦人	一、分局督察人員或業務承辦人於獲知所屬員警使用槍械或接獲使用警械報告後，對於本案有關之其他後續事宜，應給予協助。 二、遇有致人傷亡情形時，應一律比照重大刑案現場勘察採證，強化槍擊現場有關跡證物之蒐集。 三、對於案件發生之始末，應詳細調查，釐清責任歸屬，層報警政署督察室彙辦。

（續下頁）

（續）執行職務使用槍械作業程序

（第三頁，共三頁）

四、使用表單：員警工作紀錄簿

五、注意事項：

（一）使用槍械時，須依規定穿著制服，或出示足資識別之警徽或身分證件。但情況急迫時，不在此限。

（二）使用槍械，應基於「急迫需要」為之，即指依現場狀況，有迫切之需要使用槍械外，別無其他適切之方法可達成任務；另所謂「不得逾必要之程度」者，係指依比例原則之要求，於使用槍械前及使用時均應考量下列各款情形：

1. 衡量犯罪者惡性之大小。
2. 衡量犯罪者所侵害法益之大小。
3. 衡量犯罪者之體格、人數及所持器械之殺傷力。
4. 注意當時情勢是否異常急迫。
5. 僅以能達到任務為限。

（三）依據內政部警政署七十二年九月七日警署刑（司）字第三二二二○號函規定：「凡不服交通稽查而逃逸之單純交通違規事件，不得任意開槍，以免造成人車危險。」

（四）九十一年六月二十六日修正警械使用條例，刪除須事先警告（對空鳴槍）之規定；惟員警使用槍械前，應確認是否符合警械使用條例規範之使用時機，使用時則應注意比例原則，不得逾必要程度，並顧及各應注意事項，且保持高度警覺，小心謹慎，正確使用槍械，以保障自身及民眾之安全。

第三篇

實務篇

　　犯罪偵查是一件極具挑戰的工作，刑事案件之發生是多元、多樣而難以預期的，犯罪嫌疑人思考模式千奇百怪，所表現犯罪行為，亦難以捉摸，有時歹徒無厘頭闖了一個禍，偵查人員就得大海撈針似地尋出肇事源頭；如果那是一件精心設計的刑案，那抽絲剝繭之大工程，有時會讓偵查工作陷入膠著，焦急、忙碌且須與時間競賽的壓力，令人痛苦萬分。

　　因此破案招數雖很多，卻沒有一定的方法，然而，經由一些犯罪手法研究、破案經驗的累積和彙整還是有跡可循。而有關犯罪手法的研究，近年來，已有精闢見解逐漸呈現，惟破案及偵查實務經驗細節，則見諸文字者不多。有鑑於此，乃特別挑選基層警察實務常發生之偵查案例幾則，將刑案偵破關鍵、過程之危險艱辛、可能遭遇到的挑戰情境等，鋪陳在後，提供給未來從警人員學習參考，以增進警界打擊犯罪的能力。

　　因顧及刑案內容敏感性及個人隱私，所有案例均採化名，時間、地點也都加以改編，同時將案例分成：詐欺、搶奪、強盜、非法槍械、縱火、殺人等六類九則。

第一案　名醫遭連續詐騙案

壹　案情簡述

一、電話詐騙全臺犯案

電話詐騙集團首腦綽號「經理」、「歐元」兩人，98年間於大陸遙控在臺成員石○○等七人行騙做案，經查該集團全省犯案逾百件以上，詐得金額超過新臺幣2億元，其中以北部某醫院主治名醫洪○○被騙次數最多，損失金額最高。

二、假檢警詐騙名醫

洪醫師連續被詐騙案，緣起98年3月間某日，年僅18歲之嫌犯張○○（綽號小毛），自稱板橋分局海山派出所「郭志明」警官，打電話給被害人，指其涉及洗錢等案，要求洪某將帳戶存款領出，交給臺北地檢署監管，被害人聽信石嫌之言，嚇得不由自主而依指示，分十餘次從三家銀行陸續領出3,300萬元，在約定地點親手交給嫌犯，每次還收到一張「監管科」開給的收據。

貳　案況分析

一、嫌犯食髓知味、連續施詐

本案因詐騙集團曾派兩組人馬，向被害人行騙四次而未被察覺，嫌犯食髓知味，見有機可乘，認為找到一位富有、合適，且容易上當的對象，乃決定繼續向其施詐行騙；被害人洪某因缺乏警覺，疏於查證，心慌害怕而聽信歹徒之言，終而被騙走鉅款。

二、冒充檢警詐騙恐嚇

98年3月間，被害人手機接到一位自稱板橋分局海山派出所的「郭志明」警官，詢問她是否曾幫一名陳姓男子領錢？她回答：「好像有。」郭警官立刻表示她可能涉及洗錢；因其領款帳號疑似為詐騙集團所使用，已涉及詐欺、偽造文書、防制洗錢條例，銀行存款將全遭凍結，也會被收押。

三、被害人心慌害怕而受騙

洪某聽信嫌犯之言，誤以為自己真的涉案，一時驚慌而不知所措，嚇得反問對方該怎麼辦？歹徒告訴她：如果將帳戶的錢領出，交付臺北地檢署監管科金融監管，檢察官可以暫時不收押她。被害人害怕不已，盲目聽從嫌犯指示，而於98年3月13日、16日、17日、18日及20日，分十餘次陸續領出3,300萬元，在仁愛醫院、大安森林公園等地，交款給假冒地檢署監管科官員之嫌犯。

圖3-1-1　嫌犯假冒司法機關公文、證件參考資料

四、取信資料成為破案關鍵

　　被害人交付鉅款給歹徒後，覺得這些辦案單位怎麼沒再找她，心中納悶起疑，告訴丈夫說自己好像遭到詐騙，乃由其夫陪同報案，警方依據被害人描述及歹徒所開立監管科收據，循線追查，逮捕石○○等七名嫌犯，全案宣告偵破。

 感想心得與經驗分享

一、防詐騙需全民共同參與

　　本案破獲後，警方發現被害對象遍及社會各階層，非僅是老弱婦孺、販夫走卒，還有不少社會中堅或重要人士，包括醫師、國中校長、大學教授等高級知識分子；甚至受過偵查專業訓練的退休警察也無法倖免。故電話詐騙事件，已非某些人之小問題，而是全民及社會應共同關注的大議題。

二、民眾容易受騙因素

（一）直接原因

　　被害人接到陌生人電話後，普遍缺乏冷靜，心慌害怕，於突如其來之意外與驚嚇下，在恍神還來不及思考，或與家人商討，亦或向警方及有關單位查證之際，就因恐慌心急而誤信歹徒之語，而上當受騙。

（二）間接原因

　　多年來，社會曾有無數受騙教訓及案例，但依仍無法喚醒民眾警覺注意，甚且如出一轍之犯罪手法重複不斷地再發生，探究其故除上述原因外，尚與下列因素有關[1]：1.被害人對社會現象有事不關己之心態；2.政府

1　長庚名醫、大學教授、退休警察統統被騙（中國時報，2009/3/28，社會新聞）。

部門之宣達尚未奏效。

三、歹徒施詐得逞原因

（一）民眾警覺性、社會常識不足

　　以洪○○醫師被詐騙案而言，歹徒冒充「板橋分局海山派出所」警官、「地檢署監管科」官員；事實上海山派出所隸屬海山分局，地檢署根本沒有監管科；嫌犯指控被害人罪名時，還把「洗錢防制法」說成「防制洗錢條例」，雖然詐騙破綻很多，連環騙依然得逞，可見民眾警覺性低，更突顯社會常識嚴重不足。

（二）事先獲得個資而取信被害人

　　歹徒於掌握民眾個資後，打電話給被害人謊稱其涉案，因清楚知道自己個人資料，心中雖很疑惑，但又不得不信，最後甚至認為自己真的涉案。如本案嫌犯不但知道洪某姓名、身分證字號，更明確指出其最近有幫一名陳姓男子領錢……，在此情境下難免將被害人嚇得不知所措，而任憑宰割擺布。

（三）嫌犯工於心計運用

　　行騙過程嫌犯會責令被害人：1.案件調查係屬偵查不公開，不准向親友或任何人提起；2.勿一次將錢全部領出，否則會引起詐騙集團懷疑；3.要求被害人保持通話狀態……。其實這些恫嚇伎倆，不外乎怕被害人親友得知而勸阻或報警；如果突然一次領出鉅款，必會引起行員注意關心或警方的盤問查詢；要求被害人保持通話狀態，就是避免被害人報警查證……，這些技巧運用奏效後，詐騙案件就容易得逞。

（四）取巧民眾對司法信賴

　　警察是公權力代表，司法是正義最後一道防線，嫌犯掌握民眾對司法人員之畏懼與信賴，冒充警察、檢察官等打電話給被害人，取巧人性這

項心理弱點，成功、有效、立即獲得被害人信任，當然就任其指使而上當受騙。像北部某大醫院另位徐姓女醫師，98年底遭詐騙集團假冒檢察官身分，聲稱其帳戶遭人冒用，要求配合調查，並將存款分六次轉入指定帳戶，結果被騙走250萬元，事後乃向某刑大報案。對於擁有高級知識，且頂著醫生光環的徐女，警方不解她為何會誤信歹徒說詞，她表示：「因為太相信司法機關了！」[2]

肆 法令（參考）解析

一、相關法令參考

刑法第28條	二人以上共同實行犯罪之行為者，皆為正犯。
刑法第158條第1項	冒充公務員而行使其職權者，處3年以下有期徒刑、拘役或1萬5,000元以下罰金。
刑法第211條	偽造、變造公文書，足以生損害於公眾或他人者，處1年以上、7年以下有期徒刑。
刑法第212條	偽造、變造護照、旅券、免許證、特許證及關於品行、能力服務或其他相類之證書、介紹書，足以生損害於公眾或他人者，處1年以下有期徒刑、拘役或9,000元以下罰金。
刑法第216條	行使第210條至第215條之文書者，依偽造、變造文書或登載不實事項或使登載不實事項之規定處斷。
刑法第339條	意圖為自己或第三人不法之所有，以詐術使人將本人或第三人之物交付者，處5年以下有期徒刑、拘役或科或併科50萬元以下罰金。 以前項方法得財產上不法之利益或使第三人得之者，亦同。 前二項之未遂犯罰之。
刑法第339條之4（加重詐欺罪）	犯第339條詐欺罪而有下列情形之一者，處1年以上7年以下有期徒刑，得併科100萬元以下罰金： 一、冒用政府機關或公務員名義犯之。 二、三人以上共同犯之。 三、以廣播電視、電子通訊、網際網路或其他媒體等傳播工具，對公眾散布而犯之。 前項之未遂犯罰之。

2 女醫遇詐騙，警追查一年挽顏面（中國時報，2010/7/22，社會新聞）。

組織犯罪防制條例第2條	本條例所稱犯罪組織，指三人以上，以實施強暴、脅迫、詐術、恐嚇為手段或最重本刑逾5年有期徒刑之刑之罪，所組成具有持續性及牟利性之有結構性組織。 前項有結構性組織，指非為立即實施犯罪而隨意組成，不以具有名稱、規約、儀式、固定處所、成員持續參與或分工明確為必要。
組織犯罪防制條例第3條第1項、第3項	發起、主持、操縱或指揮犯罪組織者，處3年以上10年以下有期徒刑，得併科新臺幣1億元以下罰金；參與者，處6月以上5年以下有期徒刑，得併科新臺幣1,000萬元以下罰金。但參與情節輕微者，得減輕或免除其刑。 犯第1項之罪者，應於刑之執行前，令入勞動場所，強制工作，其期間為3年。

二、實務見解暨本案函釋

（一）按公文書係指公務員職務上製作之文書，刑法第10條第3項定有明文；刑法上偽造文書罪，係著重於保護公共信用之法益，即使該偽造文書所載名義製作人實無其人，而社會上一般人仍有誤信其為真正文書之危險，仍難阻卻犯罪之成立（最高法院54年度台上字第1404號判例參照）。本件偽造之「臺北地方法院地檢署監管科」公文、證件，雖係以檢察署監管科之名義製作，惟臺北地方法院檢察署實際上並無「監管科」，然其內容均與犯罪偵查事項有關，與檢察署之業務相同，且一般人若非熟知檢察組織，尚難以分辨是否實際存在「監管科」，仍有誤信該等文書為公務員職務上所製作之真正文書的危險，堪認為偽造之公文書。

（二）凡以自己犯罪之意思而參與犯罪，無論其所參與者是否犯罪構成要件之行為，皆為正犯，其以幫助他人犯罪之意思而參與犯罪，其所參與者，苟係犯罪構成要件之行為，亦為正犯；又共同實施犯罪行為之人，在合同意思範圍以內，各自分擔犯罪行為之一部，相互利用他人之行為，以達其犯罪之目的者，即應對於全部所發生之結果，共同負責（最高法院25年上字第2253號判例、28年上字第3110號判例意旨參照）。石○○等人就本件犯行，詐騙集團首腦「經理」、「歐元」兩人間有犯意聯絡，為遂行自己共同犯罪之意思，自應對於全部發生之結果共同負責，是詐騙集

團首腦「經理」、「歐元」兩人，及在臺成員石○○等人間，就所為犯行彼此間均有犯意聯絡及行為分擔，均為共同正犯。

（三）詐騙集團首腦「經理」、「歐元」兩人，及在臺成員石○○等人，基於共同意圖為自己不法之所有，基於行使偽造公文書與行使偽造特種文書、假冒公務員僭行職權、詐欺取財之犯意聯絡，佯稱被害人洪醫師之帳戶涉嫌洗錢案，並以偽造之地檢署公證處公文、證件出示被害人，使被害人陷於錯誤因而交付現金。此行為已經足生損害於被害人與檢察署之威信、對於人員管理、職務執行及公文書管理之正確性，自應分別依係犯刑法第216條、第211條、第212條行使偽造公文書、特種文書罪與同法第339條（普通詐欺）、第339條之4（加重詐欺罪）、組織犯罪防制條例「修正」第2條、第3條等規定論處。

💡 問題思考與討論

1. 電話詐騙類型有許多種，你認為行騙成功率最高的是哪類型？容易得逞的原因又是什麼？
2. 詐騙案件被害人遍及各階層，甚至連高級知識分子也無法倖免，你認為是什麼緣故？
3. 歹徒取信被害人主要方法之一，乃取得民眾個人相關資訊，想想看嫌犯是從何處、如何獲得這些資料的？
4. 假設某日你接到疑似陌生人詐騙電話，請問你會以何態度面對？採何方式處理？
5. 電話詐騙猖獗氾濫，人人隨時有遭詐騙之虞，你想以哪些良策妙法，指導親友避免受騙？（本問題指的是書中未提及之法）

第二案　飛車搶奪雙破案

壹 案情簡述

一、嫌犯尋找落單婦女行搶

　　嫌犯「郭阿奇」（化名）因沉迷賭博，債臺高築，乃萌搶奪念頭。連續於某縣市交界，尋找落單婦女伺機行搶多起；某日經民眾向勤務中心報案，指稱：「○○路有未懸號牌可疑機車騎士徘徊」，乃通報線上警網查處，由就近之警備隊巡邏人員先行攔獲盤查；因郭嫌與連續搶案的歹徒特徵相似，又無身分證件可查，故乃帶返分局調查。

二、搶嫌特徵相似指證確鑿

　　警備隊於初步調查後，尚無發現任何不法事證，然因郭某之外型長相確與搶嫌特徵頗為相似，為期毋枉毋縱，乃由偵查隊接續深入瞭解，案經於嫌犯身上皮包發現所搶支票……，及被害人指證確鑿後，郭嫌乃俯首認罪，坦承連續犯下婦女皮包搶奪案多達二十餘件。

貳 案況剖析

一、治安不穩，民眾聞搶色變

　　當年○分局位居縣市交界，搶案頻傳，加上轄內幾起未破的重大刑案，讓警方疲於奔命，正當全部警力投入專案工作之際，無形中出現了勤務空隙，而令歹徒有機可乘，造成民眾聞搶色變！

二、分析搶案手法、特徵，呼籲全民共同防範

　　為了儘快抑制搶風蔓延，警方乃迅速彙整近年來轄區所有機車搶案資

料，予以分析、研判，描繪「經常出沒可疑搶奪組合」，彙整出嫌犯外表特徵、犯罪手法，使用之交通工具……，通報外勤單位全面查緝，並透過媒體報導，提醒民眾注意防範。

三、又再尋找獵物，終於就逮

經過一些時日，民眾於○○路發現有位機車騎士，衣著特徵與警方公布的資料極為吻合，且在該路段不斷徘徊、穿梭巷道，乃打電話報案，郭嫌壞事做多，終於陰溝裡翻船，被警方逮個正著。

四、刑案紀錄分析、歸納，確有助於鎖定嫌犯，縮小偵查範圍

長期來郭嫌犯案時均騎乘一部未懸號牌的偉士牌機車，頭帶藍色安全帽，尤其他特別喜好「選擇天雨」的氣候，穿著「黃色小飛俠雨衣」外出尋找做案對象。故掌握歹徒犯罪之習性、常用手法，由報案紀錄中發現嫌犯不變之特徵、常出沒的時段，再公布周知，並據以規劃勤務，確實可產生犯罪偵防效果。

五、錄影機前現原形

於郭嫌皮包內發現了幾張可疑支票，但他辯稱是朋友商場間彼此借貸往返之物，所幸警方早已向金融單位借調近期來提款卡被盜領的錄影帶，經逐片播放後，發現其中一捲所拍攝的盜領對象就是「郭嫌無訛」。又依支票載明之發票人，迅速找來被害人「林○月」、「陳○碧」到場指認，因為渠等明確指證及多張被搶支票強力佐證下，郭嫌終於俯首認罪。

六、透過媒體尋找被害人

郭嫌經多次借提，於深入追查並配合其家屬規勸開導，坦承犯下獨行婦女的搶案多件。但只知犯案時間、地點，不知被害人為誰？於是警方快速取得近期各地發生刑案通報單，過濾核對案況類似的逐件加以查證；一方面也透過媒體呼籲有關被害人出面指認，於多日鍥而不捨偵辦下，共破

獲其涉及飛車搶案高達二十餘件。

 感想心得與經驗分享

一、賭博是犯罪的淵藪

　　「十賭九輸」是每個人都知道的大道理，但總還是有那麼多人想試試手氣、賭賭看，輸了又想回本，結果愈陷愈深，終至不能自拔；在債臺高築情境下，唯一之途，「非盜即搶」，終步入人生的不歸路，有多少美滿幸福家庭，也就毀於「賭博」兩字。本案的嫌犯「郭阿奇」也因賭所害，終陷囹圄。因而全面禁絕賭博，大力取締賭博，還是政府及警察人員必須持續努力之事，否則賭博將永遠是治安的一項毒瘤。

二、匿報刑案將嚴重影響案件偵防

　　依經驗而言，其實郭嫌所犯的搶案並不只這幾件，但由於很多無報案資料可查，故無從尋找被害人，當然有些被害人不敢出面指認，也影響警方後續擴大追查。而這些犯罪的黑數，除了影響偵破外，更嚴重妨礙了犯罪預防工作，因為沒有刑案發生紀錄，就無從去分析、研判案情，也因而無法依經常發生之時地來規劃勤務，去做預防的措施。

三、飛車搶案是民眾最害怕、警方頗頭痛的一類刑案

　　當前困擾警方的治安問題，除了嚴重之「竊盜」案件外，最令人頭痛，也最令民眾惶惶恐不安的應屬「機車搶奪」，因為飛車搶案單人或兩人即可成行，隨便行竊一部機車，就可當犯罪工具，利用機車行進瞬間，由背後乘被害人不注意拉搶皮包，被害人剎那間緊張恐慌，有些甚而摔倒受傷，一時失去知覺，往往記不清歹徒的車號或特徵；有的歹徒甚至卸下車牌或懸掛偷來號牌，把被害人及警方耍得團團轉。尤以歹徒搶後把錢拿走，皮包證件則丟入水溝、草叢內，就算嫌犯抓到、也認罪，但要去找這些犯罪贓證物著實不易，因而偵辦飛車搶案，往往只有被害人片面之證詞

或嫌犯自白，故「它」乃是警方最為棘手的一項刑案。

四、兩地警方重複偵破，震驚警檢，輿論譁然

因為行搶均在快速的剎那間，且嫌犯往往戴上安全帽、口罩，被害人根本無法看清歹徒的真面貌，唯賴的是片段記憶、籠統之身材特徵、衣著服飾、機車型別……餘則所知有限。故一旦查獲嫌犯，若無發現贓證物，被害人往往不敢指認，就算勉強指認，也是一句：「很像」，非常空洞不明確的口吻，故檢、院單位常以罪證不足而予不起訴（或判無罪），讓歹徒逍遙法外，無形中助長他們再犯的心意。有些雖具體指認，但在「快速」、「突然」、「恐慌」的情境下，對歹徒相貌印象「誤差率」也不小。像本案其中一件「林○月」被搶奪案，就因被害人指認錯誤，造成○分局抓錯人犯移送，檢察官也給予起訴，全案進入審判程序中，所幸警方及早查獲「郭嫌」，並於身上找到「林女」被搶的支票，否則恐將形成一件冤獄。這則重複偵破的搶案，帶來○分局及○地檢署一陣的錯愕及驚訝，也造成輿論一片譁然。

五、破案就是最好的預防方法

過去「機車搶奪」案件最普遍常用的追查方法，就靠著刑案的發生或通報紀錄去分析、歸納歹徒特徵、手法、交通工具，及常發生時、地，以作為警民共同防範、追查的目標。近年來，由於電腦科技的發達，加上政府在各大路口及衝要地點普設監視器，為執法人員增加了很多眼線，不少的飛車搶案乃現形於監視器下，提升了警方破案效率。一般「都會地區」的搶案，大概均有多組人馬再犯，不過只要破了其中一組，那整個地方的搶案將急遽驟減，因為已對其他的組合發生嚇阻作用，他們短時間內會聞風匿藏。像本案由於「郭嫌」之落網，原本該地一日發生多起的搶案，突然間不再發生，故「破案」應也是「預防」最好的一項方法。

肆 法令（參考）解析

一、相關法令參考

刑法第50條	裁判確定前犯數罪者，併合處罰之。但有下列情形之一者，不在此限： 一、得易科罰金之罪與不得易科罰金之罪。 二、得易科罰金之罪與不得易服社會勞動之罪。 三、得易服社會勞動之罪與不得易科罰金之罪。 四、得易服社會勞動之罪與不得易服社會勞動之罪。 前項但書情形，受刑人請求檢察官聲請定應執行刑者，依第51條規定定之。
刑法第325條	意圖為自己或第三人不法之所有，而搶奪他人之動產者，處6月以上、5年以下有期徒刑。 因而致人於死者，處無期徒刑或7年以上有期徒刑；致重傷者，處3年以上、10年以下有期徒刑。 第1項之未遂犯罰之。
刑法第339條之2	意圖為自己或第三人不法之所有，以不正方法由自動付款設備取得他人之物者，處3年以下有期徒刑、拘役或1萬元以下罰金。 以前項方法得財產上不法之利益或使第三人得之者，亦同。
修正前刑法第56條	連續數行為而犯同一之罪名者，以一罪論。但得加重其刑至二分之一。

二、實務見解暨本案函釋

　　（一）搶奪、強盜與竊盜固同屬不法取得他人財物之犯罪，然三種犯罪取得財物之手段各有不同。竊盜係以秘密方式取得財物，強盜係以強暴脅迫致使不能抗拒方式取得財物，而搶奪則係在他人不及防備情況下取得財物，合先敘明。

　　（二）刑法第339條之2第1項所謂不正方法，係泛指一切不正當之方法，不以施用詐術為限，例如以強暴、脅迫、詐欺、竊盜或侵占等方式取得他人之提款卡及密碼，再冒充本人由自動付款設備取得他人之物等均屬之，且應包括無權使用他人真正提款卡、金融卡及現金卡之情形。行為人先竊取被害人所持有之皮包及其內之提款卡，嗣在未得被害人同意下，持竊取而來之被害人提款卡，擅自以輸入提款卡密碼指令之不正方式，分別

自郵局自動櫃員機之自動付款設備取得現金，使該自動付款設備辨識系統對真正持卡人之識別陷於錯誤而交付金錢之行為，核其所為，係犯該項非法由自動付款設備取財罪（臺灣高等法院高雄分院100年上易字第972號刑事判決）。

（三）嫌犯意圖為自己不法之所有，騎乘未懸掛車牌之機車，乘落單婦女不及防備之際，搶奪落單婦女之皮包，得手後隨即騎乘該機車逃逸，係犯刑法第325條第1項之搶奪罪；嫌犯連續以相同手法犯案，若依修正前刑法第56條規定：「連續數行為而犯同一之罪名者，以一罪論。但得加重其刑至二分之一。」僅論以一個刑法第325條第1項搶奪罪。然現行刑法業已刪除連續犯之規定，故嫌犯連續犯下二十餘件婦女皮包搶奪案，應依刑法第50條數罪並罰之規定，一罪一罰之。

（四）嫌犯先搶得被害人所持有之皮包及其內之提款卡，在未得到被害人同意下，持搶奪而來的被害人提款卡，擅自輸入提款卡密碼指令，從自動付款設備取得現金，使自動付款設備辨識系統對真正持卡人的識別陷於錯誤而交付金錢之行為，嫌犯所為係犯刑法由自動付款設備取財罪。

（五）本件偵辦過程中既以被害人指認作為認定嫌犯郭阿奇犯罪之證據，即應注意遵照警政署所頒布警察機關實施指認犯罪嫌疑人注意事項辦理。

伍　期望與建言

一、金融機構監視系統、臨櫃安全設備還待加強

　　一般金融機構雖裝有監視系統，但設備仍然欠缺、角度鏡頭尚嫌不足，尤其較小型的信用合作社、農漁會等更為嚴重。而他們有一些共同性缺點，例如：錄影機角度鏡頭只向內、既低矮又缺乏防搶區隔設施的營業櫃檯，讓欲強盜嫌犯一跳即侵入營業所，順利搶走大把或整袋鈔票……，這是治安的一項死角，亟待政府對金融機構提出有效的規範，要求他們改

善不足的設備。以105年3月29日臺中豐原郵局之強盜未遂案為例：40歲林姓嫌犯持槍強盜郵局時，因無法進入櫃檯，以槍柄敲擊玻璃，因櫃檯屬安全玻璃，只裂未破，嫌犯見機不妙，急忙逃出郵局，致強盜未能得逞，故強化安全防護設施之重要可見一斑。

圖3-2-1　落跑笨賊落網[3]

二、民眾外在誘因，給予歹徒有機可乘

大家都知道「錢財不露白」的道理，但卻又將裝有現金、項鍊、存摺、提款卡、印章、證件……等的皮（背）包，隨便懸掛機車把手、置放腳踏板或菜籃，抑或背於肩膀，引誘了嫌犯行搶念頭，製造歹徒犯罪機會。因而防範犯罪工作，到底應如何有效宣導，以喚起全民的共識及警覺，是警政當局亟需思考的一項問題。

三、罪證欠明確之搶案，不可草率移送

未起獲贓物或民眾以「好像、類似」口吻指認的飛車搶案，寧可保留繼續查證，也不要遽以移送，以免一時不慎造成冤獄，衍生諸多的後遺症，更可防範嫌犯經不起訴或無罪刑決後，反控警方誣告、妨害自由……等，而影響警察之威信及士氣。

3　抓到了！快閃6秒哥搶匪，犯後躲大樓（東森新聞，2015/3/29），http://www.ettoday.net/news/20150329/485488.htm（上網時間：2015/5/1）。

問 題 思 考 與 討 論

1. 你執勤時發現有婦女側背背包，會以何種方式勸導該婦女正確的攜帶背包？而哪種背法才算正確的？

2. 如果你是派出所所長，對於「飛車搶案」會採取怎樣有效的偵防對策？

第三案　智慧型搶嫌──穿著多件夾克做案

壹　案情簡述

一、搶嫌車牌號碼覆蓋泥土犯案

　　從事機車修理工作的嫌犯「李阿國」（化名），平日喜愛打保齡球及前往KTV飲酒作樂，因揮霍無度，缺錢花用，乃萌生搶奪念頭，利用自己所有重機車為犯罪交通工具，將牌照號碼覆蓋泥土，然後在某地市區四處尋找夜歸落單婦女行搶。

二、警方機警識破嫌犯犯意

　　某日凌晨，警方例行性執行轄區巡邏，途經派出所前，在熙來攘往的路上，突然發現「李嫌」機車號牌被泥土覆蓋，因當時並無下雨，機車牌照不可能有泥巴塵土可資沾黏，研判應有犯罪動機，乃隨後跟蹤監視並準備在人車稀少處，予以攔截盤查；然「李嫌」警覺性甚高，發覺背後有異，於市區繞了幾圈後，加速往公園路方向揚長而去。巡邏人員隨後展開追逐，經過10多分鐘的尾追，終於在○市場前將其截獲。

三、以身分不明帶返調查

　　現場初步檢查，只發現其攜帶尖刀乙把，外無搶奪或其他犯罪跡證，因其行跡確實可疑，乃以未帶任何證件，身分不明為由，帶返隊部調查。

四、多層次穿著漏餡

　　詢問「李嫌」何故攜帶尖刀？牌照為何泥土覆蓋？其均支吾以應，答非所問，但辦公廳強烈燈光照射下，明顯看出他所穿衣物不少，天候尚佳

也不冷，為何穿著頗厚，乃請其脫下夾克受檢，奈知裡面「又穿了一件」顏色不同夾克。求證心的驅使，警方要求再脫下「第二件」，然而令大家嚇了一跳，竟出現了「第三件」色澤、樣式不同的夾克。此際發覺他腹部間有點鼓脹，順手一摸，露出了狐狸尾巴；原來襯衫裡、小腹間，藏著乙只女用皮包，頓時辦公室一陣譁然，而李嫌則黯然低頭愁眉不展。

五、被害人尚未報案警方已破案

經查這只皮包，乃李嫌甫於半小時前，在○路向一位「李姓」女子所搶得，被害人因一時驚嚇尚有餘悸，故連案也未報；所幸皮包內留有名片，讓警方能很快地找到她。後經擴大追查發現，李嫌亦以同樣手法，在前一日凌晨犯下機車搶案一件。

貳 案況剖析

一、虛榮誘惑，使他迷失方向

「李嫌」年方19，涉世未深，然燈紅酒綠的社會，向他招手，因無法自制，故僅機車學徒，雖收入不多，但既要打保齡球，也要往KTV歌飲作樂，當然入不敷出，而步入當街行搶的途徑，鑄成了大錯。

二、治安良窳，與勤務攸關

「勤務」是警察維護治安的手段與方式，沒有勤務，如同無足難行，治安維護一定要透過各項勤務作為去遂行。而有勤務，但執行不落實，則似天馬行空，形同空談；本案之所以能立即偵破，得力於落實的勤務，當夜巡邏如果偷勤，抑或去找朋友聊天泡茶，那這件搶案則不可能偵破。

三、勤務就是要主動出擊，加強可疑人車盤查

勤務落實只是一種消極的作為，如果勤務中不去主動發掘犯罪，加強

可疑人車盤查，那屬「形式守勢」勤務，充其量只能展示警力，無法達到「實質破案」功能。像李嫌搶案，假若勤務人員未發現號牌被泥土覆蓋，或已發現可疑，但置之不理，繼續逛街式的車巡，未予攔下盤查，那他不但可逍遙法外，或許又連續犯下難以計數的案件。

四、可疑人車的見解

「什麼是可疑人車？」短短幾個字，但涵義很深，一般課本中常揭櫫很多情境，彙整歸納屬於可疑的「人」、「地」、「事」、「物」，但內容廣泛，範圍籠統；正當你遇到對象，思索著是否屬於某類的可疑目標，想時遲，那時快，嫌犯早已逃匿無蹤。更何況犯案老手，不見得就會形色慌張；開賓士轎車的紳士，不見得就是好人；衣著污垢的工人，也不一定即係壞人。因而「可疑人車」之名詞頗為抽象，為了讓「它」簡單化，有人認為：「看起來不順眼的，就是可疑人車」，雖然名詞似乎欠文雅，但內涵卻正如此，不過，應以「不存心找麻煩」作前提，方不致形成擾民情況。故大家要將教材中臚列之許多情境，加以融會貫通，讓勤務中遇到一個人，看見一部車，「思維」就能馬上化為「靈感」，迅速做出判斷，確實合理懷疑的立即實施「攔截盤查」。而想達到如此高超境界，也非一蹴可及，這還得賴時間歲月之累積，不斷的歷練琢磨，方克致之。

五、偵辦刑案要有多元的策略及思維

防不勝防，也一直困擾警方與民眾的「飛車搶案」，當前立即追查方式，就是通報搶匪身材、衣著、特徵、騎乘之交通工具……等，而發布攔截圍捕；然歹徒為了逃避警方追緝，若他穿著三件色澤、款式不同的夾克，每犯一個案子，就脫下一件夾克，且把泥土覆蓋的號牌擦淨，甚或卸下車牌，那依被害人所描述而通報查緝的搶犯，即使警力傾巢而出，也無法查到；就算警匪當街擦肩而過，恐怕也不見得能辨識得出，故這是正義與邪惡「攻防」的一項嚴屬考驗。因而如何讓我們的思維更多元、想像更豐富、辨識更敏銳，這是大家亟待努力的事。

六、民眾遲誤報案，歹徒就能從容逃逸

　　民眾被搶後，往往因驚嚇過度，有些被拉倒受傷送醫急救，也有人認為損失輕微，故遲誤甚或不願報案；有的因一時緊張，嚇壞了，故對歹徒的特徵、交通工具、逃逸方向等所記不多，甚至記錯，因而提供警方的偵查資料不是太少就是錯誤，這些均大大影響案發後查緝及偵辦之困難。像本案被害女子，人犯已查獲了，她迄尚未提出報案，如果不是巡邏落實、反應機警發揮功能，彌補尚未報案之缺點，那歹徒將可從容逃逸。故警方絕對要加強「預防犯罪」的「全民宣導」工作，告知民眾：「治安維護」、「人人有責」的觀念，教育民眾目睹刑案發生時，應如何記下歹徒特徵、長相、衣著、交通工具、逃逸方向等，協助被害人立即打「110」報案，如此方能克服被害人遲誤報案，衍生偵查方面的困端。

感想心得與經驗分享
——偵破刑案是維護社會安定的基石

　　飛車搶案是民眾最怕、也是警方最感棘手之刑案，一方面是查緝不易，同時歹徒犯案的手法，均是由背後強拉被害人的皮包，故十之八九都造成車倒人傷，險象環生，也有民眾因而摔傷致死，形成了命案（例如88年3月間某夜，一位保五同仁母親「蘇陳○」，就在○市和善街口，被搶匪自後強拉皮包，因而跌倒，造成腦震盪死亡；案後，警方動員全部警力攔截追緝嫌犯，然迄今仍無所進展）。因而飛車搶案，若能立即偵破，除了能遏阻搶案繼續發生，避免更多婦女受害外，歹徒於落網後，會受到法律應有的制裁，對於被害人精神、物質、狀態，都能達成撫慰、補償的作用。尤其「立即破案」對一位涉世未深的初犯，將可發生警惕作用，如本案的「李嫌」，其犯案第二件就被查獲，殆能避免他繼續再犯、一錯再錯，最後步入犯罪的不歸路。故偵破刑案，是一件救人濟世的功業，更是社會安定的重要基石。

肆 法令（參考）解析

一、相關法令參考

刑法第50條	裁判確定前犯數罪者，併合處罰之。但有下列情形之一者，不在此限： 一、得易科罰金之罪與不得易科罰金之罪。 二、得易科罰金之罪與不得易服社會勞動之罪。 三、得易服社會勞動之罪與不得易科罰金之罪。 四、得易服社會勞動之罪與不得易服社會勞動之罪。 前項但書情形，受刑人請求檢察官聲請定應執行刑者，依第51條規定定之。
刑法第325條	意圖為自己或第三人不法之所有，而搶奪他人之動產者，處6月以上、5年以下有期徒刑。 因而致人於死者，處無期徒刑或7年以上有期徒刑；致重傷者，處3年以上、10年以下有期徒刑。 第1項之未遂犯罰之。
刑法第326條	犯前條第1項之罪，而有第321條第1項各款情形之一者，處1年以上、7年以下有期徒刑。 前項之未遂犯罰之。
刑法第321條	犯前條第1項、第2項之罪而有下列情形之一者，處6月以上5年以下有期徒刑，得併科50萬元以下罰金： 一、侵入住宅或有人居住之建築物、船艦或隱匿其內而犯之。 二、毀越門窗、牆垣或其他安全設備而犯之。 三、攜帶兇器而犯之。 四、結夥三人以上而犯之。 五、乘火災、水災或其他災害之際而犯之。 六、在車站、港埠、航空站或其他供水、陸、空公眾運輸之舟、車、航空機內而犯之。 前項之未遂犯罰之。
警察職權行使法第6條	警察於公共場所或合法進入之場所，得對於下列各款之人查證其身分： 一、合理懷疑其有犯罪之嫌疑或有犯罪之虞者。 二、有事實足認其對已發生之犯罪或即將發生之犯罪知情者。 三、有事實足認為防止其本人或他人生命、身體之具體危害，有查證其身分之必要者。 四、滯留於有事實足認有陰謀、預備、著手實施重大犯罪或有人犯藏匿之處所者。 五、滯留於應有停（居）留許可之處所，而無停（居）留許可者。 六、行經指定公共場所、路段及管制站者。 前項第6款之指定，以防止犯罪，或處理重大公共安全或社會秩序事件而有必要者為限。其指定應由警察機關主管長官為之。 警察進入公眾得出入之場所，應於營業時間為之，並不得任意妨礙其營業。

警察職權行使法第7條	警察依前條規定，為查證人民身分，得採取下列之必要措施： 一、攔停人、車、船及其他交通工具。 二、詢問姓名、出生年月日、出生地、國籍、住居所及身分證統一編號等。 三、令出示身分證明文件。 四、若有明顯事實足認其有攜帶足以自殺、自傷或傷害他人生命或身體之物者，得檢查其身體及所攜帶之物。 依前項第2款、第3款之方法顯然無法查證身分時，警察得將該人民帶往勤務處所查證；帶往時非遇抗拒不得使用強制力，且其時間自攔停起，不得逾3小時，並應即向該管警察勤務指揮中心報告及通知其指定之親友或律師。

二、實務見解暨本案函釋

（一）按刑法第321條第1項第3款所稱之凶器，其種類並無限制，凡客觀上足對人之生命、身體、安全構成威脅，具有危險性之凶器均屬之，且只須行竊時攜帶此種具有危險性之凶器為已足，並不以攜帶之初有行凶之意圖為必要（最高法院79年台上字第5253號判例意旨參照）。本案嫌犯攜帶尖刀行搶，尖刀在客觀上對人之生命、身體、安全構成威脅，具有危險性，為凶器。嫌犯犯案時攜帶尖刀已增加被害人受傷甚至死亡的風險，雖實際上未使用或攜帶時未有行凶意圖，仍構成攜帶凶器（刑法第321條第3款）之加重搶奪罪。

（二）搶奪與強盜雖同具不法得財之意思，然搶奪係乘人不備，公然掠取他人之財物，如施用強暴脅迫，致使不能抗拒而取其財物或令其交付者，則為強盜罪（最高法院64年台上字第1165號判例）。本案嫌犯是以騎乘摩托車，乘夜間落單婦女不注意時，拉扯奪取婦女之皮包，遭搶婦女往往不及反應，嫌犯即已得手財物而逃逸無蹤，故被害人之身體、意志尚未遭到嫌犯以強制力壓制至不能抗拒，故論以搶奪罪，而非強盜。

（三）本案嫌犯意圖為自己不法之所有，攜帶凶器（尖刀），趁夜歸落單婦女不注意時，騎乘機車搶奪婦女之隨身皮包，得手後隨即逃逸無蹤，係以不法之腕力，乘人不及抗拒之際，公然掠取在他人監督支配範

圍內之財物，移轉於自己實力支配下，業已構成刑法第326條之加重搶奪罪。

（四）本案嫌犯以相同手法分別在二日內，對不同被害人犯案二次，因現行刑法已刪除連續犯之規定，故依刑法第50條一罪一罰之。

問題思考與討論

1. 在我們的社會頻聞機車搶奪案件，讓警方幾有防不勝防的無力感，你認為是什麼原因讓搶案層出不窮？另一旦飛車搶案發生，也不容易偵破，請問是何緣故？
2. 如下報載「榮獲國家發明創作金牌獎的防搶皮包，結合警報器功能，萬一皮包被搶，背帶會自動脫離皮包，同步啟動警報器，發揮嚇阻作用」，對於這則新聞，站在警察偵辦刑案工作的立場，你覺得對社會治安有多大的助益？

結合警報器 防搶皮包獲國家發明創作金牌獎

2008 八月 12 22:45:40 PDT 來源·國際日報

　　據中央社，夜歸婦女擔心皮包被搶、人身安全遭受威脅嗎？國內有業者發明結合皮包與警報器的「防搶皮包」，萬一皮包被搶，背帶會自動脫離皮包，同步啟動警報器，發揮嚇阻作用。這項發明榮獲今年「國家發明創作獎」金牌獎，也獲得去年美國匹茲堡發明展金牌，上市銷售反應不錯。

　　經濟部智慧財產局主辦、總獎助金高達新台幣1375萬元的「國家發明創作獎」，得獎名單今天出爐，共有51項優良專利及6家法人獲獎，發明獎金牌有5件、銀牌10件，創作獎金牌9件、銀牌27件，另有貢獻獎6件；許多專利已投入量產。

　　今年獲得金牌獎的產品，包括許多實用的生活產品，例如名片型儲存裝置、智慧型手機、多功能傘杖桿、防搶皮包、便器輔助裝置等。

　　其中，防搶皮包把小型警報器裝在皮包裡，皮包背帶兩端設計成自動脫離裝置，萬一遇到歹徒搶奪皮包，背帶會自動脫離，同時啟動警報器，發出130分貝的警示聲響，嚇阻搶匪，而且歹徒只能搶走背帶而已，沒能搶走裝有財物的皮包。

　　婦女夜歸時若覺得有人尾隨、安全受到威脅時，也可以動手拉開皮包背帶上的自動脫離裝置，立即啟動警報器。只要把扣環扣回去，警報聲就會停止。

　　發明人嚴滿生去年研發出這項產品，陸續設計出不同款式皮包，在網路商城販售，真皮材質的皮包要價新台幣三、四千元，PVC合成皮皮包則要兩千元。

　　使用這款皮包近半年的邱小姐表示，她當初是在網路上看到這種商品，一時好奇就買來用用看，她覺得這款皮包用起來很安心，也有大小不同款式可以選擇，相當方便。

　　這項防搶裝置已獲得英國、日本、德國、法國、中國及台灣的多國專利認證，最大的缺點是無法單獨使用，必須搭配業者推出的皮包使用，會自動脫離的皮包背帶可承載2.5公斤左右。

作者:國際日報

第四案　改造、販賣槍械案

壹　案情簡述

一、以合法工藝社掩護改造槍彈

　　某日傍晚，警方持地方法院檢察署檢察官之搜索票，進入南部某縣市「○○工藝社」執行搜索，適巧嫌犯郭○○正埋首改造鋼筆手槍，先以現行犯逮捕後，發覺屋內物品極為凌亂，各式工具散置各地，機器零件隨處擺放，工藝廢料堆積如山，加上桶罐、雜物等夾雜堆置；放眼望去，簡直就像一座垃圾山或資源回收場，讓人眼花撩亂、頭暈腦脹，一時之間不知應從何下手？帶隊偵查隊長見狀，為了安撫同仁心中莫名的煩躁，請大家必須先冷靜、鎮定，不要未搜卻先亂了自己的方寸；接著依現狀劃分搜索責任區，並叮嚀面對這個困境更應詳細檢查，不可草率，否則將難以達成任務。

二、製造槍彈機具零件琳瑯滿目

　　經過長達3個多小時仔細檢查，總共查獲了「成品四五手槍一支，彈匣一個（內裝改造子彈八發），半成品鋼筆手槍二支，蝴蝶刀一把，彈殼十四個，彈頭四十個，未裝火藥子彈十個，日製及臺製底火兩百五十個，槍枝圖鑑一本，鋼鋸、鑽頭、磨砂輪、槍枝零件及製造機具……等一批」，而帶案偵辦。

貳　案況剖析

一、最危險的地方，就是最安全之處所

　　「最危險的地方，就是最安全之處所」，這是一句大家常說的話，但

也往往為有心人嘗試利用。本案嫌犯就於近在咫尺的○○派出所旁邊,掛著「工藝社的招牌」,卻暗中搞起了製造槍械的地下工廠,憑其精湛改造技巧及完整無缺裝備,若未能及早查獲,一旦私造槍彈大量流入社會,對於治安之衝擊,不言可喻。

二、時間就是金錢

古諺云:「時間就是金錢」,其實也是辦案人員的本錢,若刑案偵辦不能堅持至最後一秒鐘,就輕言放棄,是犯罪偵查最大的致命傷;因為從過去很多破獲之重大刑案實例中,讓我們發覺:辦案除「鬥智」外,「時間」、「耐力」是能否「臨門一腳」而破案的關鍵因素。本案搜索一進門看堆積物品之多,像座垃圾山,著實令缺乏恆心、毅力的人,心已涼了半截,因這如同大海撈針,是耗費力氣的工作。但搜索人員任重道遠、不畏艱辛,於長達3個小時之「搬」、「翻」、「尋」……在大家汗流浹背下,皇天不負苦心人,最後「時間」還是給了大家所需的一大堆東西。

三、說謊是人類的天性

李昌鈺博士說:被逮捕的嫌犯,99%以上均會否認涉案[4],其實說謊是人類的天性,犯罪人為了脫罪卸責,說謊是很正常的事,諺云:「人不為己,天誅地滅」。犯法的人一進派出所就認罪招供,這絕對有反常態,除非是初犯或老弱婦孺,無意間觸犯了輕微小案,則另當別論,否則哪位嫌犯剛開始不說謊呢?本案亦不例外,郭嫌也說了大堆騙人的謊言給警方聽,但經驗豐富的刑事警察聽嫌犯編織虛幻故事已是司空見慣,並未因而受誤導偏離追查方向,否則就無法擴大偵破已經售出或其他下落不明的制式槍枝。

---

4 李昌鈺、劉永毅,讓證據說話:神探李昌鈺破案實錄2(臺北市:時報文化,2004/4/23),45頁。

四、詢問彌補了搜索之不足

　　一般嫌犯的心態，於剛到案時心防戒備較弱，故俗語說：「案重初供」，意乃初訊較易，也最真實；若大家怕累，急著回去休息，等翌日醒來，他已構思對策可資應變，心防也不易突破，徒增偵查很多困難。因而大夥不休息地漏夜偵訊（當然這在幾年後之今天，除非是嫌犯的同意，否則是於法不合），郭嫌在警方高超詢問技巧下及琳瑯滿目之製造工具和造槍圖解前，很難巧辯和自圓其說，最後成功突破郭嫌心防，除坦供改造槍彈事實，並稱：「尚有四把制式史密斯轉輪手槍，未被警方查獲。」

五、押解嫌犯四處緝嫌取槍

　　郭嫌坦承上述四把制式手槍，係綽號「阿同」之男子所託售，一把藏放於他工藝社大桶子底部，一支送到徐○○所開設模具工廠美化外表，一把賣給另嫌唐○○，最後一把則售予某處不知名人士。隔日先至郭嫌掛牌之工藝社，查扣搜索當天未發現的制式史密斯手槍，下午又在嫌犯帶引下取出另兩把制式手槍，並當場逮捕嫌犯徐○○、唐○○。數日後，借提郭、唐兩嫌，追查最後一支槍下落，經警方一番偵訊，幾度心理攻防後，「唐嫌」始坦承係其介紹鄰居陳○○向郭嫌購買，而順利起出最後一把制式槍枝。

六、工藝社宛似一座地下造槍工廠

　　全案共查獲嫌犯四名，起出制式手槍四支，改造成品手槍一支，半成品手槍二支，成品子彈八發，及大批製造工具，儼然像一座小型的地下造槍工廠。

感想心得與經驗分享

一、勤區查察欠落實，讓蚊蠅可以滋生，病媒足以蔓延

　　勤區的散在制，分播各角落，無遠弗屆，故只要戶口查察能深入落實，那眼線的廣布，觸角之延伸，是何等驚人？只可惜這套傳統的優良制度，久久無法貫徹與落實，大家以「簽戶口名簿」應付了事；難怪本案地下製造槍械工廠就在派出所附近，但卻沒人知情，坐失了破案先機，也招來輿論訾議。有關勤區警員的「戶口查察」，已於96年12月13日修改變革成為「家戶訪查」，另「治安顧慮人口」則依治安顧慮人口查訪辦法實施之，雖然執行名稱與方式都改變，但藉由住戶訪查，來掌握瞭解轄區動態的旨意是不變的，故只要能落實新頒行之家戶訪查，勤區內各項治安狀況依仍可以有效掌握。

二、懂得布線，善用情報，是永遠的贏家

　　諺云：警力有限，民力無窮；警察人員基於偵防犯罪需要應於其轄區廣為情報諮詢，秘密掌握運用。而犯罪偵查工作，最迅速、最有效、最省力的做法就是情報之獲取，但「情報」簡短兩字，看似容易，懂得諮詢運用情報者卻不多。果若警察情報諮詢工作能真正做到：「全民情報」最高的理想，嫌犯則有「不能犯」或「不敢犯」甚至「不願犯」的心理約束及壓抑；故其實民眾就是警察之最佳耳目，也像一部忠誠又不休息的監視錄影機！嫌犯風吹草動，動見觀瞻，無所遁形。本案搜索能獲致豐碩成果，也歸功於一位顏小隊長布建得宜，在社會各階層、各行業（工藝社、五金行、車床業者及槍砲前科分子……）物色適當對象，以誠摯關懷態度不斷與渠等加強聯繫，培養良好情感而願意主動提供情報。

三、靠埋伏、跟監、通聯過濾情報價值

　　諮詢對象素質良莠不齊，有些趁機反諮詢，有的為利而情報多賣……，故而偵查實務情報常見真真假假，必須經由埋伏、跟監及通聯等

作為做交叉比對、過濾分析，才能證實運用，否則警力、物力、時間將造成無謂之浪費；何況僅憑諮詢對象一句未經證實之情報，隨意向檢方、院方聲請搜索票也難以獲准。一般實務做法：於取得治安情資後，應先簽獲主管長官核可，然後啟動一系列的查證作為，例如：「對象」跟蹤、「住所」監視、「地形地物」勘查、「繪製現場草圖」……，如此一方面能跟蹤嫌犯去處，也能選擇隱密而適當之地點守望監控，觀察出入者身分、出入時間、人員多寡及複雜性，作為日後搜索勤務警力調派依據；再調閱通聯紀錄過濾交往對象，並據以向檢方聲請通訊監察書，於發現疑有涉案情形後，聲請搜索票執行。

　　查嫌犯生性狡猾多疑，被跟蹤過程，經常轉身反顧或突然停止，抑或偽裝撿物品、打電話……藉以觀察有無遭人跟蹤，尤以適值七月酷暑，員警不論在戶外跟蹤或工藝社對面鐵皮屋內監視，莫不汗流浹背，晚上熬夜忍受蚊叮；尤以嫌犯持有制式槍彈，稍有不慎則有槍戰危險……。然均在辦案人員高度警覺、冷靜自然、機警靈敏、不辭艱辛、不畏危險、英勇精神下，逐一克服困境達成任務。故而凡我從事偵查工作人員均須有此深切體認。

四、檢警共用24小時大限，考驗偵查人員辦案能力

　　民主浪潮不斷向前推進，為了擴大保障嫌犯基本人權，過去警方偵查24小時限制，已修正為「檢警共用」24小時，其中警方分配之時間僅剩16小時。雖然我們知道剛到案的嫌犯心防最弱，較易偵訊，但又礙於夜間逮捕的人犯，訊問有諸多規定及限制，這些束縛絕對會帶來警方辦案之衝擊；故若想一氣呵成，突破嫌犯心防，加速擴大偵破一些積案，恐怕情況已「今非昔比」。而如何去化解這個桎梏，突破這項瓶頸，以有效達成這個艱鉅又神聖的使命，就得考驗大家的智慧與能力！

五、遺憾的事

　　（一）搜索查獲這麼多的造槍工具、原料，還有製槍圖解……等，儼

然就似一座地下兵工廠，常理研判歹徒應製售了不少槍、彈流入民間，但破獲成果仍嫌不夠，能力尚待加強突破。

（二）現場那麼仔細、用心搜索近3個小時，竟然還有一把制式手槍藏放大桶底下未搜獲，所幸「詢問」彌補「搜索」的不足，否則將是更大憾事一件；故而一位辦案人員，必需精研詢問的技巧與要領，俾藉由詢問手段，輔助偵查達成預期效用。

肆 法令（參考）解析

一、相關法令參考

刑法第28條	二人以上共同實行犯罪之行為者，皆為正犯。
槍砲彈藥刀械管制條例第8條	未經許可，製造、販賣或運輸鋼筆槍、瓦斯槍、麻醉槍、獵槍、空氣槍或第4條第1項第1款所定其他可發射金屬或子彈具有殺傷力之各式槍砲者，處無期徒刑或5年以上有期徒刑，併科新臺幣1,000萬元以下罰金。 未經許可，轉讓、出租或出借前項所列槍枝者，處5年以上有期徒刑，併科新臺幣1,000萬元以下罰金。 意圖供自己或他人犯罪之用，而犯前二項之罪者，處無期徒刑或7年以上有期徒刑，併科新臺幣1,000萬元以下罰金。 未經許可，持有、寄藏或意圖販賣而陳列第1項所列槍枝者，處3年以上10年以下有期徒刑，併科新臺幣700萬元以下罰金。 第1項至第3項之未遂犯罰之。 犯第1項、第2項或第4項有關空氣槍之罪，其情節輕微者，得減輕其刑。
槍砲彈藥刀械管制條例第12條	未經許可，製造、販賣或運輸子彈者，處1年以上7年以下有期徒刑，併科新臺幣500萬元以下罰金。 未經許可，轉讓、出租或出借子彈者，處6月以上5年以下有期徒刑，併科新臺幣300萬元以下罰金。 意圖供自己或他人犯罪之用，而犯前二項之罪者，處3年以上10年以下有期徒刑，併科新臺幣700萬元以下罰金。 未經許可，持有、寄藏或意圖販賣而陳列子彈者，處5年以下有期徒刑，併科新臺幣300萬元以下罰金。 第1項至第3項之未遂犯罰之。

槍砲彈藥刀械管制條例第13條	未經許可，製造、販賣或運輸槍砲、彈藥之主要組成零件者，處3年以上10年以下有期徒刑，併科新臺幣700萬元以下罰金。 未經許可，轉讓、出租或出借前項零件者，處1年以上7年以下有期徒刑，併科新臺幣500萬元以下罰金。 意圖供自己或他人犯罪之用，而犯前二項之罪者，處5年以上有期徒刑，併科新臺幣1,000萬元以下罰金。 未經許可，持有、寄藏或意圖販賣而陳列第1項所列零件者，處6月以上5年以下有期徒刑，併科新臺幣300萬元以下罰金。 第1項至第3項之未遂犯罰之。
槍砲彈藥刀械管制條例第14條	未經許可，製造、販賣或運輸刀械者，處3年以下有期徒刑，併科新臺幣100萬元以下罰金。 意圖供自己或他人犯罪之用，而犯前項之罪者，處6月以上5年以下有期徒刑，併科新臺幣300萬元以下罰金。 未經許可，持有或意圖販賣而陳列刀械者，處1年以下有期徒刑、拘役或新臺幣50萬元以下罰金。 第1項及第2項之未遂犯罰之。

二、實務見解暨本案函釋

（一）檢察官簽發搜索票之權因刑事訴訟法修正而刪除，本件係發生在法律修正前，應一併注意。

（二）檢察官與司法警察機關執行職務聯繫辦法第11條：司法警察人員帶同被告外出繼續追查贓證、共犯，應於當日下午11時前解交檢察官。

（三）本件警方查獲制式手槍四支、改造成品手槍一支、半成品手槍二支，若該等槍枝為嫌犯所製造，則嫌犯涉嫌違反槍砲彈藥管制條例第8條第1項之罪；若未有製造之行為，則僅論以同條第4項之罪。

（四）又警方查獲子彈八發、彈頭、彈殼部分，若有製造行為，則涉嫌違反槍砲彈藥管制條例第12條第1項之罪；若無製造行為，則僅論以條同第4項之罪。

（五）復警方查獲槍枝零件、刀械部分，若有製造行為，則涉嫌分別違反槍砲彈藥管制條例第13條第1項、第14條第1項之罪；若無製造行為，則僅分別論以同法第13條第4項、第14條第3項之罪。

（六）另嫌犯有四人，則依刑法第28條成立共同正犯。

問題思考與討論

1. 你可以想像上記搜索案，現場狀況雜亂狼狽的景象嗎？並把它畫出來。 或者你曾經也有在一片混亂中欲找出某項東西之經驗和心情？又是如何 找到的？請寫出來或說出來。
2. 明知嫌犯在偵訊中，使用謊話把你騙得團團轉，你會怎麼與他對話？為 何詢問作為可以輔助偵查達成預期效用？

第五案　少年連續縱火案

壹　案情簡述

一、成立防制縱火專案小組

　　南部某縣市，某年陸續發生縱火事件，嚴重影響社會治安，且縱火案有與日俱增趨勢，造成民眾無比惶恐不安，警方有鑑於此，乃成立「防制縱火專案小組」，全面查緝犯罪嫌疑人，並防範縱火案件持續發生。

二、少年「阿章」

　　有強盜、搶奪、竊盜、麻藥……等多項刑案紀錄，年僅16歲之少年「阿章」，夥同眷村不良少年多名，以竊得機車為做案工具四處行搶。某日少年騎乘失竊機車，為某分局大林派出所巡邏員警查獲，逮捕「阿章」等少年，案移○○分局深入追查後，擴大偵破渠等尚涉及強盜、搶奪十餘件……。

三、清查所有案件與縱火案的相關性

　　為了讓縱火犯罪能夠即早破案，警方不但投入全市警力，也動用了不少民力支援，更要求所有外勤所、隊，只要查獲任何案件，均應一併清查是否與「縱火」情節有關；當然偵查隊防制縱火專案小組，也不敢忘記本身所負職責之重大。

四、詢問技巧突破心防

　　當竊盜、搶奪、強盜……追查告一段落後，某月下旬，偵查隊再度借提涉案少年，調查重點在於瞭解嫌犯有無「縱火」方面的問題。由於警方鍥而不捨之精神，並以同情、安撫、關懷方式做開導，加上高超詢問技巧，終於突破嫌犯心防。突然間，少年「阿章」語出驚人地供述：「除上

記犯行外，尚犯下多起重大縱火事件……。」幾年來，困擾著警方、讓民眾聞火喪膽的特殊刑案，就於全體在場偵查人員一陣錯愕和無比驚訝聲中偵破！

貳 案況剖析

一、嫌犯既缺乏家庭溫暖，也是失去教育的中輟生

孩子的成長最需要家長教導、鼓勵，尤其是父母親的陪伴，心中才會有家庭溫暖及安全感覺。缺乏溫暖和關懷的孩子，就像失去燈塔的船隻，不知何去何從，將不可能正常成長。一個正在成長之學童，學校可以讓他快樂學習，培養自信，在心靈上有歸屬感，在情緒上獲得安全感；如果學校教育能多留意和關懷，學生就不會產生偏差行為。故家庭教育與學校教育需要相互配合，並取得密切聯繫，發現學生有反常言語舉止，更應互相通報，俾共同防範導正，如此相互配合，彼此呼應，才能為學生建立更佳的學習及成長環境。

本案少年係眷村子弟，父親是年邁多病的退伍老兵，母親年歲輕，但沉迷賭場，在父母親無心乏力陪伴、關懷、管教的家庭環境下，年紀很小的他，就不斷進出法院，國中時就因故輟學，從此步入了難以自拔的泥沼中。

二、警方成立「防制縱火小組」，全面追查縱火前科犯

縱火事件，歹徒投擲汽油彈或以其他方法，引燃均在分秒瞬間，然後就逃之夭夭，一旦火勢蔓延擴大，民眾或被害人發覺報案時，嫌犯已不知去向，故於縱火之際立即被查獲可能性不高。因而，警方成立「防制縱火小組」，全面清查轄區縱火前科犯，由各分局遴選機警靈敏員警跟蹤監視，長期以來並未發現異狀，研判與縱火前科分子無關。

三、動員全部警（民）力，強化各類勤務作為

縱火案件持續發生，民眾惶恐不安，警方面對來自各界的破案壓力，在束手無策下，各分局只好動員全部警力，包含內勤員警及協勤民力均納入編組，採取加強巡邏查察，埋伏守望等攻勢勤務方式，警（分）局幹部則編配三層督導，加強深夜勤務督察，防止員警偷怠勤而讓歹徒有機可乘。因縱火時段大致於深夜或凌晨，員警白天忙著各項勤務，夜間仍要擔任防縱火埋守勤務，員警可說日以繼夜不眠不休，尤以夜深後蚊蟲轟襲，加上酷暑天候及地表蒸發熱氣，大家汗流浹背……，何況此專案勤務又無截限，除非案件偵破、嫌犯落網；故員警之辛勞難以筆墨形容。

四、犯罪地點轉移，讓員警疲於奔命

防縱火埋守勤務當然以常發生處所及治安要點為目標，但犯罪學理論——「犯罪轉移」（crime displacement）：乃指某些犯罪類型可在特定時間、地點下被阻絕進行，但也可能轉移至其他地區，造成另區第三者被害。本縱火案也由於甲分局加強巡守，強化了監控能力，增加犯罪之風險，故嫌犯就轉移到乙分局縱火……，這樣不斷的犯罪地點轉移，讓警方疲於奔命，使民眾聞火色變，驗證一句俚語：「顧更一夜，竊盜一時」，即防不勝防，殆有束手無策之感。

五、擴大偵破是員警偵查最高的目標

偵查手冊第208點：案件雖經偵破，仍應根據查證結果、犯罪模式及犯罪嫌疑人供述澈底追查，擴大偵破。所謂擴大偵破指的是除了本案偵辦外，尚破獲本轄積案或他轄未破刑案；員警應自我期許，擴大偵破是辦案最高的目標與任務，切莫只有來一個辦一個、來兩個辦一雙的能力。為了造成擴大偵破理想與目標，進而破獲縱火案件，分局責令外勤所、隊各類刑案偵辦應「以案追案」，除本案外更應深入追查嫌犯尚否另涉他案。當然偵查隊接各所、警備隊移送案件，也均詳加過濾清查與縱火事故有無關聯；此外在複訊偵辦時，應特別瞭解各類刑案嫌疑人的心性，結合前科紀

錄做分析,透過行為觀察,藉以旁敲側擊,期能對於連續縱火案情有所突破。當然,少年「阿章」所涉強盜、搶奪案件,也朝著「以案追案」方式來發展,果然獲得重大突破。

六、詢問採關心同情及法理開導,啓開嫌犯心中迷障

詢問方式有黑白雙唱、關心同情、法理開導、巧弄玄虛、親情呼喚、對質法……等,本案連日來不斷借提,已深諳嫌犯心性,他年紀雖小,但個性強,愛面子,因缺乏家庭溫暖,渴望人家關懷,故承辦人以「關心同情」方式與他溝通、開導。甚至對以監護人立場在旁的母親,也極為尊重,請她上座、奉茶,並請其協助規勸兒子:人非聖賢,犯過知錯則善莫大焉,何況還年少,若迷途知返,法律應會給自新機會……;並關心少年些日來在觀護所起居生活情況,小隊長見他衣衫襤褸,渾身散發汗臭,便提供衣褲,讓其在備勤室沐浴更衣,他母子為此深受感動。同時,亦以「法理開導」,殷勸少年及時省悟,和盤托出全部案件,一次清理了結,切莫強盜、搶奪罪定讞後,將來又被發覺縱火案與他有關,刑期將是無窮。大家共同的關懷,終於喚醒嫌犯良知,少年突然間向他母親認錯,向警方坦承涉及全市多起縱火案件。

七、案情大白,現場重建

(一)警察偵查犯罪手冊第119點:詢問時應針對犯罪嫌疑人所犯罪名之構成要件事實逐一敘明,並與所調查之證據、相關聯事證及可參考之事實等相呼應。查少年經警透過詢問要領雖自白縱火犯罪行為,惟仍應就其自白供述有關做案手法是否與現場狀況及掌握證據吻合而詳加查證比對,以免抓錯人形成冤獄。縱火案原本陰霾的案情,撥雲見日後,幾日來的疲憊,在嫌犯忽然認罪下,一掃大家臉上倦容,整裝出發,押著少年分赴各地尋找縱火處所,並查扣涉案相關證物,少年嫌犯並現場重建當時放火的情節動作,警方逐一做了蒐證錄影,返隊調卷研析發覺:案況情節吻合一致,少年縱火案件已洵堪認定。

經過縝密地查證，張嫌所涉縱火案多達八件，茲分別列舉如後：

1. 某年間，文賢路「○○KTV」縱火案。
2. 某年間，中華東路「○○拍檔KTV」縱火案。
3. 某年間某日凌晨，西門路「○○地毯店」縱火案。
4. 某年間，健康路「○○樓港式餐廳」縱火案。
5. 某年1月民生路某「觀光城」，連續商家「○○等九戶」縱火案。
6. 某年間3月，國民路103巷轎車及機車縱火案。
7. 某年間年2月間，永華路「○○KTV」縱火案。
8. 某年間4月間，大同路某郵局前一部BMW轎車縱火案。

（二）查少年嫌犯所涉八起縱火案，共奪走兩條人命、多人受傷，造成財物損失近億元，破案後，輿論喝采、民眾稱頌、各級長官讚譽！

參 感想心得與經驗分享

一、偵破也是最好預防的驗證

少年「阿章」連續縱火案，有部分案件發生已事隔兩年，但仍能偵破，可見警方鍥而不捨的決心，也證明法網恢恢疏而不漏，更給一些作奸犯科者，不容心存僥倖的警惕。故自從少年縱火案破獲後，各轄區零星之縱火事件也因而壓抑下來，因此破案可嚇阻犯罪，間接達到預防功能是可驗證的。

二、不幸中的大幸

（一）八大縱火事件其中的「○○KTV」、「○○拍檔KTV」，這兩商家遭投擲汽油彈引燃後，很幸運為店員及民眾所發覺，而報警共同迅速撲滅，否則以該兩店客人眾多，木造裝潢耗資成千上萬，一旦火勢蔓延，勢必一發不可收拾，將造成不少民眾生命危險及鉅額財物的損失。

（二）本案例中涉案少年基於「好奇」、「好玩」及心存「報復洩

恨」心態連續縱火，所幸警方能及早偵破，否則少年嫌犯係屬反社會人格的一種，如僅依他所涉強盜、搶奪案件，因尚屬年少，所判刑期不會太重，不久的將來一旦出獄後，病態縱火癖復萌，很可能再犯下滔天大禍，給社會無辜民眾帶來另一場浩劫。

三、溫暖健全家庭，是小孩正常成長基石

（一）教育界有句名言：「三歲定八歲，八歲定終生」，認知神經學專家洪蘭教授說：模仿是最原始的學習，安全感是最基本的生存需求；所以一生的好壞決定在8歲前，而8歲的定型又與3歲前的家庭有關，這與洪蘭教授所說「嬰兒教育」很需要雙親的陪伴與身教是不謀而合。洪蘭教授又說：人生最重要的是健康，其次是家庭，沒有家庭，再成功的事業都是空；當孩子與事業有衝突時，應該選擇孩子，而不要選擇事業……[5]。

（二）某修車廠老闆讀幼稚園的5歲女兒，常到同學家玩。某天她好奇地問同學：「我來你家怎麼都沒有看到你爸爸？你是不是沒有爸爸？」同學回答：「有啊！我爸爸去上班。」修車廠女兒不以為意又說：「我爸爸也在工作，但每天我都可以看到爸爸呀！」從這對稚童的對話，讓人深刻意識到雖然天真無知孩提之童，她們也在意有無父母的存在，更需要父母之溫暖、關懷和安全依附。本案之少年因父母是「老少配」特殊類型的家庭，父親年邁多病，母親年輕但不安於室，在父母無心、無力去關懷小孩，少年因缺乏嚴父慈母陪伴與身教，也無法獲得家庭溫暖情親情，焉不誤入歧途，產生偏差行為？

四、犯罪學習與做案手法

犯罪學家蘇哲蘭在其「差別接觸理論」中提及：人類行為是可由環境改變的，亦即所有之行為均須學習過程；易言之：犯罪是學習而來的。本案嫌犯年紀還小，是如何懂得縱火方法？且效果威力又何其驚人！查該嫌

5　洪蘭，閱讀神經機制（桃園縣私立新興高級中學，2009/1/14演講）。

係在一個偶然機會從某本雜誌上，學會製造投擲汽油彈的方法：「以玻璃裝入汽油，瓶口塞住棉花，接上引線於點燃後，朝選定目標店面、側門、走廊、騎樓、車底……等處投擲」，見起火燃燒後逃離現場。嫌犯做案時，均騎乘一部白色的輕型機車。

五、少年縱火的動機

從犯罪心理學角度而言，精神疾病犯罪類型：有些犯罪對象是對人的攻擊、也有對人或物的變態行為，有的目標是以財物為主，亦有以社會不滿為標的，像縱火一類的刑案，常讓社會大眾人心惶惶，其對象即是這個社會；而縱火犯又分成無精神疾病及病態性等，無精神疾病的縱火犯，是純洩恨犯罪。本案嫌犯表示，其在投擲汽油彈起火時，見到威猛之火勢，就有快樂感覺。這種好奇、好玩的心態，正是他縱火原因之一。此外，部分商家，因與他或友人有糾紛，心裡不滿，便以縱火方式報復洩恨。

肆 法令（參考）解析

一、相關法令參考

刑法第18條	未滿14歲人之行為，不罰。 14歲以上未滿18歲人之行為，得減輕其刑。 滿80歲人之行為，得減輕其刑。
刑法第28條	二人以上共同實行犯罪之行為者，皆為正犯。
刑法第173條	放火燒燬現供人使用之住宅或現有人所在之建築物、礦坑、火車、電車或其他供水、陸、空公眾運輸之舟、車、航空機者，處無期徒刑或7年以上有期徒刑。 失火燒燬前項之物者，處1年以下有期徒刑、拘役或1萬5,000元以下罰金。 第1項之未遂犯罰之。 預備犯第1項之罪者，處1年以下有期徒刑、拘役或9,000元以下罰金。
刑法第186條	未受允准，而製造、販賣、運輸或持有炸藥、棉花藥、雷汞或其他相類之爆裂物或軍用槍砲、子彈而無正當理由者，處2年以下有期徒刑、拘役或1萬5,000元以下罰金。

刑法第186條之1	無正當理由使用炸藥、棉花藥、雷汞或其他相類之爆裂物爆炸，致生公共危險者，處1年以上7年以下有期徒刑。 因而致人於死者，處無期徒刑或7年以上有期徒刑；致重傷者，處3年以上10年以下有期徒刑。 因過失致炸藥、棉花藥、雷汞或其他相類之爆裂物爆炸而生公共危險者，處2年以下有期徒刑、拘役或1萬5,000元以下罰金。 第1項之未遂犯罰之。
刑法第187條	意圖供自己或他人犯罪之用，而製造、販賣、運輸或持有炸藥、棉花藥、雷汞或其他相類之爆裂物或軍用槍砲、子彈者，處5年以下有期徒刑。
刑法第320條第1項	意圖為自己或第三人不法之所有，而竊取他人之動產者，為竊盜罪，處5年以下有期徒刑、拘役或50萬元以下罰金。
刑法第325條	意圖為自己或第三人不法之所有，而搶奪他人之動產者，處6月以上、5年以下有期徒刑。 因而致人於死者，處無期徒刑或7年以上有期徒刑；致重傷者，處3年以上、10年以下有期徒刑。 第1項之未遂犯罰之。
刑法第328條	意圖為自己或第三人不法之所有，以強暴、脅迫、藥劑、催眠術或他法，至使不能抗拒，而取他人之物或使其交付者，為強盜罪，處5年以上有期徒刑。 以前項方法得財產上不法之利益或使第三人得之者，亦同。 犯強盜罪因而致人於死者，處死刑、無期徒刑或10年以上有期徒刑；致重傷者，處無期徒刑或7年以上有期徒刑。 第1項及第2項之未遂犯罰之。 預備犯強盜罪者，處1年以下有期徒刑、拘役或9,000元以下罰金。

二、實務見解暨本案函釋

（一）對犯罪預防或偵辦之第一線警察工作人員而言，縱火事件最首要任務應推鑑定資料與現場勘察兩者。

（二）刑法第176條之準放火罪，係故意以火藥、蒸氣、電氣、煤氣或其他爆裂物炸燬前三條之物為構成要件，必其燒燬之原因，係由於爆炸所致，即藉其爆風、高熱等急烈膨脹力，致其物毀壞或焚燬之義；如單純以爆裂物為放火之方法，並非利用其膨脹力使之炸燬者，應逕依放火罪論處，不成立本罪。原判決事實欄認定由「上訴人朝該KTV大門右側牆壁丟擲所帶之汽油彈二枚，潘○○則朝該KTV門口投擲汽油彈一枚，致該

KTV走廊起火」，理由欄載明「上訴人與潘○○當日丟擲汽油彈應對於丟擲汽油彈後會使該KTV起火燃燒，應有相當之認識」，似乎認定上訴人係以汽油彈引燃放火，非利用汽油彈炸燬，則能否論以準放火罪，饒有研究餘地（最高法院89年台上字第4378號刑事判決參照）。從而，本件嫌犯以投擲汽油彈之方式縱火，仍屬涉犯刑法第173條之罪。

（三）又阿章竊取機車作為做案工具之行為，涉犯刑法第320條第1項之竊盜罪；另其行搶之行為，則涉犯刑法第325條之搶奪罪；若阿章以施用強制力之方式，至他人不能抗拒而奪取財物，則成立刑法第328條之強盜罪。

（四）另阿章與其他多名不良少年共同犯案，則數人間依刑法第28條就上開等罪成立共同正犯。

問題思考與討論

1. 犯罪偵查最高的理想是期能「擴大偵破」，本案是擴大偵破的典型範例：98年5月間高雄市曾查獲一名無前科搶嫌，但經由偵辦技巧擴大偵破30件其他搶案，請你以「一年內犯下30起搶案」為關鍵字，利用網路相關資訊，瞭解該案警方是如何擴大偵辦？又以後你若查獲一名竊盜常業犯，要用何種方法擴大偵辦嫌犯所犯下其他竊盜案件？

2. 從犯罪學的角度來看，犯罪人行為與小時候的家庭教育、學校教育有關，請問面對逃學、逃家、行為偏差、中輟生……等問題少年時，你如何透過「春風專案」等各項警察勤務作為，去做通報、協尋、追蹤、輔導等相關預防措施，以有效防制少年犯罪行為之發生？

第六案　團隊默契、驚險成功的出擊 ——檢肅槍彈案

壹　案情簡述

一、跟蹤監控及通訊監察嫌犯

　　某年間有竊盜刑案紀錄的嫌犯「趙○○」，係東門幫幫派首腦曾○○之手下，生性十分凶狠多疑，在○市之北區一帶經常欺壓善良，動輒持槍恐嚇善良商家住戶，民眾懾於他的淫威，只有忍氣吞聲敢怒不敢言；警方接獲檢舉情報後，指派地區特性最為熟悉的方小隊長及張姓偵查員展開長期的跟蹤監控及通訊監察等偵查作為。

二、搜索嫌犯住處查獲槍彈

　　情資反應嫌犯與女友租屋同居，故於幾天的跟監，經確實掌握趙嫌租屋處所後，向地方法院檢察署聲請嫌犯女友住處電話之通訊監察，並持續跟蹤，同時也在住處對面埋伏監視，於掌握其生活習慣及交往分子出入動態，又經執行通訊監察中，得知嫌犯可能持有槍彈，認為時機成熟，乃持搜索票於某日夜裡前往搜索逮捕，在趙○○身上查獲已上膛之中共黑星手槍一支、子彈五發（另於屋內執行搜索查扣五發）、海洛因一包（毛重13公克），另外查獲逃兵通緝犯「阿文」一名。

貳　案況剖析

一、正確情資，仍賴落實查證

　　警察人員基於偵防犯罪需要，應於其轄區內廣為情報諮詢布置秘密掌握通用。另情報處理，有運用價值之可靠情報應派人循線偵查，蒐集證

據。而在偵查實務不少重大刑案之破獲，是得力於線民反應或民眾檢舉，故若有正確的情報，可以無案不破，更可減少警力不必要之耗費，甚或無謂傷亡，但情報並非就把「嫌犯」、「槍彈」或「犯罪證物」直接送到面前，因而雖獲情報反應，還賴更艱辛的查證工作去遂行。如果這兩位負責跟蹤、通訊監察的人員敷衍以應，未能深入去查探動態、解析譯文，那再有用的情資，最後還是功虧一簣（偵查手冊第37、44點）。

二、知彼知己，百戰不殆，因利制權

趙嫌是兇悍、暴戾、多疑之徒，事前警方經由查證資料與監察結果得知其揚言：「只要遇到警察盤檢，就馬上開槍。」另住所可能尚有槍彈，警方有了這個訊息，不敢掉以輕心，因而採取避開外頭的圍捕，決定於其住處逮捕他，一方面可防止不慎被其兔脫，同時也可免除一旦雙方槍戰時影響員警安全或傷及無辜；且能將匿藏於家中毒品、槍彈等違法（禁）物品一併查扣。

三、依地形地物，嚴密規劃勤務

事前詳細履勘地形地物、繪製現場圖……等係聲請搜索票必備資料，尤以重大刑案現場勘察或圍捕攻堅重要人犯，更需調閱取得現場地圖、建物藍圖或室內設計圖等，方能有效部署警力、規劃勤務而成功順遂達成任務；本案嫌犯住處後面就是一片草叢空地，只要他翻牆跳入草叢，在月黑風高、視線不良的夜晚，就可能被逃跑，因而部署四名警力在屋後監控；另考量萬一警方到達時，適嫌犯外出，而於全面搜索之際，其人恰巧返回，驚覺屋內有異，將會迅速逃逸，故在大門口兩邊，選擇最合適的隱藏位置，又配置四名埋伏警力，以備支援屋內的行動及等候趙嫌返回時逮捕；屋內則由六位幹員進入執行搜索。

四、事前研判正確，家中藏有子彈

經由諮詢人員反映之情報，結合跟蹤監視、通訊監察等資料分析、

研判嫌犯除身上攜帶槍枝外，家中應還藏有槍彈等違禁物品，當偵查人員抵達嫌犯住處，入內搜查後發現趙嫌尚未返回，只有女友在家，與行動前推研的幾種可能狀況相符；大家依勤教時之任務分工展開搜索，於仔細搜檢翻找下，在嫌犯衣櫥內大衣口袋裡找到五顆制式子彈，「有子彈就有槍枝」是很合乎邏輯的推理，也初步印證諮詢人員所提供之情報來源非常正確。

五、監控通訊聯絡，現場守株待兔

嫌犯為規避警方監聽，故不使用行動電話，因而也無法計誘其返家，但技巧經由其女友口中探知：趙某不曾在外過夜。因而警方決定不撤離，原先配置的警力均在現場待命，守株待兔「候嫌入甕」，否則警力一撤，明日再來時，將已人去樓空。並由一人專責監控屋內電話，防範女友通風報信，致該嫌聞風逃匿。

六、只聞開鎖聲，須臾人就逮

外圍埋伏員警守候了約一個多小時，突然發現二道黑影朝趙嫌住處門扇而來，因不能確定來者之身分，故未即時出面盤問，以免驚動鄰人或打草驚蛇，靜待其中一人拿出鑰匙，打開門鎖，正當鐵門半開時，屋外二名員警衝出控制同行的「阿文」男子，另二名員警則以迅雷不及掩耳之勢擒住趙嫌的右胳臂，同時，屋內一名員警以衝鋒槍在瞬間抵住趙嫌心窩，並抓住他的左手臂，其餘警力蜂擁撲向門邊抓住右手，合力壓制嫌犯，真是「說時遲、那時快」，原來多疑、狡詐的趙嫌開門時，發現背後人影晃動，右手已插入腰際，握住槍把……，如果不是警方「機警」、「靈敏」、「快速」、「神準」，並在高度團隊默契、裡應外合，配合得天衣無縫，很可能就是一場警匪激烈之火拼場面。而同行之阿文男子，經清查係乙名逃兵通緝犯，另在他駕駛的車輛內查到藍波刀、小武士刀及防彈衣等物。

感想心得與經驗分享

一、成功出於眾者，先知也

孫子說：「故明君賢將，所以動而勝人，成功出於眾者，先知也，不可取於鬼神……必取於人，知敵情也。」而「先知」的基礎，在於能不能落實執行情報蒐研預測的功夫，以供長官行「知彼知己」的比較分析作為決策[6]。因而本案能夠順利安全逮捕二名嫌犯，且意外查獲同行之阿文男子係逃兵通緝犯，應歸功於警方探查小組認真、深入掌握趙嫌言行、習性，得知其「槍不離身」，也獲悉他放話：只要「遇到警察盤檢就開槍」……等相關情資。故警方因利而制權不選擇在他時常出沒的地點行動，避免傷及警方和無辜民眾；警方對於情報蒐研之先知，由搜捕當夜只覺人影晃動，其手就插入腰際，掏槍準備射殺圍捕員警，即可得到明證。

二、對象跟蹤不易，常有脫蹤現象

跟監乃偵查人員為達成偵查犯罪任務，對特定人、事、地、物等現象所做的秘密而持續之觀察活動；一般監視屬於固定對象，只要選擇合適地點、器材新穎、執勤落實，大約就能瞭解可疑分子活動情形；而跟蹤因是流動性觀察，稍有疏懈眨眼間或遇個紅綠燈，對象就可能在人群車潮中消失。本案跟蹤人員也發生多次脫蹤現象，只好前往對象停留地點或處所暗中探聽或委請諮詢人員找尋去向下落。故擔任跟蹤勤務除應注意本身安全，隨時保持適當距離，不使對象脫離視線外，尤須認識對象特徵，防止脫蹤；此外更應針對不同時地等因素隨時偽裝並運用適當跟監器材、交通工具，以免被發覺（偵查手冊第90、91點）。

三、臨場機警、團隊默契是決戰勝負關鍵

「凡事豫則立」，這是千古不變的名言，但再周詳的規劃，如果大家缺乏臨場經驗，或彼此默契不夠，在那千鈞一髮時刻，指揮官不可能再逐

6　陳連禎編輯，孫子研習錄用間篇（內政部警政署印行，2003/12），183、184、187頁。

一叫你做這、動那,因為只要差之毫釐,將失之千里;因而當夜若有任何動作的誤差,很可能就有「敵亡我傷」的不幸事件發生。故如何培養「臨危不亂」之心境和默契,則視每人在刑案偵辦實務由歲月累積所得「實戰經驗」而異,這將是一門無法取自課本的深奧學問!

四、適當時刻出擊,較能克竟全功

　　按刑事案件之撤銷管制有下列標準:(一)嫌犯全部緝獲,贓證物齊全;(二)緝獲主嫌犯一人以上,並追回部分證物,經查證確鑿,全案移送法辦者;(三)緝獲全部或部分嫌犯,而贓證物無法追回,但有其他證據,足以證明其犯罪事實,並經查證據確鑿,全案移送法辦者。故刑案偵辦有無查獲人犯及贓證物,將影響案件之移送與績效,而想順遂達成上述任務,則須有效精準掌握對象之生活作息,選擇嫌犯在家時刻執行搜索,較能克竟全功,也可免除受搜索人不在時要有鄰人或自治團體職員(如村、里長等)不在場的證明困擾;一般嫌犯有的晚上才在,有些深夜方返,午後就外出,因此必須選擇夜間或上午時段進入搜索;而夜間執行搜索又受刑事訴訟法第147條限制,故搜索前置作業必須完備,尤以檢舉人、秘密證人之筆錄應肯定具體,查證報告要明確深入,俾取得地檢署及法院支持而准許夜間搜索;若嫌犯晚間才在住所,搜索票又載明不准夜間搜索,可依刑事訴訟法第146條第3項:日間已開始搜索者,得繼續至夜間規定,技巧利用下午5時30分許(日落前)進入搜索,則可有效達成晚間執行之目的。

五、警察工作充滿危險,應自我提高警覺,強化應變能力

　　警察24小時輪替服勤,隨時隨地均有遭受歹徒襲擊之虞,故屬既辛苦也是高危險性工作。民國94年4月10日發生汐止殺警奪槍案後,行政院國科會首度以「警察受暴」為主題委託研究發現:我國各大都會區員警曾遭遇職場暴行者高達七成之多,更受注意的,警察遭攻擊時穿著制服與施暴者攻擊警方之比例皆逾八成,顯示民眾挑戰公權力的方式愈趨強烈,

成為國內社會秩序與治安的高度警訊[7]。由此可見警察遭遇民眾、嫌犯施暴者，不僅常見於刑事人員辦案執行拘提，逮捕人犯等勤務時，就連一般例行性的巡邏、臨檢、盤查、家戶訪查等動態勤務甚至靜態值班都可能受到突如其來之攻擊，造成員警受傷或殉職。故凡我警察人員必須有高度危機意識，隨時提高警覺，強化本身專業與應變能力，才不會發生無謂的犧牲；例如本檢肅槍彈案例，如果搜索人員未能瞬間控制欲掏槍嫌犯，則或許又有員警被槍擊傷亡事件發生。有關員警執勤、刑案偵辦、拘提逮捕人犯遭攻擊受傷殉職案件不在少數，特摘舉幾例以供殷鑑：

（一）臺中縣洪旭隊長殉職案

73年11月15日凌晨臺中縣、臺中市刑事警察隊分成兩批警力於臺中市惠安巷及臺中市上南路緝捕槍擊要犯林博文和石中信，當時領隊之臺中縣刑事警察隊隊長洪旭見林嫌手腳、頭部中彈倒臥電線桿旁，而趨前查看準備緝捕時，沒想到嫌犯卻開槍還擊，洪隊長左胸近距離中彈，因血流過多不治殉職；另這場激烈槍戰中，除洪隊長殉職，組長陳坤湖（警專首任總隊長）左眼中彈，刑警陳○○、黃○○、莊○○亦遭槍擊受傷……。

（二）臺北市警員曹立民殉職案

86年8月19日，臺北市政府警察局中山分局警員曹立民在臺北市五常街圍捕白曉燕綁票撕票案主嫌林春生、高天民、陳進興等人時，不幸遭到槍擊身亡因公殉職。

（三）花蓮縣三棧派出所殺警奪槍案

全國第一起以派出所為目標的殺警奪槍案，發生在90年4月間，花蓮縣秀林鄉三棧派出所警員李建南在派出所值班臺值班勤務時，被歹徒以土製槍彈襲殺死亡，凶嫌隨後進入派出所取走李員警用配槍，全案列為冷案偵辦中。

---

7 從汐止殺警案探討公權力的斲傷警察受暴 高達7成（自由時報，2005/11/10，社會版）。

（四）汐止分局員警巡邏遭殺害案

94年4月10日，臺北縣政府警察局汐止分局橫科派出所員警洪重男、張大皞分騎兩部巡邏機車，至汐止市農會白雲辦公處後門、橫科路4巷的巡邏箱簽到時，尾隨的王柏忠、王柏英兩兄弟分持西瓜刀、拔釘鐵鍬自後方砍刺，一人持刀猛砍員警張大皞頸部，另一人從後左手勒頸、右手猛刺洪重男胸膛，在兩名員警倒地後，奪走張大皞警用九○手槍及數發子彈；本案造成洪重男不幸殉職，張大皞身受重傷。

（五）臺北市警員賴智彥執勤殉職案

98年11月9日晚上，臺北市中山分局大直派出所員警鄭敏弘，於臺北市北安路501巷查獲違反要塞堡壘地帶法之通緝犯戴○○，隨即以電話請求派出所派遣備勤警員賴智彥前往支援。鄭、賴等二員未貫徹對通緝犯戴偉華搜身上銬等動作，即單獨讓戴嫌坐於巡邏車後座，並僅將車門兩側上鎖，由賴員駕駛巡邏車，鄭員單獨騎乘警用機車跟隨在巡邏車後警戒，當巡邏車駛抵派出所時，戴嫌即以預藏之尖刀連續猛刺賴員頸、肩部，當場血流如注，消防局救護車將賴員護送至馬偕醫院急救，於10日凌晨3時45分宣布急救無效，不幸因公殉職。

肆　法令（參考）解析

一、相關法令參考

槍砲彈藥刀械管制條例第8條第4項	未經許可，持有、寄藏或意圖販賣而陳列第1項所列槍枝者，處3年以上10年以下有期徒刑，併科新臺幣700萬元以下罰金。
槍砲彈藥刀械管制條例第12條第4項	未經許可，持有、寄藏或意圖販賣而陳列子彈者，處5年以下有期徒刑，併科新臺幣300萬元以下罰金。
毒品危害防治條例第2條第2項第1款	毒品依其成癮性、濫用性及對社會危害性，分為四級，其品項如下： 一、第一級　海洛因、嗎啡、鴉片、古柯鹼及其相類製品（如附表一）。

毒品危害防治條例 第5條第1項	意圖販賣而持有第一級毒品者，處無期徒刑或10年以上有期徒刑，得併科新臺幣700萬元以下罰金。
毒品危害防治條例 第10條第1項	施用第一級毒品者，處6月以上5年以下有期徒刑。
毒品危害防治條例 第11條第1項	持有第一級毒品者，處3年以下有期徒刑、拘役或新臺幣30萬元以下罰金。

二、實務見解暨本案函釋

（一）因偵查犯罪而須實施通訊監察之監聽以及搜索票依法係向法院聲請，由法官簽發，檢察官並無簽發之權，應宜注意。

（二）嫌犯「趙○○」持槍恐嚇商家住戶之行為，涉犯刑法第305條之恐嚇危害安全罪；若係基於不法所有意圖，恐嚇他人交付財物之行為，則係涉犯刑法第346條恐嚇取財罪。

（三）又嫌犯持有槍枝、子彈，亦分別涉犯槍砲彈藥管制條例第8條第4項、第12條第4項。

（四）另警方查獲嫌犯持有海洛因一包，依毒品危害防治條例第2條第2項第1款之規定，海洛因為第一級毒品。故嫌犯持有海洛因之行為，已涉犯毒品危害防治條例第11條第1項之持有第一級毒品罪，若嫌犯係為意圖販賣而持有，則係成立同法第5條第1項之罪；倘嫌犯另有施用海洛因之行為，則依同法第10條第1項之規定，成立施用第一級毒品之罪。

🔍 問題思考與討論

1. 槍枝泛濫將影響整個社會治安，故檢肅槍彈問題，係警政工作非常重要的一環，請問：以後你會用什麼方法去布線、查緝不法槍械，以維轄區治安？

2. 據報：轄內某某某黑道人物擁槍自重，平時槍不離身；並動輒持槍恐嚇商家，欺壓善良……，你接獲這項情資後，除了案例教材之檢肅要領外，請問：還可使用哪些搜捕查處方法？試述之。

第七案 指甲內容物與法理勸說
——逆子弒母案

壹 案情簡述

一、婦人陳屍家中,警方接獲報案

某年5月,南部地區早已進入酷熱天氣,某日的清晨,轄區分局接獲報案:一名婦人陳屍家中,頸部有明顯勒痕。現場初步勘察、訪問後,瞭解死者李老師平日一人獨居,其最親近家屬為尚在高雄某專校就讀的兒子,女兒在美深造,故即電請學校轉知死者兒子陳○○趕回治喪。

二、查訪被害人家庭狀況

本案據報後,警方查訪附近左鄰右舍,獲悉死者已離異,獨自撫養一對兒女,因工作忙碌,對孩子缺乏關愛;尤以死者的兒子,自幼失去父愛,在沒有家庭溫暖情境下成長的他,加上熱戀交往的知心女友,母親卻百般反對,且將平日給他的生活費大為縮減,為此,經常與死者爭吵,且逐日加劇,有愈吵愈烈的趨勢。

三、死者兒子態度啓人疑竇

死者兒子自學校趕回,踏入家門後,神色慌張,行止怪異,雖然跪爬痛哭,卻未見流淚……。異常表情動作,引起刑案現場處理人員的注意,將其以被害人家屬身分,請至轄區派出所製作筆錄,警方詢問過程,死者兒子均閃爍其詞,避重就輕,看不出有積極為母親冤死查緝真凶的態度。

四、駭人聽聞、慘絕人寰弒母案

從街坊鄰里探訪的消息,及在派出所發現關係人不合常理的言行反應和態度,加上其身體多處顯露抓擦傷痕,讓辦案人員對他產生莫大懷疑,

雖然檢察官尚未率法醫前來驗屍，真正死亡原因尚未確定，但已朝著「命案他殺」方向偵查，並將被害人兒子陳○○列為重要可疑對象之一；最後在警方鍥而不捨，成功應用偵訊技巧，並藉由送驗指甲內容物等鑑識科技及偵查要領等作為，突破嫌犯心防，一樁人子弒母天倫不幸悲劇，在短短5個小時內宣告偵破。

貳 案況分析

一、破碎家庭，容易孕育行為偏差或犯罪少年

嫌犯出身書香門第，父親大學畢業，任職國營事業，母親出身師範體系，是小學老師，這樣良好的生長背景，誰知竟是個破碎家庭。小學四年級時，他父母仳離，從此與父親生活一起，但國中一年級時，父親再婚，因繼母對他冷落排斥，乃回到母親身邊。起初母親對其生活、教育，一切均甚為關心，但漸漸地忙於個人工作事業，而疏於對他照顧，尤其，母親除了控制其生活費外，連世上唯一可談心的女友，亦強烈反對。故張嫌在缺乏家庭溫暖，得不到父母關懷下，萌發對人生怨懟、觀念偏差想法，甚至曾留下遺書：誓與母親永不兩立。

二、故布疑陣，且製造不在場證明

嫌犯在行凶後為逃避警方追查，異想天開，故布疑陣，將屋外的瓦斯桶搬至房內，打開瓦斯，讓屋內洋溢著瓦斯味，企圖製造被害人係開瓦斯自殺的假象。此外，利用凌晨犯案後又急趕回學校，參加翌日升旗、晨間活動，想藉由同學、教官、老師作為不在場人證，處心積慮想誤導警方偵辦方向，企圖規避刑責，心態可議罪不可逭。

三、縝密勘察，掀開謎底

命案現場留下瓦斯桶且瀰漫著瓦斯味，尤以門窗無破壞痕跡，房內沒翻箱倒櫃及明顯打鬥跡象，確實第一眼會讓人有死者係自殺的錯覺，但

檢視被害人屍體，頸部卻有明顯勒痕異狀，加上查訪死者胞弟稱：「其姊為人個性開朗樂觀，近日又勤學英語，準備暑假赴美做民俗舞蹈巡迴表演」，故她應無輕生理由，因而排除自殺的假設，不為假象所誤導，全案朝「他殺死亡」方向偵辦；也因為，門扇沒自外破壞痕跡，所以讓警方更懷疑係熟人所為。

四、現場查訪深入落實，而縮小偵辦範圍

　　命案的發生，常與「酒」、「氣」、「財」、「色」……等攸關，當然也有例外如誤殺等。而該案為了儘速釐清案情、查明發生原因，乃遵循偵查守則：加強附近目擊人證及左鄰右舍的查訪工作。因為現場查訪認真深入，故很快掌握死者生前交往複雜，曾有多位男友，但均已分手，目前僅剩某位尚交往中也頗為密切。此外更從死者弟媳口中獲悉：死者與兒子，親子關係交惡，平日經常吵架。乃檢視屋內建物結構，發覺木造裝潢不少破洞凹痕，證實均為過去兩人爭吵時，互丟東西、硬體物質碰著所致。這些情資給警方莫大助益，故研判：「死者兒子可能涉及弒母情節」。

五、欲擒故縱，讓嫌犯自行落網

　　對於死者兒子只是懷疑其可能涉案，然並無具體證據可資證明確定，尤以他是在學學生，又是被害人的家屬，身分敏感不可草率逕至學校將他帶回，以免引發不必要的爭議。故專案人員乃採「以靜制動」方式，不打草驚蛇，透過學校通知他趕回奔喪，計誘他自行落網。

六、神情慌張、怪異，但態度鎮定

　　嫌犯具有被害人家屬及涉嫌人的身分，由於身分競合，故很自然的以被害人血親立場，請他至派出所製作家屬認屍筆錄。旋以偵查需要，向他就教案情，死者兒子神色慌張、舉止怪異，但態度鎮定，專案人員只要詢及敏感問題，他均避重就輕，甚至怒斥：天下豈有人子弒母，大逆不道

的事，且辯稱：其母有兼職工作，生前交往複雜，曾有多位男友，說不定是男女情感糾葛所致。總之，專案小組的查訪，他均閃爍其詞，堅持母親死亡與其無關，甚至連右手指、拳頭瘀血、手臂抓傷等多處明顯外傷，亦以：騎機車跌倒碰傷，或皮膚病騷癢所抓傷等語狡辯。眼見派出所的初訊，已無法突破其心防，於是刑事人員乃接手偵辦調查。

七、指甲內容物與法理開導，向嫌犯心戰攻防

回分局途中，偵防車內專案人員與他比肩而坐，觀其眼神凝視，若有所思，認為是他天人交戰，心理掙扎脆弱時刻，便把握時機向他心戰喊話：弒母命案，人神共恨，國法不容。刑法規定：殺害直系血親尊親屬者，判死刑或無期徒刑，然刑法會考量嫌犯為何犯罪？故嫌疑人犯罪動機，犯人與被害人平日關係，及犯罪後悔悟態度……，均是科刑重要審酌參考；何況刑法對自首者有減刑的規定。為了卸責脫罪，雖然辯稱身上多處傷痕是騎車跌倒，或抓癢形成，這是幼稚的說法，因只要將「死者與嫌犯指甲採樣送驗，比對指甲內殘留皮膚脂肪屑」及「檢察官率法醫驗屍的結果出來」，馬上可讓嫌犯原形畢露，屆時恐將失去一線生機。

八、偵查方法奏效，嫌犯公堂下跪，俯首認罪

回到偵查隊後，請他坐著冷靜省思，再告訴他：「就算本案與你無關，然被害人是自己的生母，身為人子也須竭盡所知，提供可疑線索，以利警方偵查，俾及早緝獲凶嫌，告慰母親在天之靈！」在警方窮追不捨、曉以大義後，嫌犯方寸在百般掙扎下，已抵不過「親情」、「良知」、「法理」的交戰，心防已完全崩潰，突然間陳嫌跑至偵查隊長面前含淚下跪，抱頭痛哭，坦承弒母；一件駭人聽聞、慘絕人寰殺害「直系血親尊親屬」命案，於受理報案後5小時內迅速偵破。

感想心得與經驗分享

一、家庭教育對子女人格心智的成長非常重要

　　心理學家愛理克森（Erikson）認為人生發展歷程，每個階段都有其重要的任務及發展危機，各個階段若發展順利將有助於孩子人格心智成長，反之若發展不順利將對日後少年成長有負面影響。因此，幼年及成長中的青少年，其教育不論是家庭教育、學校教育甚至社會教育，對其身心發展都有一定程度的影響[8]。其中尤以「家庭教育」更為最重要：一位作姦犯科父母不太可能調教出守法守紀的子女；一對汲汲營營忙著功名利祿父母，也將無暇無心去關懷小孩成長；一個破碎家庭，因難讓孩子有溫暖、安全依附感，故會影響人格健全發展，本案「逆子弒母」天倫慘劇，就是一個血淋淋教訓。另高雄地區曾對兒童做心理調查，反應出共同畏懼的十大酷刑[9]，其中他們最憎恨的一項就是：「害怕父母當著他們面前吵架」，尤其「最不願見到父母離異」。這些心聲不是專家學者研究創見，而是孩童天真無邪、純真的心理反應，值得天下的家庭借鏡，供每位父母省思。

二、立即偵破是因方向正確、大膽假設，小心求證的結果

　　偵查諺語：「案重初供」、「案件發生伊始，最易偵破，拖得愈久愈難破獲」……；李昌鈺博士名言：警界的人都知道，如果一件案子在案發後24小時不能破案，要破案就困難多了；而刑案的「初步偵查」，是偵破案件之關鍵[10]。這些話大家都懂，說來容易，要做困難；但其實刑案勘查探訪，若能把現場詳細採證，對於被害人親友，附近民眾、目擊證人、周遭人物等，能不厭其煩、滴水不漏的反覆查訪，破案線索就在其中；難怪

8　張春興，教育心理學——三化取向的理論與實踐（東華出版，2001/2/26），第四章第一節。

9　不要十大酷刑最怕爸媽離婚（聯合報，1999/4/6，社會版）。

10　李昌鈺、劉永毅，讓證據說話：神探李昌鈺破案實錄2（臺北：時報文化，2004/4/23），49頁。

偵查有句名言「現場就是證據的寶庫」；故辦案需要的證物、跡證或線索就在現場等著你。本案就因勘查、訪問深入落實，致能迅速理出頭緒，因為大膽假設，綜研案情後，小心求證，鎖定死者兒子予以迎頭痛擊，由於正確的偵查方向，製造了破案契機，避免一步錯誤，滿盤皆輸場景，而減少偵查上諸多人力、物力及時間的浪費。

三、破獲命案可博得民眾對警察的肯定，進而提升政府威信

馬英九總統於民國98年6月12日參加中央警察大學畢業典禮時，訓勉畢業生：警察、公務人員獲得人民信賴，是政府最重要的資產。而犯罪偵防是警察重點工作，在犯罪偵查中，所有刑案類別，有關命案偵辦是最重要的一項工作；尤以本件逆子弒母案，被害人家庭不但是書香名第，家屬在地方上亦有相當的影響力，如果此案不破，民意的指責勢必帶給警方很大壓力，所幸及時偵破，除了告慰死者在天之靈、博得各界喝采、深獲地區民眾肯定，更大幅提高警察聲譽，無形中也有助於提升政府威信。

四、犯罪偵查中之「斯德哥爾摩症候群」

在刑事偵辦的過程中，犯罪者與受害者之間微妙的依附關係和心理變化，也是一個必須考量的重要面向。其中，又以1970年代便已為人知曉的著名「斯德哥爾摩症候群」（Stockholm Syndrome）最具代表性。

1973年8月23日，瑞典「斯德哥爾摩」的某家銀行闖進二名綁匪，劫持幾名行員為人質，囚禁於地下室。警方經過六天與劫匪的對峙，終於救出人質；但離開地下室後，幾名人質竟然不恨劫匪，反而保護他們，不讓警方傷害他們。此後，甚至拒絕陳述不利於劫匪之證詞；更離奇的是，其中一名女人質還愛上了綁匪……。自此，「斯德哥爾摩症候群」（又稱「人質情結」或「人質綜合症」）一詞，便被用來指稱犯罪事件的受害者，對於犯罪加害者產生情感，甚至反過來幫助加害者。

然而，真正讓「斯德哥爾摩症候群」聲名大噪的關鍵，則是在1974年發生在美國的驚人事件。當時，美國報業大王的孫女遭到左派激進團體

「共生解放軍」（Symbionese Liberation Army）的綁架。不料，這位報業千金竟然對挾持者產生景仰之情，最後還加入「共生解放軍」，並參與該組織稍後在舊金山策劃的銀行搶案。

類似的案件還有許多諸多例證。近期，一名從10歲開始便被綁架的奧地利女童，也在2006年被發現與綁匪一同生活將近八年之久。儘管遭到綁匪的囚禁及監視，但被綁女童不僅對於綁架過程毫無怨懟，甚至還為綁匪最終自殺的下場感到分外惋惜。

面對此一令人匪夷所思的「斯德哥爾摩症候群」現象，心理學的觀點認為，由於人們在嬰幼兒階段基於角色認同和心理防衛需求，經常會與其周邊最有力的成人，形成一種微妙的情緒依附關係，而此一種關係被認為很可能就是「斯德哥爾摩症候群」發展的可能基礎，特別是在人質被綁架的過程中，由於人質的生死操之於劫持者之手，二者很容易發展出一種「命運與共」的情感聯繫與投射，從被綁架伊始的生命威脅恐懼感，逐漸轉化為對於劫持者心理上的依賴感，甚至是崇敬感。心理學者認為，「斯德哥爾摩症候群」的出現，只需要短短三至四天的時間。表現出此種症候群的人質，並不是失去理智的表現，而是一種維繫生存的掙扎。

事實上，非僅「斯德哥爾摩症候群」可能改變犯罪者與加害者之間的關係，犯罪者與受害者之間既存的身分關係或情感聯繫，也可能會改變原本常見的犯罪者與受害者關係，甚而影響刑事案件之偵辦及訴追。例如：在許多逆倫刑事案件的偵辦中，便經常可見父母長輩基於親情而選擇原諒子女晚輩的情況。許多家庭暴力或長期受虐的案件中，也都可以看到類似「斯德哥爾摩症候群」呈現出因為受創而扭曲的心理。

肆　法令（參考）解析

一、相關法令參考

刑法第57條（刑罰之酌量）	科刑時應以行為人之責任為基礎，並審酌一切情狀，尤應注意下列事項，為科刑輕重之標準： 一、犯罪之動機、目的。 二、犯罪時所受之刺激。 三、犯罪之手段。 四、犯罪行為人之生活狀況。 五、犯罪行為人之品行。 六、犯罪行為人之智識程度。 七、犯罪行為人與被害人之關係。 八、犯罪行為人違反義務之程度。 九、犯罪所生之危險或損害。 十、犯罪後之態度。
刑法第272條	對於直系血親尊親屬，犯前條之罪者，加重其刑至二分之一。

二、實務見解暨本案函釋

　　所謂「直系血親尊親屬」，包含自然血親及法定血親，被害人為嫌犯之母，又兩人為自然血親，故被害人為嫌犯之直系血親尊親屬。嫌犯基於殺害其母親之主觀犯意，將其母親勒斃，其行為已成立刑法第272條之殺直系血親尊親屬罪。

 問題思考與討論

1. 命案發生後為何要通知家屬製作筆錄，其作用何在？另在犯罪偵查範疇，把「命案偵辦」視為最重要的一項刑案工作，你認為是什麼原因？
2. 認知神經學專家洪蘭女士認為：當孩子與事業有衝突時，寧可選擇孩子；以一位從事犯罪偵查及研究犯罪現象的工作者，你個人有何見解及看法？又閱讀完本案例後，給你怎樣的啟示？

第八案　強盜搶奪連續犯案例

壹　案情簡述

一、吸毒成癮，再度犯案

　　有煙毒、竊盜、妨害自由等多項前科的嫌犯「王○○」，因施用海洛因成癮未戒，導致經濟拮据，雖甫出獄僅半年，但因缺錢購毒，遂萌生強盜、搶奪再犯之念。

二、連續強盜搶奪

　　某日下午5時起，至翌日凌晨5時止，王嫌夥同另一嫌犯「羅○○」，於12個小時內，持玩具手槍連續犯下南部某縣市多家銀樓、賓館、理容院、檳榔攤等之強盜、搶奪案。

　　本案經擴大追查，王、羅二嫌連續犯案，總共涉及強盜、搶奪、恐嚇取財十二件，犯罪所得財物約達新臺幣30餘萬元。

貳　案件剖析

一、施用毒品的不歸路

　　「賭」與「毒」均被視作犯罪的重要成因之一，毒品成癮患者，經常面臨妻離子散、家破人亡之窘，但卻仍有許多無知者躍躍欲試；而錯誤的一步，就是條難以回頭之不歸路。究竟何故，只要沾染毒品就不易戒斷？毒品吸食者只要發癮，最初現象是流汗、打哈欠、打噴嚏、流鼻涕、淌眼淚……，若達嚴重階段，還會有寒冷、嘔吐、瀉肚、腹部抽搐、超量流汗、背部劇痛等情況；有癮者亦偶發幻覺、精神錯亂或瘋狂行為，加劇者

更會導致死亡[11]。本案主嫌——王〇〇（綽號胖助），雖僅出獄半年，但因已吸毒成癮，不堪毒癮發作痛楚，為獲取價格昂貴之毒品解癮，亦缺錢購毒，遂再度鋌而走險犯案。

二、連續犯罪之發生

當日17時起，王、羅兩嫌於半小時內連續犯了兩件強盜案。先在大同路「金〇〇」銀樓行搶，因該店櫃檯裝置防彈玻璃且設有警民連線報案系統，故於案發時能立即報案，致嫌犯之強盜行為未遂，後倉皇逃逸。但事隔幾分鐘，又闖入附近另一家「昇〇」銀樓，持槍強盜店內黃金對錶、金項鍊、金戒指等金飾，價值高達新臺幣約20萬元；旋即轉往中華路某電玩店，持槍恐嚇勒索新臺幣2萬元；再將強盜所得金飾，持往東門路某兩家銀樓變賣。

三、隨機間歇性犯案

兩名嫌犯於傍晚大有斬獲後，曾短暫銷聲匿跡，潛藏於成功路某賓館內施打海洛因毒品以提振精神，翌日凌晨3時又再次著手實施犯罪，犯罪足跡遍及兩縣市轄區，警方被迫多頭進行犯罪現場勘查，嫌犯行動直至天亮才告暫歇。

四、落實現場調查訪問，鎖定可疑對象

警察偵查犯罪手冊第62點明定：「初抵現場人員應對被害人、發現人、在場人或其他關係人，就案件發生或發現情形……進行初步查訪、記錄。」本案自連續犯案伊始，轄區警方即依規定，展開對被害人、目擊者之查訪，獲知歹徒外表、長相、衣著……等重要特徵，經初步分析研判後，鎖定地方上具煙毒犯罪前科之「胖助」涉有重嫌，遂積極開展搜尋王嫌工作。

---

11 張伯宏，毒品防制理論與實務——煙毒犯罪之相關問題與對策（臺北：臺灣新店戒治所編印，2008/11/28），8-9頁。

五、清查監視器錄像比對嫌犯特徵，以確認調查訪問結果

　　案發後警方即調閱監視系統紀錄，惟受害業者本身並無是項設備，故從附近商家、住戶及行經路口處資訊進行清查，結果發現於距銀樓不遠處之大同、立德路口的監視器畫面，記錄「胖助」騎乘機車後載另嫌之影像。另凌晨接連發生之幾件強盜、搶奪案，其犯罪手法及犯嫌特徵亦頗為雷同，故連結被害人、目擊者供述及監視器錄像資料，研判王嫌二人涉及16小時內所發生之多起重大刑案。

六、實施家戶訪查並落實情報諮詢，確切掌握歹徒犯案後行蹤

　　警察偵查犯罪手冊第37點規定：「警察人員基於偵防犯罪之需要，應於其轄內廣為情報諮詢布置，秘密掌握運用。」治安顧慮人口查訪辦法第2條亦定有明文：「警察對曾犯毒品危害防治條例所定製造、運輸、販賣、持有毒品之罪者，得定期查訪。」同法第3條亦規定：「警察實施查訪項目包含對象之工作、交往及生活情形。」另依警察勤務區家戶訪查辦法第2條規定：「警察勤務區員警依本辦法執行家戶訪查。但治安顧慮人口之查訪，依治安顧慮人口查訪辦法規定處理。」由於派出所警勤區員警過往對具持有毒品罪前科之嫌犯所進行之查察工作確實，故能迅速掌握涉嫌對象的交往與生活動態，另獲得地方久任經驗豐富、亦深耕基層情報諮詢工作的胡姓刑事小隊長協助，查知王嫌平日雖行蹤飄忽不定，惟犯案後或吸毒時，經常會投宿於成功路某賓館。

七、嫌犯入睡後施行逮捕，兼顧同仁拘捕安全與犯罪贓物之保全

　　警察偵查犯罪手冊第140點中規定：「（二）於室內執行拘捕時，宜運用各種資訊、關係、誘開門戶、埋伏守候或直接破門，掌握機先、迅速行動。」同手冊第141點中亦載明：「（四）執行拘捕，雖以人犯為主，但亦應同時依法搜索及扣押有關犯罪贓（證）物，防止其湮滅證據。」警方得知王嫌二人可能落腳處後，即展開現場勘查，以充分瞭解地形地物，調遣優勢警力，並辦理勤教以進行任務分工，同時派員在賓館前埋伏守

候。基於嫌犯住宿賓館內且持有槍彈之因素,為達成安全拘捕之目的,且能同時搜索扣押贓(證)物,決定待兩嫌回房後再展開拘捕行動。拘捕當日上午10時許接獲嫌犯回房報告,整裝待命員警立即趕往拘捕,委請櫃檯服務生協助打開房門,快速入內,王嫌雖驚醒欲反擊,卻已遭澈底壓制並上刑具。警方在就逮過程中赫然發現,嫌犯原將槍彈置放頭枕下,房內亦起出海洛因、注射筒及強盜所得現金、打火機等犯罪贓(證)物。

八、擴大追查持械犯案的槍枝及犯案後變賣之金飾

王、羅兩嫌就逮後,除坦承所有案情外,並配合警方調查前往東寧路兩家銀樓起贓,追回典當變賣之所有金飾;又至林森路地下道附近圍牆邊之埋藏土堆中,取出一把犯案用九〇玩具手槍,全案宣告偵破,合計12小時內,共犯下銀樓強盜等十二件刑案:

(一)大同路「金〇〇」銀樓強盜案。

(二)立德街「昇〇」銀樓強盜案。

(三)中華東路某電玩店恐嚇取財案。

(四)中華北路某美容護膚坊搶奪案。

(五)中華西路某理容院搶奪案。

(六)中華南路某指油壓搶奪案。

(七)國民路某理容院強盜案。

(八)崇明路某理容院搶奪案。

(九)大同路某理容院搶奪案。

(十)東區崇明十街某賓館搶奪案。

(十一)永康街中山南路某檳榔攤搶奪案。

(十二)大橋一街某理容院搶奪案。

<u>圖3-8-1</u>　犯案用手槍及搶得之臟款、臟物

參　犯罪偵查的省思

一、揮金如土、一擲千金

　　嫌犯連續犯案，不法所得財物共約30餘萬元，然在短短幾小時內拼命的吃喝玩樂及吸毒，於警方查獲時，身上竟然僅剩9萬餘元，這種揮霍無度之花錢方式，一則印證了非藉由勞力血汗賺來的錢，留存不易；但若犯罪風險低、報酬高、易得逞，更會讓原本心存貪念之歹徒，增強他們的犯罪動機。

二、攔截圍捕未奏效，致歹徒連續犯案得逞

　　重大刑案發生後，如嫌犯已逃離現場，一般均會依歹徒的相貌、衣著、身材之特徵，配合使用交通工具及逃逸方向等情資，通報各外勤單位進行攔截圍捕，但往往成效有限，致歹徒一再犯案得逞，顯見攔截圍捕存有疏漏，其執行計畫與方法宜再精進；尤若遇上狡詐、智慧型、有計畫性犯案之歹徒，更難克竟全功，以本案為例，嫌犯一再變換搭乘之計程車，確也造成警方攔截不易，以致圍捕失敗。

三、計程車民力運用，裨益治安維護

　　雖然警方對計程車駕駛人——「領取職業登記證」者，備有管理辦法，交通隊亦組建「義交」，惟均偏重於預防司機犯罪或組訓渠等協助交通指揮為出發點，真正協助治安維護，則欠缺有效執行民力運用的機制。計程車營運模式，可視作犯罪預防網絡，如果計程車均能加入警方協勤行列，民眾若遇有緊急、危險治安狀況，能代為報案，發現可疑人、事、物也會幫忙通報聯繫，甚或協助攔截圍捕行動，對於治安維護將有宏觀效果；此概念係延伸自高雄首創後推行於全國，在超商內普設之「警察服務聯絡站」。[12]更何況歹徒使用計程車做案的亦不在少數，以本案嫌犯胖助為例，不但搭乘計程車犯案，逃逸時更不停變換搭乘之計程車，然這些司機發覺乘客有異，非但未能向警方報案，更遑論協助「攔截圍捕」。故他們不但未成為辦案助力，反而變為警方阻力；因而如何有效「動員」、「規範」、「組織」及「運用」這群廣大的計程車民力，值得警政單位深思。常言道：「警力有限」而「民力無窮」，如果不去妥善運用民力，只靠有限的警力，治安工作的落實將難以為繼。

四、強制規範特定業者配置營業安全防護系統

　　金融機構、銀樓業者，是歹徒心目中覬覦的對象，因而各警察單位也常把銀樓業視為金融單位在做安全維護；而一般的金融機構，對於監視系統或安全裝備之設置，雖仍有不足或待補強之處，但相較銀樓業為完整，故歹徒向銀樓業下手之犯罪成功率較高。故如何宣導甚或強制規範這些業者加強監視、報案、安全防衛系統等設施，應刻不容緩；以本案這兩家被害銀樓為例，案發後就無法提供錄影帶，供警方偵辦參考；所幸路口監視器發揮協助破案功能；且其中一家就因櫃檯為防彈玻璃，竟逃過了一劫，這也足以證明安全設施的重要性。按臺灣路口監視器的設立，緣自85年至

12　參見臺北市政府警察局信義分局資訊網之警察服務聯絡站：http://sypp.tcpd.gov.tw/ct.asp?xIte m=105141&CtNode=16487&mp=108091（上網時間：2012/4/3）。

86年間先後發生「劉邦友血案」、「彭婉如命案」、「白曉燕綁架案」等三大刑案，人民望治心切，內政部於是在87年訂頒「建立全國社區治安維護體系——守望相助再出發推行方案」，方案中規劃選定重要公共場所、路口及交通要衢裝設監視錄影系統。88年7月內政部配合「全民治安年」，規劃在全國各重要路口、金融機構設置10萬支監視攝影機，另也提撥經費補助各鄉里架設監視系統、啟動了這幾年全國各地積極而全面架設監視系統之發展。[13]

五、煙毒犯進行勒戒與戒治處分之成效有限

臺灣於民國83年，召開全國反毒會議，對藥物濫用者處遇之共識，認為應「視同病患」治療，戒治模式由生理、心理、社會三個層面進行。87年毒品危害防治條例通過後，對施打、吸食毒品者施以「觀察勒戒」或「強制戒治」處遇，為我國戒毒制度邁入另一新紀元；法務部為了有效推動毒品戒治工作，更於95年先後成立新店、臺中、高雄、臺東四個獨立戒治所，惟多年來，戒治成效始終未臻理想，依據94年12月公布之法務統計摘要顯示：毒品再犯率竟高達70%。[14]而毒品之濫用不僅與公共衛生、社會治安嚴重攸關，甚至若國民變成病夫，更能影響整個國家安全；本案王、羅兩嫌之所以淪為強盜、搶奪等犯罪，更在短短幾小時內從黃昏搶到天亮，也是沾染吸毒惡習的結果，故對這些「犯人兼病人」之毒品人口，應如何有效「管理」、「治療」、「追蹤」及「輔導」以提升戒治成效，是一件嚴肅而重要的課題，不容等閒視之！

六、圍捕嫌犯應兼顧任務目標與公共安全

拘捕犯罪嫌疑人是偵查工作一項必經的過程，在外勤實務單位各種不同型態之圍捕戰役，成功案例很多，失敗者亦不乏其數，而其中較為社會

---

13 黃清德，公權力運用科技定位措施追蹤監視與基本人權保障之研究（臺北：元照出版社，2010/11）。

14 張伯宏，毒品防制理論與實務——我國毒品戒治政策之立法與實務檢討（臺北：臺灣新店戒治所編印，2008/11/28），159頁。

矚目的圍捕勤務，以緝捕張錫銘案例頗具指標性。93年7月在高雄縣大寮鄉於眾多警力激烈駁火中，仍被其挾持老農兔脫；值得喝采的於94年7月在臺中縣沙鹿鎮成功順利將其逮捕，為臺灣治安史畫下漂亮的一頁！有關圍捕勤務必須熟記任務與要領，以「敏捷、英勇、果敢」的精神執行預定行動，原則步調一亂，常會發生敵我不分情狀，甚至造成員警或無辜民眾受傷，致嫌犯乘隙脫逃，故圍捕攻堅前必須針對地形地物綿密勘查，適切部署警力，詳為任務分工，尤應依照署頒「警察機關執行圍捕任務規定」貫徹執行，方克提升偵查犯罪效能，遂行圍捕人犯任務。

肆　法令（參考）解析

一、相關法令參考

刑法第28條	二人以上共同實行犯罪之行為者，皆為正犯。
刑法第47條（累犯）	受徒刑之執行完畢，或一部之執行而赦免後，5年以內故意再犯有期徒刑以上之罪者，為累犯，加重本刑至二分之一。 第98條第2項關於因強制工作而免其刑之執行者，於受強制工作處分之執行完畢或一部之執行而免除後，5年以內故意再犯有期徒刑以上之罪者，以累犯論。
刑法第321條	犯前條第1項、第2項之罪而有下列情形之一者，處6月以上5年以下有期徒刑，得併科50萬元以下罰金： 一、侵入住宅或有人居住之建築物、船艦或隱匿其內而犯之。 二、毀越門窗、牆垣或其他安全設備而犯之。 三、攜帶兇器而犯之。 四、結夥三人以上而犯之。 五、乘火災、水災或其他災害之際而犯之。 六、在車站、港埠、航空站或其他供水、陸、空公眾運輸之舟、車、航空機內而犯之。 前項之未遂犯罰之。
刑法第325條	意圖為自己或第三人不法之所有，而搶奪他人之動產者，處6月以上、5年以下有期徒刑。 因而致人於死者，處無期徒刑或7年以上有期徒刑；致重傷者，處3年以上、10年以下有期徒刑。 第1項之未遂犯罰之。

刑法第326條	犯前條第1項之罪，而有第321條第1項各款情形之一者，處1年以上、7年以下有期徒刑。 前項之未遂犯罰之。
刑法第328條	意圖為自己或第三人不法之所有，以強暴、脅迫、藥劑、催眠術或他法，至使不能抗拒，而取他人之物或使其交付者，為強盜罪，處5年以上有期徒刑。 以前項方法得財產上不法之利益或使第三人得之者，亦同。 犯強盜罪因而致人於死者，處死刑、無期徒刑或10年以上有期徒刑；致重傷者，處無期徒刑或7年以上有期徒刑。 第1項及第2項之未遂犯罰之。 預備犯強盜罪者，處1年以下有期徒刑、拘役或9,000元以下罰金。
刑法第330條	犯強盜罪而有第321條第1項各款情形之一者，處7年以上有期徒刑。 前項之未遂犯罰之。
刑法第346條	意圖為自己或第三人不法之所有，以恐嚇使人將本人或第三人之物交付者，處6月以上5年以下有期徒刑，得併科3萬元以下罰金。 以前項方法得財產上不法之利益或使第三人得之者，亦同。 前二項之未遂犯罰之。
毒品危害防治條例第10條第1項	施用第一級毒品者，處6月以上5年以下有期徒刑。
修正前刑法第56條	連續數行為而犯同一之罪名者，以一罪論。但得加重其刑至二分之一。

二、實務見解暨本案函釋

（一）按強盜罪之強暴、脅迫，只須抑壓被害人之抗拒或使被害人身體上、精神上，處於不能抗拒之狀態為已足，其暴力縱未與被害人身體接觸，仍不能不謂有強暴、脅迫行為。強盜罪所施用之強暴、脅迫手段，只須足以壓抑被害人之抗拒，使其喪失意思自由為已足，縱令被害人實際無抗拒行為，仍於強盜罪之成立，不生影響。搶奪與強盜雖同具不法得財之意思，然搶奪係乘人不備，公然掠取他人之財物，如施用強暴脅迫，至使不能抗拒而取其財物或令其交付者，則為強盜罪。又所謂不能抗拒，只須行為人所施之暴力已足使被害人本人主觀上受到壓制無法抗拒已足，至客觀上是否已達一般人皆不能抗拒之程度，則非所問。最高法院22年度上字

第317號、30年度上字第3023號、64年度台上字第1165號判例,及72年度台上字第5029號裁判可資參照。

(二)依毒品危害防治條例第2條第2項第1款之規定,海洛因為第一級毒品,王嫌施用海洛因,其行為即違反毒品危害防治條例第1條之施用第一級毒品罪。

(三)按刑法第321條第1項第3款所稱之凶器,其種類並無限制,凡客觀上足對人之生命、身體、安全構成威脅,具有危險性之凶器均屬之,且只須行竊時攜帶此種具有危險性之凶器為已足,並不以攜帶之初有行凶之意圖為必要(最高法院79年台上字第5253號判例意旨參照),故槍枝顯為客觀上足對人之生命、身體、安全構成威脅,具有危險性之凶器,本案嫌犯持槍犯案,該當攜帶凶器之加重要件。

(四)故而,王嫌夥同另一名嫌犯羅嫌於92年間某日於12小時內,所犯下十二起刑事案件,連續以相同手法犯案,因羅嫌犯案當時刑法第56條尚未刪除,故仍可適用修正前刑法第56條連續犯之規定,惟成立連續犯仍須以涉犯同一罪名為限,故兩人所為之十二起強盜、搶奪、恐嚇取財案分述如下:

1.嫌犯二人持槍強盜大同路「金○○」銀樓、立德街「昇○」銀樓、國民路某理容院之行為,分別成立刑法第330條之攜帶凶器之加重強盜罪,並依修正前第56條論以連續犯,僅論以一個攜帶凶器之加重強盜罪。

2.又嫌犯二人持槍搶奪中華北路某美容護膚坊、中華西路某理容院、中華南路某指壓店、崇明路某理容院、大同路某理容院、東區崇明十街某賓館、永康街中山南路某檳榔攤、大橋一街某理容院等,渠等之行為依修正前之刑法第56條論以一個刑法第326條之攜帶凶器之加重搶奪罪。

3.另就中華東路某電玩店恐嚇案,嫌犯二人之行為則成立刑法第346條之恐嚇取財罪。

(五)嫌犯二人涉犯之上開數罪(施用毒品、強盜、搶奪、恐嚇取財),依刑法第50條數罪併罰之。

問題思考與討論

1. 重大刑案發生後，如果嫌犯已逃離現場，一般均會發布「攔截圍捕」，然此舉成效卻十分有限，其原因為何？試問可否採取其他對策或改善作為，以掌握嫌犯行蹤？

2. 銀樓業者或金飾加工廠經常是歹徒心中的覬覦對象，但仍有部分業者警覺性不高，防搶設施不足，遭致強盜或搶奪鉅額財物，甚或危及生命安全。設若以勤區警員推動犯罪預防的立場來說，要如何說服業者，強化防搶保全設施？另應採取何種方法以達成銀樓業者及金飾加工廠（或金融機構）之安全維護工作？

第九案　繼母二度謀害前妻兒子案

壹　案發時間

一、民國96年7月26日下午。

二、民國96年8月9日下午。

貳　案發地點

一、桃園市民權路「X飲食店」（為符合「兒童及少年福利與權益保障法」保護被害兒童之旨，本案例關於可知或可得推知被害兒童之資訊，均以代號稱之）或往飲食店途中。

二、臺北縣（改制前）林口鄉竹林路往「竹林山觀音寺」途中。

參　案情簡要

一、繼母謀害前妻兒子動機

被告A女係被害兒童即甲童（案發時約5歲）之繼母，因疑妒婆婆B女、丈夫C男偏袒甲童甚於自己與C男之親生兒；另其為照料甲童、自己兒子卻得仰賴娘家扶養；復以不滿因養育甲童排擠其社交、生活時間……，怨憤情緒於日積月累下形成一股仇視情緒，啟肇謀害前妻兒子動機。

二、再度毒害甲童

被告A女為遂行殺人犯意，兩度將婆婆B女所經營X飲食店內用以消滅蚊蠅、蟑螂之「佳絲本」農業用藥乳劑，倒入市售「比菲多」飲料或摻

入食物中，誘使甲童服食，造成甲童二度有機磷類毒物中毒，生命垂危而瀕臨死亡，經長庚紀念醫院林口總院醫療團隊全心救治始免罹難。

三、檢察官啓動偵查

桃園地檢署梁光宗檢察官獲報後察覺有異，自動檢舉親自指揮偵查而破獲起訴，乃遏阻被告A女處心積慮、堅決殺人之惡意，使甲童倖免遇害。

肆　案況分析

一、雜揉糾葛繼母情節起殺機

被告A女係甲童之繼母，因疑妒婆婆及丈夫偏愛甲童甚於親生兒子，其須親自扶養甲童，而親生子卻得仰賴母親照拂；復因怨憤養育甲童排擠社交生活及教養自己兒子時間，日積月累形成雜揉糾葛之憤懣情結，而引生殺機，卒致其二度下毒欲殺害甲童。

二、誘童飲用含有「佳絲本」乳劑飲料

被告平日於桃園市婆婆經營X飲食店擔任會計，深知店內擺放噴滅蚊蠅、蟑螂之「佳絲本」乳劑具有劇毒性，事前將含有陶斯松成分之農業用藥佳絲本乳劑倒入市售「比非多」飲料中，於96年7月26日下午將甲童從幼稚園接返X飲食店時，誘使甲童飲用，旋甲童隨繼母、祖母返回住處途中因毒發嘔吐，緊急送往壢新醫院救治，因性命垂危，又轉往龜山鄉長庚紀念醫院林口總院治療。

三、調包尿液掩飾殺人犯行

按「佳絲本」乳劑的主要成分「陶斯松」屬「有機磷」毒物之一種，長庚醫療團隊為確認甲童是否為有機磷毒物中毒俾便治療，於96年7月30日採集其尿液密封試管後，交付佯裝熱心協助之被告A女寄送「農業

藥物毒物試驗所」檢驗，奈知其取得尿液後，竟掩身女廁倒掉甲童尿液檢體，排入自己尿液，再經由低溫宅配方式寄往檢驗，藉以掩飾殺人犯行。

四、犯後不知戒惕復起殺意

甲童經長庚醫護人員悉心醫治，在緩解中毒臨床症狀後，於96年8月9日下午出院，被告A女陪同婆婆、丈夫、甲童赴臺北縣林口鄉「竹林山觀音寺」還願祭拜途中，復以摻有「佳絲本」農藥成分食物，再度誘使甲童服食，致甲童又毒發瀕臨垂死，乃迅將其送往鄰近之林口長庚醫院急診，研判仍為有機磷中毒，經施行解毒劑救治甲童始倖免於難。

五、重施故技再度調包尿液

被告A女心狠手辣，於毒殺甲童未果後不知省悟，未達目的仍不罷手，於96年8月9日下午積極向長庚醫療團隊要求送驗尿液，惟醫療人員因兒童反覆中毒，已警覺事有蹊蹺，僅交付採集之尿液一罐由其送驗。被告取得檢體後，又躲至醫院女廁倒掉尿液，再度排入自己尿液，於調包後復經由低溫宅配寄往農業藥物毒物試驗所檢驗。

六、團隊機警醫療方向未遭誤導

第一次尿液因遭調包，故檢體查無毒物反應，然而孩童上午出院，下午又再度中毒入院，機警之長庚醫療團隊已察覺事有蹊蹺，第二次住院時被告雖主動先開口要將檢體趕拿去寄，但僅交付兒童尿液檢體一罐由其送驗；在同時亦將採得之尿液及血液檢體試管各一罐同步送檢。二次尿液送驗後，被告A女為有效掌控及混淆鑑驗，佯裝護士頻頻致電鑑驗單位追問檢驗結果，某次甚至還向毒物試驗所人員稱：病人已經檢驗出服藥的陽性反應，以探知檢驗狀況。被告A女企圖利用檢驗結果誤導醫療方向，而遂行殺人目的，然醫護人員之機警應變，處置得宜，A女之謀計乃未能得逞。結果因被告所送檢體均無毒物反應，而護士寄送之尿液、血液均呈高含量「陶斯松」及其代謝物反應，甲童之中毒顯然係直接食用「陶斯松」

農藥所致,長庚兒童醫院醫師察覺有異通報臺灣桃園地方法院檢察署,經該署檢察官梁光宗自動檢舉親自指揮偵查破獲。

七、檢警善用聲東擊西策略保護兒童安全

追查犯罪事實真相固然為刑事偵查目標之一,但得以保護被害人之人身安全更是重要原則;如何遂行秘密、有效之偵查,同時又能保護被害兒童之安全,則考驗偵查人員之辦案功力。本案甲童第二次出院時因尚未知悉加害人為何人,甲童從一出院開始就可能暴露在危險殺機之中,梁光宗檢察官在緊急接獲通報及家屬即將使甲童出院之緊急狀態下,指揮轄區分局每日到戶訪查甲童健康狀況,以「打草驚蛇」策略使當時之不明藏鏡人憚於再次在家中下手,並使犯嫌誤認檢警並未察覺案情,另一方面聲東擊西爭取時間化驗檢體DNA及聲請通訊監察,利用警方大張旗鼓訪查保護之期間,進行犯罪行為人及其動機、手段、證據方法之分析,待時機成熟一舉搜索、拘捕破案,並對被告A女聲請羈押,使犯罪偵查及被害人保護在本案中均得以貫徹。

伍　檢討與建議

一、繼母難視前妻子女如己出

諺云:「春天後母面」,它形容春天氣候不穩定、多變,猶如後母之喜怒無常,也可釋譯:多數繼母難將前妻子女視如己出,當然不可能給別人的小孩和顏悅色,更遑論呵護照料。

雖然社會上也多有繼母照拂前妻子女不遺餘力而為美談之例,但有關繼母吝以施捨鞠愛給前妻子女,甚或有施暴、凌虐、謀害等情事,古今中外均有所流傳。例如:古代閔子騫,父娶後妻,生二子,騫供養父母,孝敬無怠,後母嫉之,所生親子,衣加棉絮,子騫與蘆花絮衣……[15]。近

15　閔子騫童年,敦煌變文。

圖3-9-1 阿曼達（Amanda Sorensen）教訓男友2歲女兒，強灌辣椒粉致死（圖片翻攝自網路）

代美國則發生：狠心「後母」訓2歲女童，狂餵辣椒粉致死案慘劇……[16]在在均堪佐證；類似後母殘害前妻子女案件，社會頻有所聞，臺灣為了防治家庭暴力行為及保護被害人權益，於民國87年制定公布「家庭暴力防治法」，然而良法美意，也實難遏止一些繼母澆薄、偏頗心態。本案繼母堅決謀殺前妻兒童之惡意可見斑斑，令人髮指！

二、說謊狡辯是人類的天性

說謊是人類天性，刑案發生後被逮捕之人犯狡辯、說謊乃司空見慣，因渠等想要脫罪卸責，故詢問嫌犯而能立即認罪者，在偵查實務並不多見。從辦案經驗得知：凡涉及人的事，無不牽扯萬端，嫌犯為了自保，人性中之自私、狡詐、推諉、誣控、貪婪……等負面特質均會出現。例如，本案偵查中梁光宗檢察官優異詢問能力下，被告所自白犯行，於審理時卻翻供否認有殺人犯行，並辯稱：會調包尿液是因第一次不小心弄翻兒

---

16 美狠心「後母」教訓2歲女童　狂餵辣椒粉，https://www.nownews.com/news/20130110/341913（上網時間：2015/5/21）。

童尿液，怕被醫護責罵、怕丈夫打罵才會「用伊自己的尿液去調換」；第二次驗尿時，因第一次「已經用伊的尿液調換」，怕第二次驗尿會被發現第一次調換的事實，所以亦用自己尿液調換，來合理化自己行為。偵查中承認有將瓦斯爐架上殺蟲器弄倒，而又將兒童喝剩的比菲多弄倒，伊先拿衛生紙擦拭倒出來之殺蟲劑，再用手將倒出來之比菲多撥回罐子裡，然後再拿給兒童喝等語，是因為主任檢察官說：只要伊承認是不小心的，在法律上可以寬恕伊，伊又想打電話給老公，並想回家，所以才會於法院審理中配合說出上述供詞等語……嫌犯對偵查中合法且正當偵訊程序，提出遭受疲勞訊問、不正當訊問之各種無理辯詞，無非想推翻其偵查中自白，並合理化調包尿液之動機與目的。然因檢察官於偵訊一開始即洞悉被告A女之防禦心理，故全程錄影、錄音，完整蒐證偵訊和用餐、飲水、休息等過程，以及利用各項主客觀證據突破被告心防使其供出案情始末之歷程，以供日後法院審理之堅實事證，故被告A女之不正訊問抗辯在法庭上徒勞無功。故而員警詢問面對的是複雜萬端對象，既要突破案情，也要合法尊重人權，做到毋枉毋縱，並非易事，因而要成功達成詢問任務，必須統構偵訊原理、技巧，深悉心理、社會、經濟、法律、人權、人性及犯罪類型與手段等學理和實務，方克致之。

三、員警應有法庭詰問活動之能力

民國92年刑事訴訟法大幅修正，其中增列第166條：「當事人、代理人、辯護人及輔佐人聲請傳喚之證人與鑑定人於審判長為人別訊問後，由當事人代理人或辯護人直接詰問之。」故警察辦案隨時需面對法庭詰問活動，員警若未具備是項能力，除在庭上無法站穩司法警察立場，也會遭質疑案件是否具有證據能力，故不得等閒視之；以本繼母毒殺幼童案，嫌犯之狡詐、毒辣、陰狠，律師辯詞之便給犀利，窮盡所能，甚至提出醫學專用術語、數據……企圖推翻偵查所有作為，合理化嫌犯不法手段，可謂斧鑿斑斑，若非承辦梁檢察官周延之偵查，蒐證之齊全，案情之發展變化恐難預料。至於員警應如何具備法庭詰問活動能力，茲提下列供為參考：

（一）為因應日後法庭詰問活動，司法警察在案件偵辦蒐證過程，宜盡量採取錄音、拍照或錄影作為，妥善保持刑案的各項紀錄，以便需要時得藉相關資料喚起記憶。

（二）司法案出庭作證前，宜先與檢方、院方充分溝通聯繫，適當瞭解待證事項與案情，以便為出庭做好充分之準備。

（三）為了避免刑事偵查的各項作為日久遺忘，於法庭詰問活動時失去案件可信性之擔保，各警察單位得視需要製作處理「刑案備忘錄」佐用。

（四）警察機關應落實檔案之建立與保管，並強化督導檢核作業，避免卷證遺失，以利未來審判中協助舉證時調閱使用。

四、詢問是有效達成偵查作用之利器

在偵辦刑案過程，詢問是突破案情鑰匙，也是刑事偵查核心。前法務部檢察司副司長蔡碧玉說：「大多數刑案均透過詢問取得有利釐清案情供述，但事實上，許多案件物證的取得，也是透過偵查人員成功的詢問。」偵訊專家，有「現代偵訊實務之父」之稱的前美國西北大學名譽法學教授佛瑞德・英鮑（Fred Inbau）曾言：「……那些迅速偵破的案件中，很多根本就還沒找到物證，而是在偵訊中，嫌犯透露出重要訊息，才使得案情得以釐清。」可見詢問在犯罪偵查中角色扮演之重要。本繼母荼害兒童事件，之所以能順利偵查起訴，讓狡黠被告受到法律應有制裁，歸功於偵查中梁檢察官優異詢問要領，致被告供述了重要犯行，尤以被告用以毒殺兒童之「佳絲本」乳劑，檢察事務官初於97年1月17日上午在被告之住處、工作地點搜索未果，梁檢察官於當日下午偵訊中經由被告自白得知置放地點後，復指揮檢察事務官於X飲食店瓦斯爐後方溝槽處查獲扣得，而讓案情得以釐清，事證更加鞏固，故想成功追訴犯罪，如何有效詢問並進而取得其他人之供述及物之證據，是重要的課題。

五、兒少亟賴各界齊力保護

　　兒童、少年是國家的命脈，兒少身心是否健全正常關乎一國興衰，臺灣為了促進兒童及少年身心健全發展，保障其權益、增進其福利，特制定「兒童及少年福利與權益保障法」；為保障少年健全之自我成長，調整其成長環境並矯治其性格，更制定了「少年事件處理法」；另為避免兒童、少年身心行為偏差，尚有「少年不良行為及虞犯預防」、「兒童及少年保護通報及處理」等辦法之訂定，對兒少之關懷保護堪稱無微不至。然而再多的良法美意仍須靠大家的遵行與維護方克奏效，很遺憾的在我們社會，兒少觸犯刑罰法律或有觸犯刑罰法律之行為，抑或遭受凌虐、荼毒事件仍迭有所聞，像本案幼童被繼母毒殺案，更駭人聽聞，因此兒少保護仍有待強化作為，舉凡醫事人員、社會工作人員、教育人員、保育人員、警察人員、司法人員、村里幹事或其他執行兒童及少年福利業務人員，對兒少之保護應齊力做到：（一）確實通報；（二）落實執行；（三）真摯合作，方能克竟全功！

陸　法令（參考）解析

一、相關法令參考

刑法第25條（未遂犯）	已著手於犯罪行為之實行而不遂者，為未遂犯。 未遂犯之處罰，以有特別規定者為限，並得按既遂犯之刑減輕之。
刑法第50條	裁判確定前犯數罪者，併合處罰之。但有下列情形之一者，不在此限： 一、得易科罰金之罪與不得易科罰金之罪。 二、得易科罰金之罪與不得易服社會勞動之罪。 三、得易服社會勞動之罪與不得易科罰金之罪。 四、得易服社會勞動之罪與不得易服社會勞動之罪。 前項但書情形，受刑人請求檢察官聲請定應執行刑者，依第51條規定定之。
刑法第271條	殺人者，處死刑、無期徒刑或10年以上有期徒刑。 前項之未遂犯罰之。 預備犯第1項之罪者，處2年以下有期徒刑。

兒童及少年福利與權益保障法第112條	成年人教唆、幫助或利用兒童及少年犯罪或與之共同實施犯罪或故意對其犯罪者，加重其刑至二分之一。但各該罪就被害人係兒童及少年已定有特別處罰規定者，不在此限。 對於兒童及少年犯罪者，主管機關得獨立告訴。

二、實務見解暨本案函釋

（一）繼母A女第一次基於置甲童於死之犯意，以農業藥劑摻入甲童之食物中誘其服食，雖最後甲童經救治倖免於難，然A女之行為仍構成刑法第271條第2項之殺人未遂罪；又A女於甲童獲救後，另起犯意又為相同犯行，另成立刑法第271條第2項之殺人未遂罪。又依兒童及少年福利與權益保障法第112條，故意對兒童犯罪者，加重其刑至二分之一。

（二）上開兩罪依刑法第50條之規定，數罪併罰之。

問題思考與討論

1. 你如何在警勤區內去發現兒少遭虐、受性侵害及被買賣質押等犯罪或不當行為，以保護轄區兒少之身心健全、正常發展？

2. 你於派出所服行值班勤務時，接獲民眾報案稱：某戶人家小孩為過動兒，致遭母親以籐條打得遍體鱗傷；或執行家戶訪查時，獲悉某家兒少遭繼父強迫性侵，不從就受毆打等情形，請問：你面對這種案況時，應如何處理？是否通報？如何通報？法令之依據為何？

國家圖書館出版品預行編目資料

犯罪偵查實務／黃鈞隆著. -- 三版. -- 臺北市：五南, 2020.06
　面；　公分.

ISBN 978-957-763-873-1（平裝）

1.刑事偵察　2.犯罪

548.6　　　　　　　　　109001014

1V12

犯罪偵查實務

作　　者 ― 黃鈞隆（292.5）

發 行 人 ― 楊榮川

總 經 理 ― 楊士清

總 編 輯 ― 楊秀麗

副總編輯 ― 劉靜芬

責任編輯 ― 黃郁婷

封面設計 ― 王麗娟

出 版 者 ― 五南圖書出版股份有限公司

地　　址：106台北市大安區和平東路二段339號4樓

電　　話：(02)2705-5066　傳　　真：(02)2706-6100

網　　址：http://www.wunan.com.tw

電子郵件：wunan@wunan.com.tw

劃撥帳號：01068953

戶　　名：五南圖書出版股份有限公司

法律顧問　林勝安律師事務所　林勝安律師

出版日期　2017年9月二版一刷
　　　　　2020年6月三版一刷

定　　價　新臺幣450元

經典永恆・名著常在

五十週年的獻禮——經典名著文庫

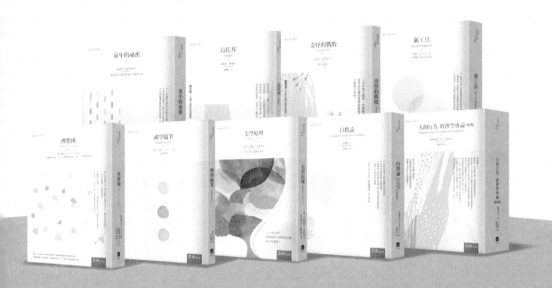

五南，五十年了，半個世紀，人生旅程的一大半，走過來了。
思索著，邁向百年的未來歷程，能為知識界、文化學術界作些什麼？
在速食文化的生態下，有什麼值得讓人雋永品味的？

歷代經典・當今名著，經過時間的洗禮，千錘百鍊，流傳至今，光芒耀人；
不僅使我們能領悟前人的智慧，同時也增深加廣我們思考的深度與視野。
我們決心投入巨資，有計畫的系統梳選，成立「經典名著文庫」，
希望收入古今中外思想性的、充滿睿智與獨見的經典、名著。
這是一項理想性的、永續性的巨大出版工程。
不在意讀者的眾寡，只考慮它的學術價值，力求完整展現先哲思想的軌跡；
為知識界開啟一片智慧之窗，營造一座百花綻放的世界文明公園，
任君遨遊、取菁吸蜜、嘉惠學子！